金剛經 了解

金剛經 了解

금강경은 생활 속의 잠언이요, 깨달음의 노래이며, 해탈의 찬가이다!

금강경 요해

◉ 백남 노우 지음 ◉

운주사

서문

금강경金剛經의 성립 시기는 대략 AD 150~200년경으로, 대승불교 초기에 성립된 가장 순수한 경전이라 할 수 있다.

금강金剛이라는 말은 금중최강金中最剛, 즉 쇠 중의 최고로 강건한 것을 뜻하며, 금강석金剛石이라는 광물을 뜻하지는 않는다.

범어梵語로는 바즈라(VAJRA)인데, 우리말로 벼락이다. 천둥번개가 칠 때 허공을 울리고 땅을 쪼갤 듯한 괴력怪力의 굉음轟音이요 무력武力이다.

그러한 무서운 힘으로 중생의 번뇌와 집착을 벼락처럼 단칼에 내리쳐 끊어버릴 수 있는 지혜, 즉 금강경은 일명 벼락경 혹은 벽력경霹靂經이라고도 부른다.

그리하여 이 경은 교학敎學이면서도 다른 경과 다르게 선종禪宗에서 많은 납자衲子들로부터 독송되는 것도 이런 이유일 것이다.

그런데 많은 반야부般若部 경전 중에서 유독 금강경이 널리 유포되는 연유는 무엇인지 알아야 하겠다.

첫째, 문장 구성이 간결하고 짧으며 담대하여 대하는 이들로 하여금 그 교시敎示에 쉽게 접근할 수 있다는 점이다.

둘째, 금강경이 선종禪宗의 개조開祖라 할 수 있는 육조혜능 대사六祖慧能大師와 관계가 있기 때문이다. 그의 출가 동기가 소위 응무소주이

생기심生其心이라는 장구章句에 설화적으로 인연이 됨으로써 급기야 동토선맥東土禪脈의 최고봉最高峰이 될 수 있었던 것이다.

셋째, 금강경이 대승교학大乘敎學의 성전聖典이고, 또 권위적 경전이었음에도 불구하고, 공사상空思想을 가장 잘 표현한 선적禪的인 요소로 인해 선종의 입장과 잘 부합되었다는 점이다.

따라서 금강경은 이러한 제반 이유로 인해 조계종의 소의경전所依經典으로 정착이 되었다. 이미 오조홍인대사五祖弘忍大師도 금강경을 강설하였으니, 하택신회荷澤神會 이후 북종北宗의 신수계神秀系가 능가경楞伽經을 중시한데 반해, 남종南宗의 육조계六祖系는 금강경을 의지하였던 것이다.

인도 불교가 초기의 소승불교에서 대승불교로 출발하는 시기에 금강경이야말로 대승운동의 사상적 토대를 견지堅持하는 진정한 받침대였다. 그러므로 선종이 이 경을 소의경전으로 해야만 했던 이유가 이미 태생적으로 초기불교운동에서 찾을 수 있었던 것이다.

한편, 선종이 다소 반불교적임에도 금강경처럼 사상적 폭이 넓은 경전이 없었으며, 이런 이유로 전세계적으로 가장 많이 유통되고 암송되고 있는 상황이다. 그런데 이 경을 한역漢譯한 이로 구마라집鳩摩羅什, 보리유지菩提流支, 진제眞諦, 급다笈多, 현장玄奘, 의정義淨 등의 6인이나 되지만, 그 중 구마라집의 역본譯本이 문장의 아름다움과 간결성, 그리고 고결함 때문에 가장 널리 유포되고 있다.

하여 우리가 흔히 금강경이라 하면 구마라집의 역본인 "금강반야바라밀경"을 말한다. 이것을 양梁의 소명태자昭明太子가 32분分으로 나눠 각 분에 다섯 자의 소주제로 규격화하여 이름을 붙인 것이다. 지금 우리들이 인용하는 금강경은 그의 공덕에 의지한 바가 크다 할 것이다. 금강경은 제1분에서부터 제16분까지가 전반부를 형성하고, 제17분부터 제32분까지가 후반을 형성하여 내용적으로 반복되고 중복되는 것처럼 보인다. 그러나 금강경은 분명히 문자화되기 이전에 이미 구전되어 온 것을 시나 음악처럼 반복적 운율로 암송되어져 온 것이 사실이다. 따라서 문장 구성에 있어 정형화定型化된 문자형식보다는 언어화의 음악적 자연스러움이 모든 경전들의 공통된 정서이다.

따라서 금강경을 영적靈的으로 체감하려면 암송해야 한다. 암송하는 자만이 느껴지는 감흥과 깨달음의 전율과 흥분을 친히 맛볼 수 있다. 왜냐하면 금강경은 눈으로 읽는 철학서가 아니라, 듣고 외우고 음미해야 할 아주 신령스런 성인聖人의 말씀이기 때문이다.

나 역시 일찍이 이 경을 접하여 읽고 쓰고 외우는 가행정진加行精進했던 기억이 있다. 그런 중에 하나의 만용을 부려 주석註釋을 하고, 해석을 했던 기억이 아직도 남아 있다.

이제 오랜 성상星霜이 흘러 나름의 이력과 정진은 내 스스로를 돌아보게 되고, 새로운 안목으로 금강경을 조망할 수 있게 된 것이다. 이제 또 다른 만용이 있게 되었지만, 그 이전에 나의 믿음과 원력은 그 모든 것을 뛰어 넘는다. 그럼에도 이 작업이 완성되기까지 지근거리에서 도움을 준 원각심 보살과 그리고 연구 활동에 여념이 없는 고현애 박사의 전적인 원조와 협조로 이 불사佛事가 원만 회향될 수 있었다. 진심으로 고마움의 정情을 표하는 바이며, 또한 운주사 가족 모두에게도 심심한 사의를 전하는 바다.

이런 인연으로 온 법계가 불법광명이 충만하며, 세세생생에 일체

중생들은 가없는 보살도를 행하여 우리 모두 성불하여 지이다.
나무금강반야바라밀

拈華齋에서
백납 노우 쓰다

금강반야바라밀경

金剛般若波羅密經

요진천축삼장구마라집 역

姚秦天竺三藏鳩摩羅什 譯

법회인유분法會因由分 제1第一

─법회를 연 동기─

승속僧俗을 막론하고 모든 행사에는 이유와 원인이 있다. 특히 사찰에서의 행사는 모두 불사佛事로서 진행되며, 점안법회點眼法會, 창건법회創健法會, 이운법회移運法會, 초파일연등법회, 이취임법회離就任法會…… 등등 그 종류와 내용이 대단히 많다.

그 모두는 부처님의 일로서 불사가 되며, 법회의 이유와 원인이 되고, 동기가 된다. 이처럼 사찰에서 부처님을 중심하여 일이 진행되는 것은 모두 법회를 장엄莊嚴할 수 있는 것이다. 마찬가지로 수보리 존자가 부처님의 불행佛行을 지켜보면서, 소위 진리를 행함이 다른 특별한 것이 아니고 바로 일상사를 행함이 도행道行임을 깨닫고 있다.

즉 부처님께서 밥 때가 되어 걸식을 마치시고, 발을 닦으시고, 자리를 펴고 앉으시어 선정에 드시는, 일련의 평범하고 단순한 행위에서 수보리는 바로 부처님의 도 행하심을 보았고, 침묵 속에서 설說함 없는 49년의 장광설長廣舌을 들었고, 얻음 없는 법法을 얻었으며, 드디어 수보리는 최상의 찬사를 보내고 있는 것이다.

"희유하시옵니다, 세존이시여. 부처님께서는 모든 보살들을 잘 보호하시고, 당부하시며 잘 격려해주십니다."

왜냐하면, 부처님은 중생들 속에서 무위행無爲行을 행함으로써 바로 도를 실행하고 있기 때문이다. 거슬림 없는 순행順行은 그것이 바로 진리요, 불법佛法이며 궁극窮極의 열반행涅槃行이 된다. 또한, 그 일상의 모범을 보이는 행위 자체가 중생들을 잘 보호하고, 당부하며 잘 격려하는 불행佛行인 것이다.

이렇게 하여 수보리가 부처님의 매일 반복되는 일상사를 관찰하면서, 그 자체가 바로 희유한 진리행임을 깨닫고, 부처님께 법을 묻는 것으로 시작하여 이 금강경이 전개되는 동기가 부여된 것이다.

> 如是我聞　一時　佛　在舍衛國祇樹給孤獨園　與大比
> 여 시 아 문　일 시　불　재 사 위 국 기 수 급 고 독 원　여 대 비
>
> 丘衆　千二百五十人　俱
> 구 중　천 이 백 오 십 인　구
>
> 이와 같이 나는 들었다. 한때에 부처님께서 사위국 기수급고독원에 큰 비구들 천이백오십 인과 함께 계시었다.

금강경은 부처님과 장로 수보리 사이의 대화 내용을 제삼자인 아난 존자가 듣고서 기억하여 송출誦出한 것이다. 아난은 십대제자十代弟子 중 1인으로서 다문제일多聞第一이고 머리가 총명했다고 한다.

부처님께서 멸도滅度하신 후 제자들이 이 경을 자기들 식견대로 해석하려는 경향이 나타나기 시작했다. 하여 그런 폐단을 막기 위해

부처님의 지근거리에서 오래도록 시봉했고, 또한 기억력이 뛰어났던 아난으로 하여금 송출하게 하여 대중이 듣고 그 내용이 틀림없음을 재확인하는 형식을 취했던 것이다. 이것을 소위 결집結集이라 하는데, 이 경의 편집주필이 아난이었으므로 여시아문如是我聞의 아我는 바로 아난존자인 것이다.

이는 아난의 견해나 날조가 아니라, 부처님의 말씀이 틀림없음을 보장하는 형식이다. 그리하여 모든 부처님 말씀에 있어, 처음 문을 열 때는 항상 여시아문으로 시작함으로써 애써 진리의 정통성을 천하에 공표하고, 이를 확인하는 것이다.

"이와 같이"라 함은 설해진 금강경 경문 전체를 말하고, "내가 들었다" 함은 아난이 자신은 들었을 뿐임을 밝힌 것이다. "한때"라 함은 부처님과 제자들이 함께 계시던 어느 한때, 즉 일상적이고 아주 소박하며, 불특정의 어느 한 시점을 가리킴이요, "사위국"은 그때 부처님께서 계시던 코살라국의 이름이다. 헌데 남쪽에도 코살라라는 왕국이 있었는데, 편의상 북쪽은 코살라 왕국으로 부르고, 남쪽은 남코살라 왕국으로 지칭했다. 여기서 "사위성"은 북코살라 왕국의 수도인데, 사위국이라는 표현은 사위성이라는 이름을 확장시켜 사위국이라는 나라 이름으로 사용했던 것뿐이다. "기수급고독원"은 지금의 기원정사를 말하는 절 이름인데, 기수는 기타祇陀 태자가 기증한 숲이요, 급고독원은 급고독이라는 장자가 시주한 절이라는 의미다. 여기서 "급고독"은 수달다須達多 장자를 번역한 말인데, 외롭고 고독한 이들에게 보시를 많이 했다고 하여 붙여진 이름이다.

수달다 장자는 신심이 깊어 부처님께 절을 지어 보시하려는데,

그 후보지를 물색하던 중 마침 훌륭한 곳을 발견했다. 그곳은 파사익 왕의 태자인 기타 태자의 소유였다. 장자는 그곳을 사기 위해 백방으로 노력했으나, 아름다운 그곳을 사랑한 태자는 결코 팔려고 하지 않았다. 오히려 엄청난 값을 부르며 장자 스스로가 물러나게 할 심산이었다.

그럼에도 오직 부처님을 향한 존경심과 승단을 향한 믿음을 거두지 않고, 엄청난 값에도 포기하려 하지 않았다. 이에 탄복한 태자는 그 연유를 장자에게 물으니, 사생四生의 자부慈父이고 전 인류의 스승이신 부처님께 정사精舍를 지어 기증하겠다는 것이었다. 이 말에 기타 태자도 부처님에 대한 신심이 발동하여 자기도 숲을 보시하겠다는 것이었다. 이렇게 하여 절 이름이 "기타 태자가 기증한 숲과 급고독 장자가 세운 절"이라는 다소 긴 이름이 생긴 것이다. 이로써 인류사상 처음으로 승가 가람이 건설되었으니, 이른바 "기수급고독원"이 바로 그것이다. 앞뒤 글자를 한 자씩 따서 기원정사라 약칭한다.

초기 승단의 거점으로써 부처님께서 가장 오래도록 안거처安居處로 삼으셨고, 설법의 대부분이 이곳이었으므로 초기 경전의 발생무대였다고 볼 수 있다.

"큰 비구"란 점잖고 덕이 높은 비구라는 뜻이니, 비구는 걸사乞士, 포마怖魔, 정계淨戒 등의 뜻이다. 걸사는 밥을 얻어먹고 수행을 이어가는 자를 뜻하고, 포마는 악마들을 두렵게 한다는 뜻이요, 정계는 깨끗하게 계戒를 지킨다는 뜻이다.

"천이백오십인"이라 함은 그때 모인 성문제자들을 말함이니, 가섭형제들의 일파 천 사람과, 사라불 등의 제자 이백 명, 야사 등의 제자 오십 인으로 모두 천이백오십 인이다. 그러나 정확히는 부처님께서 처음 깨달음을 이루시고 교진여, 액비, 발제, 십력가섭, 마남구리 등 다섯 비구를 첫 설법에서 제도하셨으니, 모두 합하여 천이백오십오 인이 된다.

이로써 교주이신 부처님과 부처님의 가르침과 제자들이 함께 했으니, 소위 삼보三寶의 거대한 조직이 성립된다. 즉 "이와 같이", "내가 들었다", "한때", "부처님", "사위국 기수급고독원", "천이백오십인구"의 구성을 말하는데, 이를 육성취법六成就法이라 한다.

오늘날의 육하원칙과 같은 형식의 조건을 구비함으로써 부처님의 말씀에 대한 확고한 믿음을 내게 하였다. 그러므로 "여시아문에서~천이백오십인구"까지의 믿음에 대한 증명 형식을 증신서證信序라 하고, 그 외 "이시爾時에서~부좌이좌敷座而坐"까지는 별서別序라 하여 이 경이 생기게 된 동기를 말씀한 부분이다. 증신서는 모든 경전에서 공통적인 것이지만, 별서는 각 경마다 설법하시게 된 동기가 다르므로 구성이 다르게 되어 있다.

爾時 世尊 食時 着衣持鉢 入舍衛大城 乞食 於其
이시　세존　식시　착의지발　　입사위대성　　걸식　어기

城中 次第乞已 還至本處 飯食訖 收衣鉢 洗足已
성중　차제걸이　환지본처　반사흘　수의발　세족이

敷座而坐
부좌이좌

이때 세존께서 밥 때가 되어 가사를 수하시고, 바리때를 지니시고, 사위성에 들어가셔서 밥을 비시었다. 그 성에서 차례로 빌기

를 마치시고는, 본래의 곳으로 돌아오셔서, 진지를 잡수시고
나서, 가사와 바리때를 거두시고, 발을 씻으시고는, 자리를 펴고
앉으시었다.

"세존"이라 함은 세상에서 가장 존귀한 분이라는 뜻으로, 부처님의
십호十號 중의 하나이다.

"밥 때"라 함은 부처님께서 하루 한 끼 공양을 드시는데, 대략 10시~
11시 사이가 된다. 그런데 그 당시 삼천여년 전의 인도의 상황은
대단히 열악했을 것이다. 지금도 풍족치 못하여 비렁뱅이가 많은
상황이고 보면, 당시의 걸식행위 자체가 어려움이 많았을 것이다.
하여 걸식은 중생들의 복전福田을 위하고, 또한 중생들에 대한 교화방
편이었으며, 승단에서는 스스로의 수행방편으로서의 하심下心을 위한
것이었다. 그러므로 부처님께서는 최소한도의 생명유지의 방법으로
하루 한 끼의 일일일식一日一食을 제도화하고, 걸식할 때는 차제걸식次
第乞食이라 하여 부잣집과 가난한 집을 분별하지 않고 차례차례 일곱
집만을 거쳐 칠가식七家食을 의무화했다.

또한 밥을 빌 때는 공양자의 얼굴을 마주 볼 수 없게 함으로써
비굴함과 교만함의 이중적인 심적 충돌을 차단하게 했다. 오직 경건하
고 숭고하며, 그 공양의 복전에 대하여 축원하는 정신 자세만을 강조하
신 것이다.

한때에 부처님께서 가섭존자와 수보리 존자를 부르셨다.

"가섭이여, 그대는 어찌 부잣집만을 골라서 밥을 빌고 있는가?"

"예, 세존이시여. 가난한 집은 그들 스스로도 밥을 먹을 수 없도록 가난하기 때문에, 이렇게 부잣집을 골라 밥을 빌고 있나이다. 이들은 이들 스스로도 먹고서 남을 만하기 때문입니다."

다시 부처님께서 수보리에게 말씀하시었다.

"수보리여, 그대는 어찌 가난한 집만을 골라서 밥을 빌고 있는가?"

"예, 세존이시여. 가난한 사람은 과거생에 복을 지은 바가 없어서 현세에 가난하므로, 저는 일부러 그들로 하여금 복을 짓게 하기 위해 가난한 집만을 골라 밥을 빌고 있나이다."

이에 부처님께서 말씀하시었다.

"그대들은 모두 걸식을 잘못하고 있다. 가난한 자나 부자나 차별을 두면 그것은 분별심이 되느니라. 차별을 두지 말고 차례대로 밥을 빌어야 하느니라."

분별과 차별을 두는 것은 바로 번뇌의 일종이다. 밥을 비는 자나 주는 자는 일체의 분별을 여의어야 하며, 공양물 또한 청정무구清淨無垢하여야 진정한 복전이 될 수 있다.

"착의지발"은 얻어먹는 자의 몸가짐에 대하여 말씀하신 것인데, 가사를 수收하고, 보는 시선을 흐트러지지 않게 하며, 공손히 바리때를 내밀 때의 마음은 자체로써 수행이요, 진리를 구하는 행위가 된다. 삼의일발三衣一鉢이라는 것이 있는데, 여기서 삼의三衣는 부처님과 제자들이 입는 법복法服으로써 일할 때 입는 안타회安陀會, 예식할 때 입는 울다라승鬱多羅僧, 설법과 탁발할 때 입는 승가리僧伽梨의 세 벌의 법복을 말한다. 거기에다 한 벌의 바리때로써, 당시의 승단에서 지녀야 할 최소한의 의발衣鉢이 되는 것이다.

"사위대성"은 앞에서 언급한 대로 코살라 왕국의 서울을 말함이요, "가사와 바릿대를 거두시고, 발을 씻으시고, 자리를 펴고 앉으시었다" 함은 지금까지의 모든 행위를 정지해 끝내시고, 선정禪定에 듦으로써 설법할 준비를 하신 것이다.

부처님께서는 모든 일상생활이 이러함의 반복이었을 뿐만 아니라, 현세와 후세의 중생들을 위해서 삼천위의三千威儀와 팔만세행八萬細行의 규범을 내보이신 것이다. 이러한 단순하지만 절제되고 질박한 반복적 행동은 그 자체가 진리를 구현하는 것이요, 법을 행하는 법신法身의 무량한 광명과 자비방편을 내보이신 것이다.

법이라거나 진리라 하면, 어디 하늘에 떠다니는 희유하고 신통한 행위를 연상할 수 있겠으나, 허지만 불법佛法이거나 진리는 우리 몸과 눈에 가장 가까운 곳에 있고, 가장 쉬운 것이며, 가장 일반적인 것이며, 가장 일상적이고 평범함 속에 있는 것이다.

그리하여 모든 할 일을 마친 부처님께서 무심한 듯이 일상의 소소한 일을 잔잔하고 담담하게 진행하시는 것이야말로, 일종의 선정행禪定行인 것이며, 일행삼매一行三昧의 지극함을 내보이신 것이리라.

하여 "자리를 펴고 앉으셨다" 함은 삼매에 드셨다는 뜻이니, 이 얼마나 진지하고 거룩한 모습인가? 우리 중생들이 목숨이 떨어질 때까지 매일 반복적으로 하는 행위이지만, 잔잔한 호수물의 적요함처럼, 감히 근접할 수 없는 대각자大覺者의 위풍과 권위를 느끼게 한다.

모든 경을 성하실 때마다 부처님께서는 항상 삼매에 들으셨는데,

화엄경을 말씀하실 때는 해인삼매海印三昧에 드셨고, 법화경을 설하실 때에는 무량의처삼매無量義處三昧에 드셨고, 열반경을 설하실 때에는 부동삼매不動三昧에 드셨고, 아미타경을 설하실 때는 대적정미타삼매大寂靜彌陀三昧에 드셨고, 이제 드디어 대반야부大般若部의 금강경을 설하시기 위해 등지왕삼매等持王三昧에 드신 것이다.

용담숭신龍潭崇信은 어려서 가난하여 천황도오天皇道悟 스님의 배려로 그 가족들이 산내山內의 암자에서 살고 있었다. 그들은 떡 장사로 연명했는데, 그 고마움에 용담은 매일 떡 열 개를 천황도오 스님에게 공양을 올렸다. 그럴 때마다 그 중 한 개를 다시 용담에게 주면서 축원을 해주는 것이었다.

"너희 집 자손들이 영원히 행복하라!"

그런데, 어린 용담은 묻기를,

"큰스님, 열 개의 떡을 제가 큰스님을 위해 드리는 것인데, 왜 항상 하나를 내게 돌려주시나요?"

"비록 네가 내게 주었지만, 내게 온 이상 내 것이 아니냐? 내 떡을 네게 주는데 무엇이 잘못인가? 이것은 네 후손이 번창하도록 네게 주는 선물이다!"

용담은 출가를 결심하고, 이후 오래도록 큰스님을 시봉하였다. 어느 날,

"큰스님, 제가 여기 와 큰스님을 모신 지도 여러 해가 되었지만, 한 번도 도에 대한 가르침을 주시지 않았습니다. 겨우 청소나 밥이나

하고, 차나 달이는 일밖에 한 일이 없습니다. 제게 도를 일러 주십시오!"

"무슨 말이냐? 네가 여기 온 후로 항상 네게 도를 가르쳐주는 것을 멈추지 않았느니라!"

"? …… 언제 제게 도를 가르쳐줬단 말입니까?"

"네가 차를 끓여오면 나는 차를 마셨지?"

"예, 그랬죠."

"네가 밥을 차려오면 나는 밥을 먹었지?"

"예, 그랬죠."

"네가 절을 하면 나는 절을 받았지?"

"예, 그랬죠."

"이렇게 하루 종일 네게 마음의 심요心要를 일러주고, 너는 행했거늘, 무엇이 부족하단 말이냐?"

이에 용담은 대오大悟했다.

"이제부터 저는 어떻게 이 마음을 간직하면 되겠나이까?"

"너의 참 본성에 맡겨 자유롭게 노닐고, 환경에 따르되, 집착하지 말며, 항상 평상심에 따르라. 그외 달리 거룩한 경계는 없느니라!"

선현기청분善現起請分 제2第二

―수보리가 법을 물음―

부처님께서 드디어 반야부의 577권에 해당하는 금강경을 설하시기 위해 이미 등지왕삼매等持王三昧에 드셨다. 모든 설법을 하시기 전에는 항상 삼매에 드시는 것은 하나의 절차이면서, 그것은 또한 법회의 엄중함을 내보이신 것이다.

법회는 당연히 설하는 자와 청중과 장소가 구비되는 삼요소가 갖춰져야 한다. 부처님 당시의 법왕法王은 당연히 석가모니 부처님이시고, 장소는 기원정사이며, 청중은 구류중생九類衆生들이 될 것이다.

준동함령蠢動含靈의 꼬물거리는 미물에서부터 들판의 식물과 광물들, 생명이 있는 것과 생명이 없는 것을 불문코, 존재하는 모든 것은 생명이 있다고 봐서 그들이 모두 중생이 되는 것이다. 그들 각각의 언어와 의식에 맞춰 부처님의 음성은 변화를 가지며, 모두 듣고 모두 이해하는 것이다. 그것이 상상할 수 없는 부처님의 경계境界이다.

오늘날에도 많은 사찰에서 법회를 가지는데, 부처님께서는 법을 설하는 자의 위치를 대단히 엄정하게 취급하셨다. 설법할 때는 반드시 높은 자리에 단을 설치하여 그곳에서 설법해야 한다고 했다. 그것은 곧 설법자의 권위를 상징할 것이다. 권위 없는 설법은 청중들로부터 공감을 얻을 수 없고, 설법의 효율성을 기대할 수 없기 때문이다.

부처님 당시에는 제자들로부터 듣고자 하는 설법의 내용에 대하여 요청을 받는 경우도 있지만, 필요에 의해 부처님 스스로 묻지 않는 주제에 대하여 소위 무문자설無問自說의 경우도 더러 있었다.

그러나 여기서는 수보리 존자가 일어나 예를 갖춰서 중생들을 위하여 대신 법을 묻고 있다. 근래의 법회에서도 그 법회의 성격에 맞는 설법을 하기도 하지만, 법사가 자의로 주제를 선택하는 경우도 많다. 그리하여 청중은 법사法師에게 예의와 자세를 갖춰서 법을 듣는 자로서의 진심을 내보여야 한다.

따라서 법회 순서에 입각하여 입정入定을 하는 것은 부처님의 선정 삼매禪定三昧를 표시하는 것이고, 그 이후에는 청법게請法偈를 하여 법사와 청중 간의 위계를 정립하고, 듣는 자와 설하는 자와의 심적인 경건성을 확립하는 것이다.

차경심심의此經甚深意　이 경의 깊고 깊은 뜻을
대중심갈앙大衆心渴仰　대중들은 목마르게 받드오니
유원대법사唯願大法師　오직 원컨대 큰스승님께서는
방위중생설方爲衆生說　널리 대중을 위해 설해주소서.

時　長老須菩提　在大衆中　卽從座起　偏袒右肩　右膝
시　　장로수보리　　재대중중　　즉종좌기　　편단우견　우슬

着地　合掌恭敬　而白佛言　希有世尊　如來　善護念諸
착지　　합장공경　　이백불언　　희유세존　　여래　선호념제

菩薩　善付囑諸菩薩
보살　선부촉제보살

이때에 장로 수보리가 대중 가운데에 있다가 곧 자리로부터
일어나, 오른쪽 어깨를 벗어 드러내고, 오른쪽 무릎을 땅에 꿇으
며, 합장하여 공경하고, 부처님께 사뢰어 말하였다.
"희유하십니다, 세존이시여. 여래께서는 모든 보살들을 잘 보호
하고 생각해주시며, 잘 당부하고 격려해주십니다."

선현善現은 수보리를 번역한 말이니, "잘 드러냈다", "잘 나타냈다"는
뜻이다.

부처님 당시의 수많은 제자들 가운데 지혜와 법화法華와 행덕行德이
훌륭한 분들 가운데 특히 십대제자十代弟子를 꼽는데, 덕행제일德行第
一의 마하가섭 존자, 지혜제일智慧第一의 사리불 존자, 신통제일神通第
一의 목건련 존자, 지계제일持戒第一의 우바리 존자, 설법제일說法第一
의 부루나 존자, 해공제일解空第一의 수보리 존자, 천안제일天眼第一의
아나율 존자, 다문제일多聞第一의 아난 존자, 밀행제일密行第一의 라후
라 존자, 논의제일論議第一의 가전연 존자의 열 분이시다. 특히, 이분들
중에 부처님께서 진리의 법을 폭포수처럼 열게 하시는 해공제일의
수보리 존자가 등장하여 부처님으로 하여금 반야지혜般若智慧를 펼쳐

보이게 하신다.

　금강경은 반야의 지혜를 내보이려는 것이 목적이므로, 공空의 이치를 가장 잘 깨달은 수보리가 자리에서 일어나 현세와 후세의 중생들을 위해 기꺼이 부처님께 법을 묻고 있는 것이다.

　"장로長老"라 함은 나이가 많고 학덕이 높은 출가자를 말하는데, 기독교에서도 이 용어를 차용해 쓰고 있다. 수보리는 기수급고독원을 기증한 수달장자須達長者의 조카로 알려져 있으며, 총명하고 용모가 빼어났다고 전해진다. 그는 해공제일일 뿐만 아니라, 외도外道로부터 온갖 비난과 박해를 받더라도 그들과 다투거나 쟁론을 벌이지 않았다.

　하여 무쟁제일無諍第一이라 하고, 많은 신자들이 그에게 공양 올리기를 좋아했다고 하여 공양제일供養第一이라고도 했으며, 용모가 출중해서 색상제일色像第一이라고도 했다고 한다. 이처럼 학덕과 수행력을 갖춘 수보리가 부처님께 법을 묻고자 하는데 있어서는, 반드시 몇 가지의 예법을 갖춰야 했다.

　첫째, 자리에서 일어나야 하고, 둘째 오른쪽 어깨의 가사를 벗어 드러내고, 셋째 오른쪽 무릎을 꿇고, 넷째 합장하고, 다섯째 공경하여 여쭙는 위의威儀를 말한다. 오늘날에도 스승이나 선임자로부터 지도를 받거나 가르침을 얻기 위해서는 반드시 배우는 자의 공손함과 지도자에 대한 예법이 필수적인 것이다.

　"희유하십니다"라 함은 '훌륭하십니다' 혹은 '거룩하십니다' 등으로 의역이 가능한 것은, 본래 희유하여 드문 일이기 때문이다. 부처님께서는 때가 되어 걸식해 마치시고, 돌아와서 진지를 드시고, 의발을 거두시고, 발을 씻으시고, 자리를 펴고 앉으셨을 뿐, 아무 말씀이 없으셨는데,

수보리 존자는 부처님의 무엇을 보았길래 몸과 마음으로 "희유하십니다"라는 최상의 찬사를 표현한 것인가.

진리는 언어 이전의 소식이요, 중생의 사유한계를 넘어서기 때문이다. 밥 때가 되어 밥을 빌고, 이어서 자리를 펴고 앉으신 일련의 행위 자체가 말없는 침묵이지만, 침묵이 아니어서 무량한 장광설을 설파하는 것이다. 이런 심오하고 현묘한 이치를 간파한 수보리가 이 순간을 놓치지 않고, "희유하십니다, 세존이시여" 하였으니, 부처님의 심중을 수보리 존자가 잘 헤아린 것이리라.

어느 때 영상회상靈上會上에서 부처님께서 설법하시기 위해 단에 오르시니, 마침 문수보살이 자리에서 일어나 사뢰기를, "법왕法王의 법을 자세히 살펴보니, 법왕의 법이란 이러이러하십니다." 하니, 부처님께서는 곧바로 법상에서 내려오셨다는 것과 일맥상통하는 상황이다. 이때의 문수보살은 무엇을 보았으며, 수보리의 경계와는 어떤 차별이 있는 것인가? 부처님께서는 어찌 말없는 가운데에 법상에서 내려오셔서, 구태여 중생계에 파문을 던지신 것인가. 그러니 도는 어디 멀리에 있는 것이 아니고, 또 변화무쌍한 신통자재神通自在도 아니어서, 어묵동정語默動靜, 행주좌와行住坐臥의 평범한 일상 속에 있음을 내보이신 것이다.

내 어렸을 때 총림叢林에서 어른 스님들을 모시고 살 때 보면, 법력 높은 큰스님들의 행태가 아주 평범하고 단순하며, 우리와 별반 다를 게 없는 것처럼 보였다. 시시콜콜 사소한 다반사에 관여하거나, 염려를 하셔서 젊은 스님들을 곤란케 하시곤 했었다. 우리는 불만이 쌓이기도 하고, 피해다니기 일쑤였지만, 그러나 일의 결과는 항상 옳으셨고,

정확했으며, 오직 대중을 위한 원융살림이었음을 우리에게 내보이곤 하셨다. 지금 생각해보면 그런 소소한 일들이 바로 도의 실현이요, 범행梵行이었음을 요사이 나는 깨닫는 것이다.

"여래"라 함은 부처님의 십호十號 중의 하나로서, 진리로부터 오신 분이라는 의미다.

무엇 때문에 무슨 목적으로 오신 것인가. 바로 중생제도를 위해 거치른 이 세상에 나투신 것이다. 그러니 보살들을 잘 보호하고 염려하며, 잘 당부하여 격려하신다고 하였다. 마치 길 잃은 어린 양을 아주 부드럽고, 섬세하며, 자상하게 어루만지는 아버지와 같은 손길을 느낀다.

"보살"이란 보리살타菩提薩陀의 준말로서 각유정覺有情이니, 몇 가지의 의미가 있다. 이미 "깨달은 중생" 혹은 "앞으로 깨달을 중생" 혹은 "중생을 깨우쳐주는 사람"이라는 뜻이다. 어쨌든 보살은 위로 보리를 구하고, 아래로는 중생을 제도한다는 무한자비無限慈悲의 원력보살願力菩薩의 행위가 있는 것이다.

世尊 善男子善女人 發阿耨多羅三藐三菩提心 應云
세 존 선 남 자 선 여 인 발 아 뇩 다 라 삼 먁 삼 보 리 심   응 운

何住 云何降伏其心
하 주 운 하 항 복 기 심

세존이시여, 선남자 선여인이 아뇩다라삼먁삼보리의 마음을 냈으면, 응당히 어떻게 머물러야 하며, 어떻게 그 마음을 항복받으오리까?

30

"선남자 선여인"이란 경전에서 관용구적으로 자주 사용되는 용어인데, 일반적으로 "보통사람들"을 의미하고, 여기서는 보살들의 다른 표현으로 사용되고 있다. 그런데, 반야부의 경들이 출현시기가 대승운동大乘運動이 전개되고 있는 시점이어서, 소승의 부파불교部派佛教를 비판하고 나선 일종의 보살운동菩薩運動이었던 점으로 본다면, 대승보살운동의 선도자로 수보리를 등장시켜 부처님에게 대승법을 묻게 한 것이다.

자기만의 경계와 깨달음만을 위하고, 타인의 고통에는 관심이 없는 소승의 소아병적小我病的인 폐쇄성을 비판하여 시대적 요청에 의해 타인과 대중을 위하고, 누구나 깨달음을 득할 수 있다는 확신에 찬 운동이 바로 대승보살운동이었다.

이것은 출가와 재가의 구분이 없고, 남녀의 차별도 없으며, 노소老少의 분별도 없고, 업장業障도 보지 않으며, 승속의 이원적 구분이 사라지며, 오직 믿음과 정진력精進力만이 기준이 된다. 그리하여 보살운동이 소승 아라한阿羅漢의 정면 부정을 가져오게 되며, 해탈열반의 개인적 폐쇄성을 떠나 사회 전체적 일반성으로 확대되어, 출재가出在家를 불문하고 누구나 부처가 될 수 있다는 대중운동이 바로 대승운동이었던 것이다.

그것이 바로 일승一乘이요, 곧 불승佛乘으로서 일체의 차별의식과 우월의식을 거부하여 소위 성불成佛의 사회화 운동으로 발전한 것이다. 그러므로 여기서 선남자 선여인은 대승을 행하는 보살로서 아뇩다라삼먁삼보리를 구함에 있어, 분별과 차별과 권위를 부정하고 더불어 함께 하는 무아無我의 행자行者들인 것이다.

그리하여 위없는 바른 깨달음을 성취하려는 마음을 낸 대승보살들은, 어떻게 마음을 머물러야 하고, 마음을 닦아야 하며, 어떻게 그 마음을 항복시킬 수 있겠는가 하는 의문을 제기한 것이다. 이러한 의문으로부터 부처님께서는 친히 금구金口를 여시어 금강경 설법의 파도를 요동치셨으니, 모두가 말세 중생들을 위한 선교방편善巧方便이었다.

"아뇩다라삼먁삼보리"란 무상정등정각無上正等正覺, 즉 "위없는 바른 깨달음"이란 뜻으로서 성문聲聞, 연각緣覺 등의 소승 아라한이 아니고, 육바라밀을 실천하여 대승보살이 성취한 대각大覺을 의미하는 것이다. 이는 출가 수행자들만이 얻을 수 있는 등각等覺, 묘각妙覺이 아니라, 출가재가와 남녀노소를 불문하고, 한마음 돌이켜 몰록 깨우치는 본각本覺의 발로로서 진정한 무여열반이 된다.

佛言 善哉善哉 須菩提 如汝所說 如來 善護念諸菩
불언 선재선재 수보리 여여소설 여래 선호념제보

薩 善付囑諸菩薩 汝今諦聽 當爲汝說 善男子善女
살 선부촉제보살 여금제청 당위여설 선남자선여

人 發阿耨多羅三藐三菩提心 應如是住 如是降伏其
인 발아뇩다라삼먁삼보리심 응여시주 여시항복기

心 唯然 世尊 願樂欲聞
심 유연 세존 원요욕문

부처님께서 말씀하시었다.

"좋은 말이다. 좋은 말이다. 수보리야, 네가 말한 바와 같이 여래는 모든 보살들을 잘 보호하고 생각해주며, 모든 보살들을 잘 당부하고 격려해 주느니라. 너는 이제 자세히 들으라. 마땅히 너를 위해 설하리라. 선남자 선여인이 위없는 바른 깨달음의 마음을 냈으면, 마땅히 이와 같이 머물고, 이와 같이 그 마음을 항복받아야 하리라."

"그러하옵니다, 세존이시여. 기꺼이 즐겁게 듣고자 원하옵니다."

"선재 선재"라 함은 수보리의 말에 전적인 동감을 표하는 것으로, 자연스럽게 흘러나오는 찬사이다. 그래서 '좋다 좋다'라거나 '착하고 착하다'라거나 '맞다 맞다'의 어느 표현도 가능하리라 본다.

"여금제청汝今諦聽"은 너는 이제 자세히 적극적으로 들으라는 능동적인 표현이다. 청聽을 사용함으로써 주인공의 강제적이고 능동적인 행위를 요구한다. 한편, 금강경의 서두에 여시아문如是我聞에서는 문聞을 사용함으로써 외부의 소리를 수동적으로 듣는다는 뜻이다. 정확히는 "이와 같이 내게 들리었다"라는 것인데, 구마라집의 한역漢譯에 있어, 그 탁월함을 여실히 보여주고 있다.

어느 날 외팔이 거지가 절에 와서 구걸을 했다. 스님은 준다거나 못 준다거나 말없이 일주문 앞의 벽돌을 가리키며,

"일단 나를 도와서 이 벽돌을 대웅전 뒤뜰로 옮겨주게. 그러면 내가 은좌를 주겠네."

이에 거지가 화를 내며,

"손이 하나밖에 없는데 어떻게 옮깁니까? 주기 싫으면 싫다고 하시지, 왜 놀립니까?"

그러자 스님은 말없이 손 하나로 벽돌 한 장을 옮기면서,

"이렇게 하나밖에 없는 손으로도 옮길 수 있지!"

거지는 할 수 없이 꼬박 두 시간을 걸려 모두 뒤뜰로 벽돌을 옮겼다. 스님은 거지에게 약속대로 은좌를 주었다.

"감사합니다, 큰스님."

"내게 고마워할 것 없네. 이건 자네의 노력으로 스스로 번 돈이니까."

"예, 큰스님. 오늘 일을 잊지 않겠습니다."

그 거지가 떠나고 다른 멀쩡한 거지가 또 왔다. 그를 뒤뜰로 데려가,

"이 벽돌을 저기 일주문 앞으로 옮겨주게. 그러면 은좌를 주겠네."

거지는 화를 벌컥 내며 떠나버렸다. 제자들이 큰스님께 물었다.

"큰스님께선 어찌 일주문의 벽돌을 뒤뜰로 옮기고, 뒤뜰의 벽돌을 다시 일주문으로 옮기게 하시는지요?"

"벽돌은 어디에 있어도 상관없다. 허나 거지에게는 옮기는 것과 안 옮기는 것은 그 의미하는 바가 매우 크다."

그 뒤 몇 년 후 그럴 듯해 보이는 신사가 찾아왔다. 손이 없는 옛날의 그 거지였다. 이제 입신양명하여 큰 부자가 되어서 절에 시주하러 왔던 것이다. 그 거지는 당시에 큰 깨달음을 얻고 노력하여 거부가 되었던 것이다.

그에게 차 대접을 잘 하고 밖으로 배웅하는 사이에 한 거지가 그 거부에게 구걸을 한다. 옛날의 그 멀쩡한 거지였다. 그는 여전히 거지였다.

큰스님이 제자들에게,

"자, 모두들 보았느냐? 이것이 운명이렷다!"

대승정종분大乘正宗分 제3第三

─ 대승의 바른 종지 ─

이 삼분三分에서는 금강경에서 주로 논하려는 주제를 대표적으로 표현했다고 보면 된다. 흔히 불교에서 얘기되는 것이 소승小乘과 대승大乘인 것인데, 대승이란 큰 수레를 의미하며, 수많은 중생들을 태워 행복과 편안함이 있는 피안의 저 언덕에 이르게 하는 방편이요, 수단이다. 따라서 작고 왜소하고 소극적이고 저열低劣한 것을 넘어, 크고 위대하고 훌륭하고 최고라는 뜻이 내포되어 있다. 그러니 승乘은 단순히 수레, 혹은 탄다의 뜻보다는 지혜를 가리키는 진리의 말씀을 의미한다고 보면 된다.

정종正宗은 이 경에서 일관되게 추구하는 바르고 근본적인 이념, 원리, 혹은 종지宗旨를 말한다.

이 삼분三分에서부터 금강경에서 펴보이려 하는 부처님의 의지와 수보리 존자의 의문의 내용이 서서히 그 윤곽을 드러내고 있다. 즉 이 분에서는 깨달음의 마음을 낸 사람은 어떻게 그 마음을 항복시키오리까의 의문에 대한 해답을 풀어나감으로써, 대승의 근본적 원리와 이념이 무엇인지 자연스럽게 펼쳐지게 된다.

佛告須菩提　諸菩薩摩訶薩　應如是降伏其心　所有一
불고수보리　제보살마하살　응여시항복기심　소유일

切　衆生之類　若卵生　若胎生　若濕生　若化生　若有
체　중생지류　약란생　약태생　약습생　약화생　약유

色　若無色　若有想　若無想　若非有想非無想　我皆令
색　약무색　약유상　약무상　약비유상비무상　아개영

入無餘涅槃　而滅度之　如是滅度　無量無數無邊衆生
입무여열반　이멸도지　여시멸도　무량무수무변중생

實無衆生　得滅度者
실무중생　득멸도자

부처님께서 수보리에게 말씀하시었다.

"모든 보살마하살들은 마땅히 이와 같이 그 마음을 항복받아야
하나니, 세상에 있는 일체의 중생들인 알에서 태어난 것, 모태에
서 태어난 것, 습기에서 태어난 것, 변화해서 태어난 것, 형태가
있는 것, 형태가 없는 것, 지각이 있는 것, 지각이 없는 것,
지각이 있는 것도 아니고 없는 것도 아닌 것들을 내가 모두
무여열반에 들게 하여 그들을 멸도하리라. 이와 같이 헤아릴
수도 없고, 셀 수도 없으며, 끝이 없는 중생들을 멸도했으나
실로 한 중생도 멸도를 얻은 이가 없느니라."

앞의 선현기청분善現起請分에서 위없는 바른 깨달음의 마음을 낸
이가 어떻게 그 마음을 항복받으오리까 하는 물음에 대해 이 단원에서
부처님의 단호한 법문이 설해진다. 즉 일체의 구류중생九類衆生들을

모두 완전한 열반에 들게 하리라는 원력顯力을 가지라는 것이다. 즉 지옥 중생들이 모두 제도될 때까지 성불成佛을 유예한 지장보살처럼, 광대한 원력보살이 되기를 요구하고 계신다. 그 원력 속에 이미 마음은 항복이 되었고, 중생심은 보살심으로 전환되며, 구경에는 불경계佛境界의 니르바나를 성취하는 것이다.

그럼에도 이와 같이 뭇 중생들을 제도했으나 제도된 중생이 하나도 없다는 논리는 무엇인가. 아무리 무량한 중생들을 제도했다고 해도 그들을 제도했다는 관념이 남아있으면, 이미 그 속에는 이원적인 분별과 차별심에 걸리는 것이 된다. 그리하여 상업적인 거래의 심리가 되고, 저급한 중생심으로 추락하는 것이다.

내가 제도했다는 사실을 의식하지 않는 무심한 경계, 왼손이 한 일을 오른손이 모르는 고귀함, 참으로 성인군자와 같은 표상이 될 것이다. 그럼에도 오늘날의 자본주의 사회에서는 소위 무한경쟁 시대라 하여 피튀기는 알력과 투쟁과 음모의 시대가 되고 있다. 총칼 들지 않은 전쟁과 같이 생존을 위한 무한질주를 마다하지 않고, 잠시의 휴식도 없이 긴장과 갈등의 사회적 심리상태를 조성하고 있다.

무한한 재화의 생산을 위해서 끝없이 심신의 에너지를 소비함으로써 인간적 존엄이 사라지고, 동물들처럼 먹고 배설하는 생리적 욕구를 채우는 데에 온 정력을 허비한다. 하여 오늘날은 자기광고와 PR로써 없는 능력까지도 최대로 극대화하여 이익을 도모하려 한다. 거짓과 위장으로 자신을 과대 포장하여 스스로를 빵이나 과일처럼 상품화시킨다. 양보와 겸손과 겸양은 공자, 맹자 시대의 유물로나 남아서 박제하여 박물관에 전시품이 될 상황이다.

그러므로 점점 인간의 영혼은 자연과 순리와 이치와 진실로부터 멀어져 점점 피폐해지며, 두 눈이 붉게 충혈이 되고, 양볼이 비뚤어지며, 양미간에 어둡게 색이 바래져 간다. 정신이 어지럽고 생각이 많아서 무심한 평화가 결코 없다. 모든 일에 조건을 세우고 상相을 세우며 분별과 차별을 지으려 한다.

어차피 중생계에서의 삶은 그렇고 그러하여 자본주의의 생존법칙이 그럴 것이지만, 사상四相을 여읜 집착없는 무아無我의 상태는 그 자체가 평화요 안정이요 중도中道의 실현인 것이다. 하여 우리는 모든 것을 행했으되, 하나도 행한 것이 없어야 한다.

"보살마하살"이란 보살과 마찬가지로 관용구적으로 사용하기도 하지만, 특히 존칭을 격상하여 부를 때 사용하는 호칭이다. 보살은 각유정覺有情이라 하고, 마하살은 대유정大有情이라 번역하는데, 아주 훌륭한 사람을 의미한다. 실제로 보살의 계위階位는 여러 단계가 있어서, 특히 십지十地 이상의 대보살大菩薩에게 마하살이라 극존칭을 사용한다. 하여 보살마하살이라 함은 대승大乘을 발發한 훌륭한 보살들을 통칭하여 부른다고 보면 합당하리라.

"멸도滅度"란 번뇌의 불, 욕망과 갈애와 집착과 윤회의 불덩이를 꺼서 차안此岸으로부터 피안彼岸의 저 언덕으로 건넌다는 의미다. 고해苦海의 강을 건너 열반의 니르바나에 도달한다는 뜻인 것이다. 즉 열반涅槃은 곧 불의 꺼짐을 말하는 것인데, 두 종류의 열반을 얘기한다. 그 하나는 무여열반無餘涅槃으로 남음이 없는 완전한 열반으로서 일체의 번뇌와 집착과 갈애가 끊어지고, 오온五蘊의 집적集積인 이 몸뚱이까지 불태워져 그 흔적마저도 남아 있지 않는 열반이다.

말하자면 진정한 열반은 죽음으로서 비로소 완성되는 것인지도 모른다. 그러니 윤회마저 끊어진 완전한 열반인 것으로 죽음을 의미하는 것이다. 하여 불가에서는 죽음을 적멸寂滅, 입멸入滅, 원적圓寂, 멸도滅度 등으로 표현하는 것이리라.

이에 반해 유여열반有餘涅槃은 말 그대로 아직 남음이 있는 열반을 말한다. 중생의 일체의 번뇌와 갈애가 끊어졌지만, 아직 오온의 잔재인 몸뚱이를 여의지 못한 열반이다. 그 오온은 오감五感의 제약이 있으므로 육근경계六根境界를 느낄 수밖에 없으니, 유여열반이라 한다. 관세음이나 지장보살처럼 이미 열반의 상태이지만, 원력에 의해서 구태여 유여열반을 갖는 경우는 보살의 자비심의 발로이리라.

그렇다면 소위 해탈이라거나 열반이란 무엇으로부터의 해탈 열반인가. 바로 윤회로부터의 해탈이다. 부처님 당시의 뭇 사상들이 난무했지만, 공통적으로 죽음과 윤회로부터의 해방이 삶의 관건이었다.

그러면 윤회의 원인과 주체는 또 무엇인가. 바로 업業이라는 근본무명根本無明이다. 그 근본무명인 업은 또 무엇으로 이루어졌는가. 그 업이라는 것이 신구의身口意 삼업三業이라 할진대, 몸과 말과 생각으로 짓는 무형의 환영幻影 같고, 그림자 같은 어떤 작용, 혹은 영향력이라거나 경향성을 업이라 할 수 있다.

그 업의 인자因子는 없으면서 있는 것이어서, 모든 중생들을 중생이게 만들고 생사의 희비애락喜悲哀樂을 연출하게 한다. 그러나 눈으로 볼 수 없고 잡을 수 없으며 계량화시킬 수 없으니, 인간은 무시이래無始以來로 윤회전생輪廻傳生의 고통을 겪어왔으며, 수많은 철학과 종교와 성현이 그 해법을 논해 왔던 것이다. 그러니 업과 윤회와 해탈의 문제는 부처님 이전부터 사상적 현안이었던 것이다.

문제는 제법諸法이 무아無我라는 데에 있다. 나를 주재하는 주재자로서의 실체가 없다는 것이다. 그 실체가 없으므로 해결점이 지난하다. 병의 원인이 눈에 보이고 잡을 수 있는 것이라면, 수술적 요법으로 간단히 도려내면 될 일이다. 그러니 마음의 병이고, 그 마음이 중생이요, 부처라 했으니, 그 마음법을 제대로 통달하면 인간고人間苦가 해결될 것이다.

그 마음법은 외과적 수술법이 없고, 오직 이참理懺, 사참事懺으로 정화하고 단련하여 온갖 번뇌의 곰팡이를 햇볕에 말리는 방법뿐, 다른 길이 없다. 그것이 바로 해탈이요, 열반이요, 묘각妙覺이다. 그런데 우리는 흔히 무아를 말하면서 동시에 윤회를 얘기한다. 주체가 없는데 무엇이 윤회를 한다는 것인가.

윤회사상은 모든 존재의 성립기반이다. 불교와 도덕률道德律의 전제조건이다. 이것이 등가적으로 성립되지 않는다면, 가정의 행복도, 사회의 안정도, 세계의 평화도, 그리고 인간의 평등도 기대할 수 없다. 왜냐하면 선인선과善因善果와 악인악과惡因惡果의 인과율因果律이 근원적으로 성립할 수 없기 때문이다. 그 상태는 무질서의 혼돈이요, 힘의 지배 속에 처한 동물의 세계이며, 카오스의 아수라장이 될 테니 말이다.

윤회와 무아의 모순, 그리고 그 사이의 긴장은 아직 끝나지 않은 듯하다. 과거로부터 많은 성인聖人들이 출현했지만, 소금 맛은 중생들 스스로 맛볼 수 있을 뿐, 누구도 대신하여 행할 수 없는 것이고 보면, 오직 성인은 그 길과 방법을 설명해줄 수 있을 뿐이다. 세계의 악세惡世

에서 지금도 그 소금 맛 하나를 득得하기 위해 수많은 수행자들은 지금쯤 어느 숲에서 긴 호흡을 내뱉고 있는가.

> 何以故　須菩提　若菩薩　有我相人相衆生相壽者相
> 하 이 고　수 보 리　약 보 살　유 아 상 인 상 중 생 상 수 자 상
>
> 卽非菩薩
> 즉 비 보 살
>
> 어째서 그러한가? 수보리야. 만일 보살이 아상이나 인상이나 중생상이나 수자상이 있으면 곧 보살이 아니기 때문이니라.

멸도시켰다거나 제도했다는 생각이 든다면, 그것은 중생심이며, 사상四相에 집착하는 것이며, 차별과 분별심에 전도된 것이다. 만일 보살에게 사상四相이 있으면 멸도시켰다거나 제도했다는 생각이 있겠지만, 상相에 집착함이 없으므로 제도했다는 관념도 생기지 않는다. 보살도 중생도 모두가 무아여서 제도될 자도, 제도하는 자도 실체가 없게 되어 한 중생도 멸도된 자가 없는 것이다.

물론 세속제世俗諦로는 보살도 있고 멸도된 중생도 있는 것처럼 보이지만, 제일의제第一義諦로는 한 물건도 없다. 왜냐하면 모두가 환幻이요, 이슬이요, 그림자이며, 번갯불 같은 가상假象이니 말이다.

여기서 아상我相, 인상人相, 중생상衆生相, 수자상壽者相의 사상四相은 결국 부정되어 무아론無我論으로 귀착되는데, 구류중생들을 모두 무여열반에 들게 했어도 한 중생도 멸도된 자가 없다는 제일의제로서의 인식근거를 밝힌 것이다.

아상我相이란 나의 구성이 오온五蘊의 임시적 집합체인 것인데, 마치 영원무궁한 어느 주체가 있다고 상정하는 것이다. 브라마니즘에서는 이를 아뜨만이라고 하여 실체로서 윤회의 주체로 삼는다.

인상人相은 나는 다른 축생이나 귀신과 다른 존재로서 불필요한 우월감을 지니는 막연한 고집이다.

중생상衆生相은 나는 오온의 적집으로 구성된 존재로서 희비애락喜悲哀樂의 파도를 끊임없이 감내해야 한다는 것이다.

수자상壽者相은 마치 하루살이가 하루 죽을 줄 모르고 천년 살 줄만 아는 것처럼, 오래 살기를 원해서 부지런히 복업福業을 닦고, 어느 기간 동안은 살아있게 되리라는 막연하고 어리석은 고집이다.

이러한 사상四相은 결국 "나"가 있다는 아상我相으로 귀결되어서, 아상이 소멸되면 나머지 인상, 중생상, 수자상이 모두 멸절되는 것이다.

옛날에 신앙심이 깊은 한 신도가 어느 큰스님을 모시고자 하여 찾아뵙고 간청하였다.

"제가 꼭 큰스님을 모시고자 합니다. 아담한 암자도 하나 마련하겠사오니, 부디 저와 함께 한 번 방문해주세요."

"그렇습니까? 정 그렇다면 어디 한번 가봅시다."

큰스님의 허락을 받자 신도는 크게 기뻐하며 스님께 아늑한 암자를 지어드리고, 좋은 가사와 장삼과 탕약 등을 부족함 없이 공양을 올리리라, 속으로 다짐했다.

그런데, 함께 얼마쯤 가다가 개울물을 만났는데, 앞서 가던 큰스님께서 방정맞게 징검다리를 깡총깡총 뛰어 건너는 것이었다.

신도는 오만상을 찌푸리며 중얼거린다.

'내가 괜히 스님을 모시는 게 아닐까? 절까지 지어드릴 것 없겠구만!'

얼마 후 또 개울을 만났는데 이번에도 마찬가지이다.

'절에 계실 때는 그렇게도 위엄이 있고, 법문도 그럴 듯했는데, 암만 해도 내가 잘못 본 것 같다. 가사, 장삼도 해드릴 것 없겠군.'

얼마쯤 가다가 또다시 도랑을 만났는데, 역시나 여기에서 탕약까지 날라가 버렸다.

이제 어느만치 가다가 마지막 개울을 만났는데, 웬일인지 지팡이를 짚고 위엄을 갖추어 큰스님으로서의 권위를 내보였다.

신도가 건너오자 큰스님이 말했다.

"한 번 깡총거리니 절이 날라갔고, 두 번 깡총거리니 가사, 장삼이 날라갔고, 세 번 깡총거리니 탕약 한 재가 날라가 버렸으니, 이번마저 깡총거리면 밥 한 술도 못 먹고 쫓겨나지 않겠소?"

신도가 얼굴을 붉히며 백배사죄하고 용서를 빌었다.

묘행무주분妙行無住分 제4第四

─ 머무름이 없는 묘행 ─

부처님 법은 중생의 행위와 생각을 규정하고 바르게 하려는 데에서
출발한다. 그것으로써 존재의 의미와 가치를 재단할 수 있고, 범부중
생에서 성인군자에 이르기까지의 계위를 제대로 밟아 나갈 수 있기
때문이다.

중생은 일상생활하는 십이시十二時 중中에 한 순간도 분별과 착着
없는 순간이 없다. 어찌 보면 살아간다는 것 자체가 집착인지도 모른
다. 그것이 없다면 삶의 기운도 동력도 없을 것이기 때문이다. 그럼에
도 그것은 중생들의 삶의 방식으로서 범부행凡夫行임에 틀림이 없으
며, 정화되고 진화되어야 할 속진俗塵의 행行일 뿐이다.

행하되 행함이 없는 행, 얻어도 얻음이 없는 얻음, 주어도 줌이
없는 줌, 이것처럼 간결하고 고귀하며 멋진 행이 어디 있을까. 아무런
상相이 없는 무심한 도인의 행은 이 중생계를 투명하고 밝으며 고결한
선인仙人들의 세계로 인도할 것이다. 그리하여 중생들이 추구해야
할 묘행妙行은 일종의 청정행淸淨行이요 깨끗한 범행梵行이며, 그것이

곧 무주행無住行이 되어 이 세계가 지극히 정돈되고, 안정된 수행자들의 세계가 될 것이다.

신구의身口意 삼업에 있어 상이 없다는 것은 바로 무아無我를 뜻한다. 아我가 없는 무심無心함은 곧 무아행無我行이 되어 자유요, 해탈의 묘행이 된다. 이처럼 걸림이 없어짐으로써 일상에서 시비의 원인이 소멸될 것이다.

인간관계의 온갖 미련과 아쉬움은 바로 다툼과 관계의 단절을 초래할 것이며, 그것은 곧 중생의 추한 단면을 내보이는 것이 된다. 그러므로 이 모든 인간적 상相을 떠남으로써 우리는 우주적인 생명관을 지닐 수 있으며, 범세계적 인류애를 실천할 수 있게 된다.

復次須菩提 菩薩 於法 應無所住 行於布施 所謂不
부차수보리 보살 어법 응무소주 행어보시 소위부

住色布施 不住聲香味觸法布施 須菩提 菩薩 應如
주색보시 부주성향미촉법보시 수보리 보살 응여

是布施 不住於相 何以故 若菩薩 不住相布施 其福
시보시 부주어상 하이고 약보살 부주상보시 기복

德 不可思量
덕 불가사량

또 수보리야, 보살은 마땅히 법에 머무른 바 없이 보시를 해야 하나니, 이른바 형상에 머무름 없이 보시하고, 소리와 향기와 맛과 감촉과 법에도 머물지 말고 보시를 해야 하느니라. 수보리야, 보살은 마땅히 이와 같이 보시를 행하여 상에 머물지 말아야 하느니라.

어째서 그러한가? 만일 보살이 형상에 머물지 않고 보시하면,
그 복덕이 헤아릴 수 없기 때문이니라.

금강경의 일관된 사상이 무아無我의 공空의 논리이지만, 이 32분
전체를 통하여 단 한 번도 공空을 표현하고 있지 않다. 그럼에도 은은히
흐르는 공사상과 그 철학은 이 금강경의 전체를 통하여 맥맥히 관통하
고 있다. 그리하여 끝없이 펼쳐지는 역설이 아닌 역설의 반복과 모순적
구조의 사유의 바다를 우리는 한없이 유영遊泳해야 한다.

헌데 이 단원에서 특히 보시를 강조하고 있다. 보살이 아뇩다라삼먁
삼보리의 마음을 냈을 때, 어떻게 그 마음을 머물고 어떻게 그 마음을
닦아야 하리까, 하는 물음에 대해 육바라밀을 닦으라 하셨는데, 그
첫머리의 덕목이 바로 보시바라밀이다.

보살이 닦아야 할 덕목이 대단히 많은데도 어찌 보시바라밀만을
강조한 것인가 하면, 보시바라밀 하나로써 육바라밀 전체를 포섭할
수 있기 때문이다. 보시에는 재물로 하는 재시財施와 진리를 깨우쳐
주는 법시法施와 타인의 근심 걱정을 소멸시켜 주는 무외시無畏施가
있다.

그 육바라밀 중의 첫 번째인 보시는 재시요, 지계持戒와 인욕忍辱은
무외시요, 정진精進과 선정禪定과 지혜智慧는 법시이니, 결국 보시바
라밀 하나가 나머지 덕목을 모두 수용한다고 볼 수 있다. 하여 법에
머물지 말고 보시를 행하라 했으니, 여기서 법이라 한 것은 육근六根에
대하는 육진六塵을 말한다.

모양과 소리와 향기와 맛과 감촉과 법의 티끌에 끄달림이 없이 보시를 행하라는 것이다. 그 경계의 티끌에 마음이 애착이 되어 있다면, 바로 분별심이요, 차별심이 개입되어 자체가 중생심이 되는 것이다. 그리하여 소리와 향기와 입맛 등에 대하여 좋아하고 싫어하는 분별이 생기면, 그 분별에서 옳고 그른 시비가 생겨 중생은 끝없는 번뇌의 속박을 겪게 된다는 얘기다.

그러므로 육진경계六塵境界가 항상 우리 인간들의 본마음으로부터 본심을 뺏고, 불성을 가리게 하는 도적들로 간주하여 육적六賊이라고 하는 것이다. 그러니 그러한 도적들에 집착하지 않고, 그러한 상相에 머묾이 없이 보시를 행하면, 무루無漏의 복덕이 되어 반야지般若智를 획득할 수 있는 것이다.

따라서 무소주無所住는 무주無住여서 어느 한곳에 머물거나 집착함이 없이 보시를 함에 있어, 자타自他가 없는 순수무구純粹無垢의 보시바라밀을 행해야 한다. 보시자와 보시를 받는 자와 보시물이 청정해서 그 어떤 삿됨에 물들지 않았으면, 그 복덕은 시방의 무변허공無邊虛空보다 크다고 할 것이다.

왜냐하면, 상相에 머무는 유주상보시有住相布施는 유루有漏의 복전이어서, 그 가치에 있어 계측이 가능하게 되어 그 용도와 쓰임에 있어 끝이 있지만, 반야지혜般若智慧의 무루공덕無漏功德은 그 가치와 효용에 있어 불가사량不可思量이요, 무한이므로 끝이 없는 것이다.

그러므로 오직 성불작조成佛作祖의 종자種子가 될 뿐이다. 주되 주었다는 의식이 없고, 받되 받았다는 비굴함이 없으며, 마치 천녀天女가 부처님께 올리는 천공天供처럼, 그 시주물이 청정하다면, 어찌 이

중생계가 고저가 있으며, 흑백이 있으며, 고락이 있으며, 장단이 있으며, 성범聖凡이 함께 혼재하겠는가.

그런데, 근래에 수많은 봉사단체들이 동남아나 아프리카 빈국을 대상으로 활동하고 있다. 참으로 바람직하고 고무적인 일이다. 시민들의 순수 봉사활동도 있겠지만, 특히 종교단체에서 관여하여 조직적이고 계획적으로 움직이는 것을 보면, 소외받고 천시되는 무력한 계층을 향해 구제의 손길을 내미는 것은 바로 종교의 존재 이유가 될 것이다. 실제로 종교가 인류에 끼친 해악은 상상을 초월한 것이지만, 그럼에도 유지 존속되는 이유는 바로 봉사와 보시와 구제활동이 있었기 때문이다.

그런데, 그 과정에서 수많은 역기능이 발생하여 사회적 지탄의 대상이 되기도 한다. 봉사의 내용보다 광고와 PR이 목적이어서 사진 찍기에 여념이 없는 불순한 단체들도 있다. 그러니 부처님께서 상相에 주住하지 말고 보시하라는 말씀은 새삼스러운 것이 아니고, 오히려 만고의 진리요 경고라고 생각된다. 아我와 타他의 존재가 근원적으로 사라진 그런 봉사와 보시가 이뤄져야 진정한 인간 구제가 되고, 진리에 합당한 바라밀행波羅蜜行이 될 것이다.

須菩提	於意云何	東方虛空	可思量不	不也世尊	須
수보리	어의운하	동방허공	가사량부	불야세존	수

菩提	南西北方	四維上下虛空	可思量不	不也世尊
보리	남서북방	사유상하허공	가사량부	불야세존

須菩提	菩薩	無住相	布施福德	亦復如是	不可思量
수보리	보살	무주상	보시복덕	역부여시	불가사량

須菩提 菩薩 但應如所敎住
수 보 리 보 살 단 응 여 소 교 주

"수보리야, 네 뜻에 어떠하냐. 동쪽의 허공을 헤아릴 수 있겠느냐?"

"없사옵니다, 세존이시여."

"수보리야, 남서북방과 사유상하의 허공을 헤아릴 수 있겠느냐?"

"없사옵니다, 세존이시여."

"수보리야, 보살이 상에 머무름이 없이 보시하는 복덕도 또한 이와 같이 헤아릴 수가 없는 것이니라. 수보리야. 보살은 오직 마땅히 가르친 바대로 머물러야 하느니라."

여기 다시 허공에 비견比肩하며 주住함이 없는 보시 복덕을 말하고 있다.

허공은 무한이다. 무한인 허공은 마음이고 바로 불佛이다. 여기서 남서북방을 언급할 것도 없이, 이미 허공 자체로서 방향도 없고, 일정한 거리도 없이 오직 무한이다. 따라서 무한한 거리를 통과하기 위해서는 당연히 시간도 무한이 되어 인간의 인식과 사유의 한계를 넘으니, 이 또한 불가사량不可思量이다. 이처럼 무아의 모든 행위는 바로 불가사량의 효용이 있는 것이다.

동서남북 사유상하四維上下는 인도인들의 공간개념을 구획하는 방식인데, 동서남북 사방에다 그 사이에 간방艮方을 말하고, 다시 상하를 합하여 모두 시방十方이 된다. 우리는 보통 사방팔방의 중국적 사고가 있지만, 인도인들은 시방을 상정함으로써 좀 더 입체적인 우주관을 지녔던 것 같다.

본래 우주에는 방향도 위아래도 없다. 그러니 동서남북이 있을 리 없다. 우리가 편의상 동쪽과 서쪽을 얘기하지만, 동쪽의 사람은 나를 향해 서쪽이 되고, 서쪽의 사람은 나를 보고 동쪽이라 말한다. 허공이 텅 비어 단지 막막한 무한대의 진공眞空일 뿐, 이름 지을 수도 말할 수도 없는 경계다.

그럼에도 묘유妙有를 말하여 없는 듯 있고 있으면서 없는 이 세계는 환영이요 일종의 홀로그램이다. 이처럼 방향 지을 수도 없고 잡을 수도 없으며 이름 지을 수도 없는 허공처럼, 무아의 주住함이 없는 보시공덕은 이 또한 무한이어서 불가사량인 것이다.

※

어느 절에 새로 부임한 주지가 법당에 들어섰다. 자세히 보니 법당 중앙에,

"○○사 법당중창불사대시주자 김○○보체"라는 큰 간판이 걸려 있었다.

주지가 신도에게 물었다.

"저 사람이 누구요?"

"예, 대전에서 큰 공장을 하는 신도님인데, 신심이 매우 깊어서 많은 돈을 들여 이 법당을 단독으로 중창한 분입니다."

"아! 예, 그렇습니까! 헌데 언제 오십니까?"

"예, 스님께서 오신 줄 알면 곧 올라오실 겁니다."

과연 다음날 공장 사장은 스님을 뵈러 올라왔다.

"처사님은 신심이 매우 깊다는 소문이 자자합디다. 나도 처음 오자마자 법당 위의 간판을 보고, 처사님 신심 깊은 것을 금방 알았지요!"

공장 사장은 기분이 좋아 어쩔 줄 몰랐다.

"헌데 아무래도 간판 붙이는 데가 잘못된 것 같아요. 간판이란 남들이 많이 보기 위한 것인데, 이 산중에서 몇 사람이나 보겠어요? 그러니 내일 당장 떼어다가 대전역 광장 앞에다 붙입시다!"

"?…… 아이쿠, 큰스님! 제가 잘못했습니다. 정말 부끄럽습니다."

"불사를 위해 돈을 낸 것인지, 간판을 얻기 위한 것인지, 잘 생각해 보세요!"

처사는 곧장 간판을 떼어 탕, 탕 부순 후 아궁이에 넣어 버렸다. 손을 털며 돌아가는 그의 뒷모습은 가벼운 발걸음만큼 기쁨으로 가득 차 있었다.

여리실견분如理實見分 제5第五

―진리대로 실답게 봄―

우리는 어떤 사물이나 현상을 볼 때 본인이 느끼는 선입견으로 본다. 시중에 떠도는 풍문이나 혹은 자신의 가치관에 의해서 편협되게 인식하는 경우가 대부분이다. 흔히 초면의 상대를 볼 때 첫인상으로 그 사람을 규정하려 하기도 한다. 그 이면에 숨겨진 위장된 허위를 진실로 오인함으로서 실수가 있다. 허지만, 겉에 드러난 외형으로써는 진실을 알 수 없고 정의를 이끌어낼 수가 없다. 비록 형식이 본질이나 본체에서 나온 반영임을 인정함에도, 그럼에도 위장된 허위와 진실을 쉽게 판별할 수가 없다. 따라서 이치에 입각하여 정의와 진실을 발현시켜야 할 것이다. 그것이 바로 정견正見이어서 바른 이념과 사상, 혹은 견해를 확립할 수가 있게 된다.

바른 견해는 진실에 앞선 개념이다. 바른 가치와 인생관이 정립되었다면, 그는 이치와 진리를 실천할 수 있는 것이며, 사물과 현상을 제대로 인식하게 된다. 그래서 바른 안목은 육바라밀을 성취했을 때 갖춰지는 것이며, 그곳에서 보살행이 실행될 것이다. 깨어있는 시각으로 이 세계를 볼 때만이 이 세계와 전우주의 참모습과 실상을 여실히 볼 수 있다. 그리하여 인간관계에서 외형의 형식이 아니라, 내면의 내실을 보게 되는 것이다.

외형의 화려함이 꽉 찬 내실일 수가 없고, 내적인 허세가 반드시 외적인 강함을 표현하는 것은 아니다. 안과 밖이 여여如如하여 이치에 부합된다면, 그는 정의를 실현하는 것이 된다. 따라서 부처님께서는 삼십이상相 팔십종호種好와 음성으로써는 여래를 볼 수 없다 했다. 그러니 일체의 색성향미촉법에 머물지 말고, 그 마음을 내라 하신 것이다.

육진경계六塵境界에 머물지 않고 여실하게 세계를 보는 것이 바로 이치대로 보는 것이요, 실답게 진리로서 보는 것이어서, 드디어 이 세계의 실상을 제대로 보는 것이 된다.

須菩提 於意云何 可以身相 見如來不 不也世尊 不
수보리 어의운하 가이신상 견여래부 불야세존 불

可以身相 得見如來 何以故 如來所說身相 卽非身
가이신상 득견여래 하이고 여래소설신상 즉비신

相 佛告須菩提 凡所有相 皆是虛妄 若見諸相非相
상 불고수보리 범소유상 개시허망 약견제상비상

則見如來
즉견여래

"수보리야, 네 생각에 어떠하냐. 몸의 형상으로 여래를 볼 수 있겠느냐?"

"볼 수 없나이다, 세존이시여. 몸의 형상으로 여래를 볼 수 없나이다. 어째서 그러한가 하면, 여래께서 말씀하신 몸의 형상이 곧 몸의 형상이 아니기 때문이옵니다."

부처님께서 수보리에게 이르시되,

"무릇 존재하는 형상은 모두 허망한 것이니, 만일 형상이 형상 아님을 본다면, 곧 여래를 보는 것이니라."

이 단원에서의 요지는, 현재 눈에 보이는 드러난 현상계現象界는 가변可變의 인연들이 모여서 이뤄진 허망한 것으로서, 결코 믿을 수 있는 것이 아니라는 것을 밝히고 있다.

인간의 신체를 이루고 있는 일체의 상相과 모양은 영원성이 없어서 시간적인 제약 속에 한정되므로, 그 속에는 법신法身이 존재하지 않는다는 것이다. 왜냐하면 법신은 무형의 이법理法이므로 상象을 떠난 것이기 때문이다.

여기에서 신상身相이라 함은 부처님 몸매의 특별한 모양인 삼십이상을 뜻하는데, 머리 부분의 정상육계頂上肉髻로부터 발바닥의 족하평면足下平面에 이르기까지 부처님과 전륜성왕만이 지닌 상서로운 몸매를 말한다.

이러한 특징들은 수행과정에서 얻어지는 부수적인 형상으로서 결코 목적이 될 수도 없고, 중생들이 의지할 만한 것이 아니다. 하여 부처님께서는 삼십이상의 특별한 모양으로써 여래를 볼 수 있겠느냐고 수보리에게 묻고 있는 것이다.

현세의 부처님 몸매가 삼십이상 팔십종호를 갖춘 수승한 몸이라 할지라도, 화신化身으로서 세수世壽 80이 되면 무너져야 할 무상한 물질 덩어리에 불과한데, 영원히 변치 않고 무너지지 않는 진리체眞理体로서의 청정법신淸淨法身을 볼 수 있겠느냐고 물으신 것이다.

이에 부처님의 의중을 간파한 수보리는 "아니옵니다. 삼십이상으로써는 여래를 볼 수 없나이다." 하고 응답한다.

우리가 부처님을 성인聖人으로 받들어 예경하고, 공양하는 것은 변치 않는 진리로서의 청정법신을 향해 드리는 행위이다. 만일 부처와 우리가 똑같이 의식주의 행위를 행하고, 무너지지 않는 법신法身을 갖추지 않았다면, 우리는 결코 석가모니를 성인聖人으로서 받들지 않았을 것이다. 따라서 삼십이상 팔십종호의 외형적 형상은 여래如來로서의 예경의 대상이 아니며, 진실한 것은 부처님의 법일 뿐이다.

여기서 전륜성왕이란 인도 신화에서 말하는 남섬부주 사천하四天下를 지배하는 이상적인 제왕을 말한다. 무력을 사용하지 않고 오직 정의에 의해서만 세계를 통치한다. 이에는 금륜왕金輪王, 은륜왕銀輪王, 동륜왕銅輪王, 철륜왕鐵輪王의 사왕四王이 있다.

인간 수명이 2만세일 때 먼저 철륜왕이 출현해 일천하一天下의 왕이 되고, 수명이 4만세일 때 동륜왕이 출현해 이천하二天下의 왕이 되고, 또 수명이 6만세일 때 은륜왕이 출현해 삼천하三天下를 다스리고, 8만세일 때 금륜왕이 출현해 사천하四天下를 오직 정의에 의해서만 정복하고 지배하여 중생세계를 구제한다는 설이다.

세계가 혼탁할수록 이상세계를 구하고, 진정으로 중생들이 의지할 수 있는 성군聖君을 그리워하게 되어 있다. 불가에서 말하는 미륵부처님의 용화세계龍華世界를 기다리는 것도 똑같은 차원인 것이며, 본문에서 전륜성왕을 상정하여 논하는 것도 같은 맥락으로 이해하면 될 것이다.

여기에 게송은 본문의 내용을 사구게四句偈로 압축하여 운문으로 옮겨놓았다. 이것을 응송應頌이라 하고, 본문 내용과 관계없이 어떤 특정 사실을 압축해 표현한 것은 고기송孤起頌이라고 부른다.

대체로 사구게는 부처님과 경전을 찬양하여 중생들로 하여금 이해를 돕게 하는 것으로서 경전의 골수라 할 수 있다. 범소유상개시허망凡所有相皆是虛妄은 현상계의 무상과 허망함을 말하고, 약견제상비상즉견여래若見諸相非相則見如來는 그 허망함 속에서 허망함이 아닌 진실, 정의, 법성法性 혹은 법신法身의 존재를 말하고 있다.

불교에서는 모든 현상계를 설명할 때 삼제三諦에 의해 이해한다. 모든 현실이 실재하지 않고, 인연에 의해 나타난 현상이라고 보는 것이 공空이요, 그럼에도 임시의 거짓으로 존재하는 것이지만, 현실적으로는 눈앞에 존재함을 인정하는 것이니, 이를 가假 혹은 유有라 하고, 앞의 두 가지 현상은 공空이면서 가假요, 가假이면서 동시에 공空이어서 양변에 치우침이 없는 중도의 세 가지를 말한다. 그러므로 없다 할 때의 공은 공에 치우치지 않고, 가유假有를 전제한 공이어야 하고, 있다 할 때의 유有는 공을 전제한 가유假有여야 현상계를 바르게 인식할 수 있는 것이다.

예를 들면, 여기 빵 한 조각이 있다면, 이 빵은 변치 않는 실체라는 것이 있는 것이 아니므로 언제인가 자취 없이 소멸한다. 단지 빵은 밀가루와 이스트와 설탕과 색소와 물과 적당한 열을 가해서 만들어진다. 각 요소의 인연의 조합에 의해 빵이라는 존재가 탄생하지만, 그

인연들이 흩어지면 흔적도 없이 사라질 것이다. 이름하여 공空이라 할 것이요, 그럼에도 우리들의 눈앞에 엄연히 실존으로서 존재하여 냄새와 맛과 혓바닥의 감촉으로써 중생을 만족시킨다. 하여 이를 유有라 하고 가假라 하는 것이다.

이러한 양쪽으로 치우친 관념이 중생을 중생이게 하고, 또한 일체의 고통의 원인이 되므로 한쪽에 치우치지 않는 중도실상을 견지함으로써 우리는 소위 현상계로부터 해탈할 수 있다는 것이다. 이것이 우리가 성취해야 할 최고의 덕목이요, 고행의 가시밭길을 걷는 행자들의 목표이다.

돈 많은 사업가가 사업에 필요한 땅을 사기 위해 한 어촌 마을에 들렀다. 그는 심각하고 초조한 표정으로 여기저기 둘러보다가 어부 하나가 만족한 표정으로 배 옆에 드러누워 휘파람을 불고 있는 것을 보았다.

"뭔가 아주 좋은 일이 있나 보군요?"

"나쁜 일은 없습니다."

"댁은 배를 많이 가지고 있는 부자인가 봐요?"

"아니요. 이 배가 제가 가진 전 재산이죠."

사업가는 볼품없는 작은 배를 쳐다보며 얼굴을 찡그렸다. 그리고 이해할 수 없다는 듯이,

"그런데 왜 고기를 잡으러 안 나가시나요?"

"오늘 몫은 넉넉히 잡았거든요."

"더 많이 잡으면 되잖소?"

"그래서 뭐하게요?"

"돈을 더 벌면 되잖소? 그래서 배에다 좋은 발동기를 달고, 그물을 새것으로 갈면, 먼 곳까지 가서 고기를 많이 잡게 될 것이고, 그만큼 더 많은 돈을 벌게 되지 않겠소? 얼마 안 가서 배를 한 척 더 살 수도 있을 거고, 그렇게 되면 당신도 나처럼 부자가 될 수 있잖소?"

"그러고 나서 또 뭘 하지요?"

"그 다음엔 편안히 쉬면서 삶을 즐기면 되잖소?"

어부는 빙그레 웃으며 대답했다.

"선생님, 나는 지금 편안히 쉬면서 삶을 즐기는 중입니다!"

정신희유분正信希有分 제6第六
—바른 믿음의 희유함—

부처님 당시뿐만 아니라, 여래 입멸 후 1~2백년간은 초기 불교의 부파불교가 되어 상좌부上座部와 대중부大衆部로 갈라지게 된다. 이 과도기를 거쳐 드디어 대승보살운동이 전개되면서 반야부의 금강경이 설해지는 계기가 있게 된 것이다. 따라서 당시 초기불교 단계에서는 모든 것이 "존재한다" "실체가 있다"는 설일체유부說一切有部가 인정되고, 그것이 불교사상의 근간을 이루었다. 그리하여 안이비설신의眼耳鼻舌身意도 있고, 색성향미촉법色聲香味觸法도 있고, 나도 있고 너도 있게 된다. 이처럼 모든 것은 눈에 보이는 가장 확실한 사실로 인정이 되는 것인데, 이 단계는 우는 아이 달래며 걸음마를 가르치는 자상한 어머니의 육아법 시대라고 말할 수 있겠다.

그러다가 반야부의 육백 권에서 말씀하되, 제법諸法의 실상實相이 공空하여 아무것도 없고, 안이비설신의도 없고, 색성향미촉법도 없게 되어 일체가 부정되는 것이다.

이처럼 눈앞에 전개되는 현상은 실존이 분명한데도, 이를 없다

하고 허망하고 무상하다 부정하니, 이를 쉽게 받아들일 자가 몇이나 되겠는가, 하는 의심을 수보리 존자는 염려하고 있는 것이다. 삼천년 전의 부처님의 진리의 말씀은 가히 혁명적이어서 대중들은 혼란에 빠지고 의심하여 사상적 과도기가 심했을 것이라 짐작이 된다. 그리하여 반야부를 설하시기를 장장 21년간 육백 권을 설하셨으니, "있다"에서 "없다"로 사상적 간극을 넘어 전환하는 것이 소가죽보다도 더 질기고 힘든 여정이었을 것이다. 그러므로 바른 믿음으로 중생들을 교화시키는 불사가 매우 희유한 일이 될 수밖에 없는 일이었다.

수보리 존자는 당시와 후세의 중생들을 위하여 굳이 부처님께 "세존이시여, 자못 어떤 중생이 이와 같은 부처님의 말씀을 듣고 진실한 믿음을 내겠나이까?" 하고 질문을 던진 것이다.

불교는 바른 믿음으로부터 출발한다. 진실한 믿음은 땅을 울리고 하늘을 감격케 하는 것이다. 하여 옛 말씀에

신위도원信爲道原 공덕모功德母요
장양일체長養一切 제선근諸善根이라.
믿음은 도의 근원이고, 공덕의 어머니여서
일체의 선근을 기르느니라.

라고 했던 것이다.

須菩提　白佛言　世尊　頗有衆生　得聞如是　言說章句
수보리　백불언　세존　파유중생　득문여시　언설장구

生實信不　佛告須菩提　莫作是說　如來滅後後五百歲
생실신부　불고수보리　막작시설　여래멸후후오백세

有持戒修福者　於此章句　能生信心　以此爲實
유지계수복자　어차장구　능생신심　이차위실

수보리가 부처님께 사뢰어 말하였다.

"세존이시여, 혹 어떤 중생이 이와 같은 말씀과 글귀를 듣고서
진실한 믿음을 내겠나이까?"

부처님께서 수보리에게 말씀하시되,

"그런 말 하지 말라. 여래가 멸도한 뒤 오백년에도 계를 지키고
복을 닦는 사람이 있어, 이 글귀에 믿는 마음을 낼 것이며, 이를
진실한 것으로 삼으리라."

후세의 말세 중생들을 위해서 수보리 존자가 지금까지의 부처님
말씀을 듣고, 중생들이 의심 없이 믿는 마음을 낼 수 있겠는가 하고
대신하여 묻고 있다. 왜냐하면 부처님 말씀들이 모두가 차원 높고,
불가사의한 진실이기 때문에 근기 낮은 중생들은 믿지 못하고 의심하
며 오히려 퇴타심을 낼 것이기 때문이다. 이를 염려하여 수보리 존자는
부처님께 굳이 확인하고 보증 받으려는 것이다.

본문 중에서 언설장구言說章句라 함은 형식적으로 여리실견분 제5의
내용으로서 삼십이상의 형상으로는 여래의 법신을 볼 수 없다는 것과
모든 형상이 형상이 아님을 체감하여 내재화할 수 있다면 즉시 여래를

볼 수 있다, 혹은 깨달을 수 있다는 내용으로 볼 수 있을 것이다.

허지만, 전체적인 구성으로 보면 법회인유분法會因由分 제1에서 여리실견분如理實見分 제5까지의 전체적인 모든 말씀이 해당된다고 볼 수 있다. 이처럼 존엄하고, 중생의 안목으로 도저히 믿기지 않는 차원 높은 진리의 말씀을 중생들은 의심할까, 염려하는 수보리 존자의 노파심을 나타내고 있는 것이다.

허지만, 아무리 거친 악세惡世에도 믿고 따르는 진실한 자들은 있는 법이어서, 염려하지 말라는 부처님의 완곡한 격려의 말씀이 계신다.

지도론智度論에 보면, 말세라는 개념을 후오백세後五百歲로 표현했는데, 이는 부처님께서 입멸하시고 난 후 첫 오백년은 해탈견고解脫堅固라 해서 아직은 부처님의 감화력이 남아 있어서 해탈하는 자들이 많은 것이고, 둘째 오백년은 선정견고禪定堅固라 해서 깨닫지는 못해도 깨닫기 위해 참선과 명상, 요가 등의 수행자들은 많은 기간이고, 셋째 오백년은 다문견고多聞堅固라 해서 이제 근기가 점점 하락하여 해탈은 물론이거니와 수행 자체도 하지 않고, 단지 부처님의 경문을 읽고 외우고 토론하는 학문적 입지를 세우는 것으로 만족하는 시기이다.

다음 넷째 오백년은 탑사견고塔寺堅固라 해서 이제 지식에 대한 학문적 이론에도 관심이 멀어지고, 오직 절 짓고 탑 세우고 담장 고치고 하는 것으로써 복이나 짓는 기간이고, 마지막 오백년은 투쟁견고鬪爭堅固라 하여 해탈과 선정은 물론 부처님 도량을 보수하고 유지하는 것에도 신심信心이 멀어져, 오직 자신들의 이해에 얽혀서 분쟁과 다툼과 전쟁하는 데에 몰두하는 단계이니, 지금이 그 후오백세요 말세가 된다.

그런데 말세론末世論에 또 다른 설이 있다. 기독교의 종말론으로서의 세계의 단절이 아니라, 불교에서의 말세론은 시간적이고 역사적인 순환론이다. 즉 성成, 주住, 괴壞, 공空의 순환 사이클로서 역사의 단절이 아니라 또 다른 시작이다. 오히려 중생에게 말세론을 제시함으로서 원칙적인 희망을 주려는 것이다. 그리하여 이처럼 여러 가지 말세론적 이설異說에도 후오백세가 문제가 된다. 정확히 어떤 의미인지 한역본漢譯本이나 범본梵本에서도 분명하지가 않다.

다만 삼시사상三時思想의 정법오백년正法五百年, 상법오백년像法五百年, 말법오백년末法五百年 중의 상법시대를 뜻하는 것으로 생각된다. 정법正法은 가르침과 수행과 증득이 갖춰진 시기이고, 상법像法 시대는 교教와 행行만이 있고 자성自性을 보아 증득함이 없는 시기이고, 말법시대는 오직 부처님의 가르침 즉 교教만이 성하고 수행도 증득함도 없는 시대를 말한다.

어쨌든 후오백년이라 함은 말법시대로서의 시간적으로 확정되었다기보다 추상적으로 불법佛法이 타락하고 쇠퇴하는 먼 후일을 뜻한다고 보는 것이 타당하리라. 이처럼 타락된 말세에도 금강경을 진실이라 믿고서 계戒를 지키고 복을 닦는 자가 있다는 것이다. 그것은 그만큼 과거세에 인연이 있어 선근善根을 심은 자가 있을 것이니 말이다.

계戒는 악을 멈추고 선善을 기르게 함으로 능히 윤회를 벗어나게 하는 공덕이 있다. 복을 닦는다 함은 선정禪定을 익힌다는 뜻이니, 계를 지켜 선정을 닦아 지혜를 얻음으로써 당연히 이 금강경의 언설장구를 얻어 듣고 믿는 마음을 내게 되어 있는 것이다.

옛날 신심 깊은 거사가 마을에 홀로 살고 있었다. 밭에 나가 일을 끝내고 집에 오자 마침 목이 마르던 차에 탁자에 놓인 한 대접의 물을 시원하게 들이마셨다. 허지만, 그것은 물이 아니라 소주였으므로 빈 속의 거사는 금방 취기가 돌았다.

마당에 나오니 이웃집 장닭 한 마리가 어슬렁거린다. 망설임 없이 잽싸게 붙잡아 솥에 넣고 삶아 먹었다.

얼마 후에 담 너머 이웃집 처녀가 닭을 찾으러 왔다. 고기 냄새를 맡은 처녀는 닭을 내놓으라고 언성을 높이며 요구한다. 거사는 닭을 본 일도 없다고, 오히려 화를 내면서 부정한다. 그럼에도 뼈다귀를 찾아내며 증거를 내보이자, 할 말이 없는 거사는 오히려 처녀를 끌어안아 겁탈을 해버렸다.

자, 닭을 죽였으니 살생의 죄요, 닭을 훔쳤으니 도둑질의 죄요, 처녀를 겁탈했으니 음행의 죄요, 닭을 훔치고도 거짓말했으니 망어의 죄요, 소주를 마셨으니 금주의 죄로서, 술 한 잔의 폐해가 오계 전체를 파괴破하는 데까지 이르렀다.

이처럼 우리의 사소한 행위 하나는 오계五戒, 십계十戒, 사십팔경계四十八輕戒에 이르기까지 포괄적인 죄악으로 연결이 된다. 그러므로 계戒는 신행信行의 근본이고 어머니와 같은 것으로서 계가 없이는 정정定이 없고, 정이 없이는 혜慧가 없음을 불자들은 마음에 깊이 새길 일이다.

當知是人 不於一佛二佛三四五佛 而種善根 已於無量
당지시인 불어일불이불삼사오불 이종선근 이어무량

千萬佛所 種諸善根 聞是章句 乃至一念 生淨信者
천만불소 종제선근 문시장구 내지일념 생정신자

須菩提 如來 悉知悉見 是諸衆生 得如是無量福德
수보리 여래 실지실견 시제중생 득여시무량복덕

마땅히 알라. 이 사람은 한 부처님이나 두 부처님이나 셋, 넷, 다섯 부처님께만 선근을 심은 것이 아니라, 이미 헤아릴 수 없는 부처님 처소에서 온갖 선근을 심었으므로, 이 글귀를 듣고서 잠시 동안이라도 깨끗한 믿음을 내는 것이니라.

수보리야. 여래는 다 알고 다 보나니, 이 중생들은 이와 같이 무량한 복덕을 얻는 것이니라.

앞에서 후오백세의 말세에서 진실한 믿음을 낼 이가 있겠는가, 하는 수보리의 비관론에 대하여 계를 지키고 선정을 닦아 지혜를 증득한 이가 반드시 있는 것이며, 이들은 이미 과거세에 수많은 부처님께 선근공덕을 심었으므로 깨끗한 믿음을 낼 수 있었던 것이라고 부처님께서는 자상하게 낙관론을 말씀하신다.

그런데 계정혜戒定慧 삼학三學을 닦고, 드디어 깨끗한 믿음을 내는데 있어, 일불一佛 이불二佛도 아니고 헤아릴 수 없는 수많은 부처님 도량에서 선근공덕善根功德을 쌓아야만 한다는 것인데, 이처럼 긴 세월이 요구된다면, 중생들은 겁이 나고 두려워지며 오히려 퇴굴심이 나지 않을까 하는 염려가 있게 된다.

허지만, 이것은 교종에서 주장하는 삼아승지백겁三阿僧祇百劫 동안을 닦아야 성불할 수 있다는 점수론漸修論일 뿐이다. 선종에서는 한 생각 돌이켜 의단疑團이 타파되면 천지가 일순간에 무너지듯이 몰록 깨우쳐 성불할 수 있다는 것이다. 현재 한국 불교는 조계曹溪의 법을 이었으므로, 이와 같은 선종의 돈법頓法을 의지한다.

"다 알고 다 본다"라 함은 부처님의 전지전능한 신통력을 자랑하려는 것이 아니라, 선근공덕을 지은 중생들이 무량한 복덕을 받을 것임을 확인시키기 위한 방편이다.

여기서 현상계를 관찰하여 확인하는 방법에 네 가지를 든다. 첫째, 비량比量으로 어떤 단서나 힌트를 가지고 추측하여 아는 것으로, 담 너머 굴뚝에서 연기가 나면 밥 짓는 줄 아는 것이며, 둘째 현량現量으로 눈앞에 사과를 보고 사과임을 아는 것이요, 셋째 사량似量으로 잘못 판단하고 추측하는 경우로서 말을 보고 당나귀로 착각하고, 개를 원숭이로 잘못 보는 것이며, 넷째 성언량聖言量으로 성인聖人의 말씀을 절대적으로 믿는 것으로서, 예를 들면 극락이나 지옥을 중생들은 확인할 수 없으나, 성인의 말씀을 의지해 그 존재를 믿는 것을 말한다.

이처럼 부처님께서 말씀하신 후오백세론後五百歲論이나, 무량한 복덕을 얻을 것이란 것과 그 외 극락과 지옥 같은 일체의 말씀이 모두 성언량聖言量이다.

何以故　是諸衆生　無復我相人相衆生相壽者相　無法
하 이 고　시 제 중 생　무 부 아 상 인 상 중 생 상 수 자 상　무 법

相　亦無非法相
상　역 무 비 법 상

어째서인가 하면, 이 중생들은 아상, 인상, 중생상, 수자상이
없으며, 법상도 없고 법상 아님도 없기 때문이니라.

"어째서인가" 함은 위의 내용을 반복하는 것이니, 말세 중생들이
금강경 말씀을 진실된 것으로 믿고 한량없는 복덕을 받는 원인을
말하는 것이다. 그리하여 그 대답으로 아집我執과 법집法執이 모두
없어졌기 때문이라 했다.

아집은 나라는 고집으로 사상四相을 말하고, 법집은 나 이외의 다른
법의 존재에 대한 집착을 말한다. 그 두 가지의 고집과 집착을 모두
여의었으므로 무량한 복덕을 받는다는 것이다. 실제로 계를 지키고
복을 닦아 진실한 마음을 낸 것에 대해서 스스로 사상四相을 낸다면,
이는 근본적으로 믿음도 아니고, 수행도 아니어서 저급의 유사행위有
似行爲에 지나지 않기 때문이다.

何以故　　是諸衆生　　若心取相　　則爲着我人衆生壽者
하 이 고　　시 제 중 생　　약 심 취 상　　즉 위 착 아 인 중 생 수 자

若取法相　卽着我人衆生壽者
약 취 법 상　즉 착 아 인 중 생 수 자

어째서 그러한가. 이 중생들이 만일 마음에 상을 취한다면 곧

아상, 인상, 중생상, 수자상에 집착하게 되는 것이기 때문이니라. 만일 법의 상을 취해도 곧바로 아상, 인상, 중생상, 수자상에 집착하는 것이 되느니라.

앞의 내용을 다시 규명하여 정리하는 것이니, 즉 한량없는 복덕을 받는 이유가 아집我執과 법집法執이 없기 때문이라 했는데, 어째서 아집과 법집이 없어야 하는가 하는 그 이유를 말하는 것이다.

이에 대하여 아상과 법상에 빠졌더라면, 모두 다 아인중생수자我人衆生壽者의 사상四相에 집착되었을 것이기 때문이라 했다. 혹 사상四相을 벗어났다고 해도, 그 벗어났다는 생각마저도 법상法相이기 때문에 그런 관념마저 여의어야 비로소 한량없는 복덕을 받는다는 얘기다.

何以故 若取非法相 卽着我人衆生壽者 是故 不應
하 이 고   약 취 비 법 상   즉 착 아 인 중 생 수 자   시 고   불 응

取法 不應取非法 以是義故 如來常說 汝等比丘 知
취 법   불 응 취 비 법   이 시 의 고   여 래 상 설   여 등 비 구   지

我說法 如筏喩者 法尙應捨 何況非法
아 설 법   여 벌 유 자   법 상 응 사   하 황 비 법

어째서 그러한가. 만일 법이 아니라는 상을 취해도 곧 아상, 인상, 중생상, 수자상에 집착되기 때문이니라. 그러므로 마땅히 법을 취하지도 말고, 법이 아닌 것도 취하지 말아야 하느니라. 그러하기에 여래가 항상 말하기를 "너희 비구들은 나의 설법이 뗏목에 비유한 것임을 알아서" 법도 마땅히 버려야 하거늘, 하물며 법이 아님에 있어서랴.

앞에서 법이라는 상을 취하거나, 법이 아니라는 상을 취해도, 모두 사상四相에 집착하는 것이 되어 중도中道를 성취할 수 없으므로 제일의 제第一義諦로서는 법도 버리고 비법非法도 버려야 한다는 뜻이다. 즉 바른 법이라는 법상法相도 번뇌인 것이요, 틀린 법이라는 비법상非法相 또한 무명無明의 번뇌이기 때문이다.

마치 뗏목의 비유와 같아서 뗏목은 강을 건너기 위한 수단이요 방편인데, 강을 건너고서도 이를 애지중지하여 끌고 다닌다면 이보다 어리석은 짓은 없을 것이다. 오히려 이런 행동은 강을 건너는 목적보다 뗏목 자체에 집착하는 것이 되어 번뇌에 번뇌를 더하는 꼴이 된다.

장자莊子의 외물外物 편에 '득어이망전得魚而忘筌 득토이망제得兎而 忘蹄 득의이망언得意而忘言'이란 구절이 나온다. 고기를 잡았으면 통발을 잊어야 하고, 토끼를 잡았으면 올가미를 잊어야 하며, 뜻을 얻었으면 말을 잊으라 한 것은 여기 뗏목의 비유와 상통하는 의미다.

따라서 "법도 버려야 하거늘 어찌 비법에 있어서랴"라 함은 궁극적으로 불법佛法의 법을 득得했으면 불佛을 잊고, 오히려 초월해야지 언제까지 화신化身의 불佛을 쫓아다닐 것인가. 그곳에 개인 숭배가 있고, 사이비가 있고, 종교적 부패가 싹트는 것이다. 그러므로 대승을 넘어 최상승最上乘의 길을 걷는 것은 부처님께서 원하는 바요, 간곡한 유교遺 敎라 할 것이다.

어느 날 넓은 바닷가 언덕 위에 한 노신사가 오래도록 서 있는 것이 보였다. 그러자 이를 궁금해 한 젊은이가 다가가서 물었다.

"여기서 누굴 기다리시나 봐요?"

"아닙니다."

"그럼, 신선한 공기라도 마시고 있나요?"

"아닙니다."

"그럼, 아름다운 경치를 보고 계시군요?"

"아닙니다."

"그럼, 옛 추억이라도 회상하고 계시나요?"

"아닙니다."

"그럼, 이것도 저것도 아니면 왜 여기 서 있나요?"

"예, 그냥 서 있습니다!"

무득무설분無得無說分 제7第七
―얻을 것도 설할 것도 없음―

우리 중생들은 관계 속에서 끊임없이 거래를 하고 있다. 주기도 하고 받기도 하며, 말하기도 하고 말을 듣기도 한다. 숨이 떨어질 때까지 이 사실은 끝나지 않으며, 삶 자체가 어쩌면 그 사실의 연속일 것이다. 그럼에도 나는 준 사실도 없고 받지도 않았으며, 말한 바도 없고 들은 바도 없다고 부정한다면, 이것은 진실이 될까?

중생들은 주었다는 사실과 받았다는 점을 똑똑히 기억하며 상相을 갖는다. 혹시나 잊을까봐 영수증과 계약서까지 작성하여 기록으로 남기는 것이다. 나는 네게 주었고 너는 내게 신세를 졌으니, 그 은혜를 갚아라! 혹은 나는 네게 신세를 졌으니, 네게 그 은혜를 잊지 않고 반드시 갚으리라! 이런 정도는 사상四相의 확대된 가장 세속적인 상황을 표현한 것이 된다.

이것이 세속제世俗諦의 가장 절실하고 여실한 모습이다. 주되 주었다는 생각과 받았다는 관념 없이 무심 속에서 이루어지는 오고감은 중생계를 떠나고, 속진俗塵의 티끌을 벗어난 초인超人의 모습이 아니

72

겠는가.

부처님께서는 하루 십이시중十二時中을 삼매 속에 계신다. 삼매 중에 기침起寢하시고, 걸식을 하시며, 발을 씻고, 자리를 펴고 앉아 제자들에게 설법하신다. 그러기 때문에 해도 한 사실이 없고, 주어도 준 사실이 없으며, 말해도 말했다는 상相이 없다. 왜냐하면 준 것은 받을 것을 전제하지 않았고, 법을 설했어도 법을 설하여 제자들을 가르친다는 생각이 없으니, 설한 바도 없는 것이다. 따라서 석가모니 부처님은 연등부처님으로부터 법을 받은 바가 없고, 또 49년 동안 수시설법隨時說法과 300여 회의 큰 법회를 통하여 팔만대장경의 긴 설법집을 꾸미셨으되, 한마디 설함이 없는 것이 된다.

이것이 소위 반야의 입장, 즉 본체론적本體論的으로는 받은 바도 설한 사실도 없고, 법도 아니고 법 아닌 것도 아니라는 제일의제의 입장이다.

須菩提　於意云何　如來　得阿耨多羅三藐三菩提耶
수 보 리　어 의 운 하　여 래　득 아 뇩 다 라 삼 막 삼 보 리 야

如來有所說法耶　須菩提言　如我解佛所說義　無有定
여래유소설법야　수보리언　여아해불소설의　무유정

法　名阿耨多羅三藐三菩提　亦無有定法 如來可說
법　명아뇩다라삼막삼보리　역무유정법　여래가설

"수보리야, 네 뜻이 어떠하냐. 여래가 아뇩다라삼막삼보리를 얻었다고 보느냐. 여래가 설한 법이 있다고 보느냐."
수보리가 대답했다.

"제가 부처님께서 말씀하신 뜻을 이해하기로는, 아뇩다라삼먁
삼보리라고 이름할 만한 정해진 법이 없으며, 또 여래께서 설하
셨다고 할 만한 정해진 법도 없나이다."

아뇩다라삼먁삼보리를 얻었다거나 설한 법이 있다고 생각한다면,
이는 얻었다는 상相과 법이 있다는 상相에 걸리어 양극단이 된다.
말하자면 법法이 있다고 하면 상견常見에, 없다고 하면 단견斷見에
빠지는 것이며, 또 유무有無의 양변에 치우쳐서 중도에서 멀어진다.
　내가 서울 법대를 나왔다거나, 박사학위를 취득했다는 의식이 있다
는 것은 스스로에게 교만과 자만심이 내재해 있다는 징표로서 중생심
이다. 이는 인격적으로 결함이 있는 것이고, 결코 깨달음을 추구하는
보살이 아니다. 그럼에도 깨달았다는 것은 각고의 무량한 세월을
갈고 닦은 결과물인 것이 분명할 것임에도, 어찌 깨달을 법도 없고,
설할 법도 없다는 것인가.
　분명 중생이 살아가는 세계는 엄연한 실존의 현상계가 있고, 그
이면에 내재하여 현상을 현상이게 하는 이법理法이 있을 것이다. 이를
본질本質 혹은 본체계本体界라 하는 것으로서, 현실적으로 오감이
느끼는 세계에서는 분명히 여래께서 무상정등각을 얻은 것이 사실이지
만, 이치적으로는 무상정등각이랄 것도 없고, 무상정등각이 없으니
당연히 얻을 것이 없는 것이 된다. 따라서 세속제世俗諦로는 분명히
설한 법도, 얻은 아뇩다라삼먁삼보리도 존재하지만, 제일의제第一義
諦로서는 그러한 법도, 그런 사실도 부정되는 것이다. 그래야만 양변을

여읜 중도가 실현되며, 해탈경계解脫境界의 피안이 증득될 것이니 말이다.

何以故 如來所說法 皆不可取 不可說非法 非非法
하 이 고 여 래 소 설 법 개 불 가 취 불 가 설 비 법 비 비 법

어째서 그런가 하오면, 여래께서 설하신 법은 모두 얻을 수 없고, 말할 수도 없으며, 법도 아니고, 법이 아닌 것도 아니기 때문이옵니다.

여기서는 앞문장의 아뇩다라삼먁삼보리, 즉 무상정등정각이라 할 만한 법도 없고, 여래께서 설하신 일정한 법도 없다는 것에 대해 그 이유를 밝히고 있다.

그것은 잡을 수도 없고, 말할 수도 없으며, 그리하여 법도 아니고, 그렇다고 법이 아닌 것도 아니라 하였다. 말하자면 현실적인 안목의 세속제로는 인고의 노력으로 진리라는 깨달음의 법이 있어서, 그를 증득함이 있고, 그리하여 이에 대한 부처님의 사십구년의 장광설이 존재하는 것이지만, 허나 보이지 않고 잡을 수 없으며, 계측할 수 없는 깨달음과 불법佛法의 경계는 불가설不可說이요, 불가취不可取라고 표현할 수밖에 없다는 것이다. 그러므로 법이면서 법이 아니요, 법이 아니면서 이 또한 법인 것이다.

즉 법은 비법非法을 전제한 법이고, 비법 또한 법을 전제하는 비법이므로 치우친 양변을 격절隔絶한 것이 진정한 중도를 증득하는 길이다.

따라서 "얻을 수 없고 말할 수 없다" 함은 부처님 말씀은 진리로서 눈에 보이는 듯하여 찾으면 없고, 없는 듯하나 현상계現象界의 사물과 일마다에 현현顯現하니, 보거나 취하거나 말할 수가 없다는 것이다.

"법도 아니고 법 아님도 아니다" 함은 온갖 법이 손에 잡히지 않는 무형無形의 것이기 때문이고, 그럼에도 진리는 그 무형의 이면異面에 진리로서의 실상이 없지 않기 때문에 여래가 얻었다 할 법도, 설했다 할 법도 없다는 것이다. 위없는 깨달음이라거나 법이라는 것이 언어, 문자로 표현할 뿐 실제로 취하거나 잡을 수 없기 때문에 법이면서 법이 아니라 하는 것인데, 쌍차쌍조雙遮雙照로서 중도를 실현하는 것이다.

> ## 所以者何 一切賢聖 皆以無爲法 而有差別
> 소 이 자 하 일 체 현 성 개 이 무 위 법 이 유 차 별
>
> 그 까닭이 무엇인가 하오면, 일체의 성현들이 모두 무위無爲의 법法으로써 차별을 이루기 때문이옵니다.

이 구문은 상당히 난해하여 여러 학자들의 해석이 다르다. 그런 만큼 이 구절은 사구게만큼이나 널리 인용되는 구절이다.

구마라집은 "일체 성현은 모두 무위법으로써 하지만 차별이 있다"고 하였다. 결국 "일체 성현은 모두 무위법으로써 차별을 갖는다, 혹은 차별을 짓는다, 또는 "해도 함이 없는" 무위법으로 차별을 둔다"는 것인데, 모든 경의 성인의 말씀이 무위법으로써 중생을 제도하고

교화한다는 의미일 것이다. 그리하여 부처님께서는 성문제자聲聞弟子들을 위해서 고집멸도苦集滅道의 사성제四聖諦로 교화하고, 연각緣覺을 위해서는 십이연기법十二緣起法으로 제도했으며, 보살들을 위해서는 보시, 지계 등의 육바라밀六波羅蜜의 무위법無爲法으로써 각기 차별을 두어 교화했던 것이다.

본래는 진리와 불법佛法과 성현聖賢들의 경계가 모두 불가취不可取, 불가설不可說인 제일의제의 경지이지만, 굳이 미혹한 중생들을 위해 자비방편慈悲方便으로 차별세계差別世界에 노닐며, 함께 웃고 말하고, 밥을 먹는 것뿐이라는 얘기다. 중생을 위한 성인聖人이요, 중생이 없는 성자聖者는 존재이유가 없다. 왜냐하면 중생이 없으면 성인도 출현할 수 없기 때문이다. 고결한 연꽃은 진흙탕의 오물에 뿌리를 박아야 살아갈 수 있다. 더러운 진흙 밭이 없으면 연꽃은 생존이 불가능하다. 하여 중생즉불衆生則佛이요, 생사生死가 곧 열반涅槃이라 하는 것이다.

"까닭이 무엇인가" 함은 여래의 법은 얻을 수도 말할 수도 없고, 법도 아니고 법 아닌 것도 아니란 것에 대해 그 이유를 묻고 있다.

그 대답으로서, 위에서 논한 대로 성현의 법은 조작이 없고 함이 없는 무위법無爲法이기 때문이고, 또 그 법 안에서 호흡하기 때문이라 했다. 허나, 일체의 성현들이 이 사바세계에 출현한 이유가 중생이 있기 때문이므로 굳이 중생들과 함께 숨을 쉬며 차별의 세계에서 노니는 것뿐이라는 것이다. 하여 일체 성현의 경계는 무위의 법이지만, 사바세계의 차별과 분별의 상이 있는 것은 오직 그들의 근기根機와 경지境地에 따른 것일 뿐, 진리의 세계는 하나요, 평등하다는 것을 말하고 있다.

천진한 성품의 한 스님이 계시었다. 결코 남을 꾸짖거나 탓하는 일이
없고, 무슨 일이 닥쳐도 기쁘고 즐겁고 편안했으며, 그저 좋은 일
뿐이었다.

공양간에서 젊은 스님들이 밥을 되게 해서 고두밥을 드리면,

"아, 꼬들꼬들한 것이 맛이 좋습니다!"

죽밥을 드리면,

"물렁물렁하니 먹기가 좋아요!"

반찬이 짜면,

"간이 짭짤하니 살림 잘하겠어요!"

싱거우면,

"몸에는 심심한 것이 좋지요!"

음식이 뜨거우면 "따뜻해서 좋고", 차가우면 "시원해서 좋다"고 하여
어느 것 하나 마음에 걸리는 것이 없었다. 그러므로 스님의 마음은
항상 평온하여 극락을 노니는 것이었다.

의법출생분依法出生分 제8第八

─법을 의지해 출생함─

세속에서 어떤 분야에 전문가를 배출하려면 각고의 노력과 함께 일정한 수련기간이 필요하다. 소위 판사나 검사가 되려면 법학 계통에 학습이 필요하고, 의사가 되려면 6년 이상의 의학전문의 수련이 필요하며, 전기의 명장名匠이 되려면 전기법에 정통해야 되고, 건축가가 되려면 건축법에 통달해야 될 것이다.

마찬가지로 공자처럼 유학儒學의 성자가 되기 위해서는 인의예지仁義禮智의 사서삼경四書三經을 통달해야 하고, 제2의 예수와 같은 성인이 되기 위해서는 성경을 완벽하게 몸과 마음으로 체득해야 될 것이다. 따라서 제2, 제3, 제4…… 등, 이와 같이 끝없이 많은 석가모니가 되기 위해서는 경율론삼장經律論三藏과 십이부경十二部經 모두를 통달할 뿐만 아니라, 몸과 마음으로 완전하게 체득하여 오안육통五眼六通과 삼십이상팔십종호를 갖추면 그를 일러 부처라 하며, 할 일 마친 한도인閑道人이라 하며, 성인聖人이라 이름하는 것이다.

이처럼 이 사바세계는 수많은 분야의 할 일들이 산재해 있어도 그냥 쉽게 얻어지는 것은 없으며, 그에 상응하는 인고의 노력이 요구된다. 이러한 이치로 금강경에서는 일체의 부처와 부처의 깨달음이 이 금강경에서 출생했다는 것이다.

어디 금강경뿐이랴. 팔만대장경 속 일자一字, 일구절一句節의 사구게만으로도 부처를 이루고, 아뇩다라삼먁삼보리의 깨달음을 성취할 수 있다는 말씀이다. 따라서 부처를 이루거나 도의 일단一端이라도 얻기 위해서는 이 경을 의지해야만 한다.

그만큼 이 경은 그 뜻이 광대하고, 심심미묘甚深微妙하여 불가사량이고, 불가칭不可稱이며, 무유변無有邊한 공덕이 있다. 그러므로 일시에 자성을 보아 성불이 안 된다 해도, 우리는 부처님의 말씀에 의지해 하루하루 실천해 나간다면, 자신도 의식하지 못한 부지불식 간에 성숙되고 성장하여 어느 한때 해탈의 기연이 있게 될 것이리라.

須菩提 於意云何 若人 滿三千大千世界七寶 以用
수보리 어의운하 약인 만삼천대천세계칠보 이용

布施 是人 所得福德 寧爲多不 須菩提言 甚多世尊
보시 시인 소득복덕 영위다부 수보리언 심다세존

何以故 是福德 卽非福德性 是故 如來說福德多
하이고 시복덕 즉비복덕성 시고 여래설복덕다

"수보리야, 네 생각이 어떠하냐. 만일 어떤 사람이 삼천대천세계에 칠보로 가득 채워 보시로 쓴다면, 이 사람이 얻는 복덕이 많다 하지 않겠느냐?"
수보리가 사뢰었다.

"대단히 많으오이다, 세존이시여. 어째서 그런가 하오면, 이 복덕은 곧 복덕의 성품이 아니기 때문이옵니다. 그러므로 여래께서 복덕이 많다고 하신 것이오이다."

"삼천대천세계"란 고대 인도인들의 우주관인데, 수미산須彌山을 중심으로 하여 사대주四大洲가 있고, 그 주변에 구산팔해九山八海가 있다. 이것이 하나의 소세계小世界다. 위로는 색계色界의 초선천初禪天에서 아래로는 대지 아래의 풍륜風輪에 이르기까지의 범위이다.

이 소세계가 1,000개 모인 것을 소천세계小千世界, 이 소천세계가 1,000개 모인 것을 중천세계中千世界, 중천세계가 1,000개 모인 것을 대천세계大千世界라 한다. 이 대천세계는 소·중·대 삼종의 천세계千世界로 이루어졌으므로 삼천대천세계三千大千世界라 부른다. 한 부처님이 교화하는 범위가 되는 것이다.

이것이 고대 인도인들의 우주관의 전형인데, 중국인들은 오히려 소박하여 음양의 천지만을 생각했지, 이처럼 인도인들의 입체적인 우주를 표현하지는 못한 듯하다.

칠보七寶는 각각의 경전마다 차이가 있지만, 대체로 값비싼 귀금속 종류로서 7가지를 든다. 즉 금, 은, 유리瑠璃, 파려頗黎, 자거硨磲, 산호珊瑚, 마노瑪瑙 등을 일컫는다. 이처럼 광활하고 용량이 큰 삼천대천세계에다 세상의 가장 값비싼 보석을 가득 채웠다고 한다면, 그 가치와 값은 과연 얼마나 될까. 중생의 사유능력을 벗어난 무가보無價寶로서의 가치가 될 것이다.

하여 부처님의 마음을 헤아린 수보리는 삼천대천세계에 가득 채워진 칠보의 가치가 매우 많다고 대답함으로서 세속제로는 그 가치가 매우 많다고 인정하고, 제일의제로서의 복덕은 그 평가를 절하하고 있는 것이다. 그러나 말할 수 없고, 얻을 수 없는 부처님 법의 가치는 그보다 몇천만 배 더 수승한 공덕이 있음을 보여주고 있다.

"어째서 그러한가" 함은 삼천대천세계에 값비싼 칠보로 가득 채워서 보시한 공덕이 매우 많다는 것을 강조하기 위해 그 이유를 묻고 있는 것이다. 어째서 많다는 것인가.

"비복덕성非福德性"이라 함은 복덕의 성품이 아니다. 즉 복덕이라는 성품을 갖고 있지 않다는 의미다. 말하자면, 일정하고 변하지 않고 고유의 정해진 가치나 값이 매겨져 있지 않다는 얘기다. 그 가치는 시대와 시기에 따라 다르고, 지역과 문화와 인종과 지식과 수준에 따라 인식되는 값어치의 차이가 있게 된다. 왜냐하면 일정한 성품이 없고 유동적이기 때문이다.

평화시대의 풍류를 구가하는 여유 있는 시대에는 다이아몬드의 금은보화가 가치 척도로서의 최고의 소장가치가 있는 것이지만, 헐벗고 굶주리는 전쟁통의 혼란기에는 그런 따위의 금덩어리는 하나의 쇠붙이나 돌덩이에 지나지 않고, 삶아 먹을 수도 없고 버릴 수도 없는 애물단지에 불과한 것이다. 이유는 그 금덩이 자체 내에 고유한 가치로서의 성품이라는 것이 존재하지 않기 때문이다. 단지 그 희귀성을 원인으로 하여 중생들은 그 가치에 대한 서로의 약속을 맺은 것에 지나지 않다. 그러므로 제일의제로서는 그 많은 칠보가 복덕이랄 것도 없는 돌덩이에 지나지 않는 것이지만, 중생계의 현실로 보면 세속제로서 환산하여 그 복덕이 매우 많다 하는 것이다.

若復有人　於此經中　受持乃至四句偈等　爲他人說
약 부 유 인　　어 차 경 중　　수 지 내 지 사 구 게 등　　위 타 인 설

其福　勝彼　何以故　須菩提　一切諸佛　及諸佛　阿耨
기 복　승 피　하 이 고　수 보 리　일 체 제 불　급 제 불　아 녹

多羅三藐三菩提法　皆從此經　出　須菩提　所謂佛法
다 라 삼 먁 삼 보 리 법　개 종 차 경　출　수 보 리　소 위 불 법

者　卽非佛法
자　즉 비 불 법

"만일 어떤 사람이 있어 이 경중에 사구게만이라도 받아 지니고,
다른 사람을 위해 설해준다면, 그 복은 칠보로 보시한 공덕보다
더 수승하리라. 어째서 그러한가 하면, 수보리야, 일체의 모든
부처님과 모든 부처님의 아뇩다라삼먁삼보리 법이 모두 다 이
경으로부터 나오기 때문이니라. 수보리야, 이른바 불법이라 하
는 것은 곧 불법이 아니니라."

그런데, 여기서 "받아 지니고 설해준다" 함은 오품제자五品弟子들을
말한다. 부처님 입멸 후에 부처님 법을 듣고 기꺼이 믿음을 내는
수희품隨喜品, 부처님 법을 즐겨 읽는 독송품讀誦品, 부처님 법을 듣고
남에게 설해주는 설법품說法品, 진실한 법을 관찰하면서 육바라밀을
실천하는 겸행육도품兼行六度品, 자기와 다른 사람이 모두 육바라밀을
구체적으로 닦는 오행육도품五行六度品 등의 다섯 종류의 제자들을
말한다. 그 중에 "받아 지닌다" 함은 수희품 제자를 지칭하고, "남에게

말해준다" 함은 설법품 제자들을 말한다.

그런데 천상천하에 존재하는 일체 중생들의 궁극적 생명의 목적은 생사 문제를 해결하는 일이다. 그 해결점이 바로 부처님 법에 근거하여 생사윤회生死輪廻를 끊는 것이다. 이른바 견성見成이요, 성불成佛이며 해탈열반解脫涅槃인데, 그에 이르는 방법이 바로 금강경 중의 사구게만으로도 성취되는 위력이 있다. 그대로만 정진하면 사고팔고四苦八苦의 인생사를 넘어, 중생이 곧 부처님인 것을 증험하게 될 것이니, 어찌 한낱 칠보의 돌덩이에 스스로의 영혼을 의탁할 것인가.

삼천대천세계에 쌓인 칠보의 공덕은 유루의 복으로서 어느 때인가 그 끝이 있게 되는 인천人天의 복일 뿐이다. 그러나 한 구절의 부처님 말씀은 샘이 없는 무루의 복으로서, 기어이 깨달음의 종자가 되어 싹이 트고 열매가 맺을 시절이 가까이 있는 것이다.

"어째서 그러한가" 함은 금강경의 사구게만이라도 다른 이를 위해 설해주면, 삼천대천세계에 칠보를 쌓아놓고 보시한 공덕보다 더 뛰어나다는 것에 대하여 그 이유를 묻고 있다.

그에 대해 과거의 수많은 부처님도 이 경을 수지독송하고 타인을 위해 설해준 공덕으로 부처가 되었고, 또한 수많은 부처님들의 위없는 바른 깨달음의 법도 이 금강경으로부터 나온 것이라는 말씀이시다.

실제로 지하의 물은 서로 연결되어 있다. 태평양 바닷물에 연결되어 서로 소통하고 있다. 가정마다 연결한 수돗물도 냇물로 연결되고, 강물과 바닷물로 모두 연결된다. 그 연결점이 단절되면 바로 부패되어 썩게 된다. 그 광활한 바다는 모든 것을 받아들여 용납하며 수용하고 용서하고 인욕하고 보시하며, 흐트러짐 없는 그 자태는 오계십계五戒十

戒를 지키는 것으로 바로 정定에 들어 완성자로서의 무한을 내보이고 있다.

중생은 그 바다를 맛본다. 그를 알기 위해 바닷물을 다 마실 필요는 없다. 새끼손가락으로 톡 찍어 맛보는 것으로 중생은 성불할 수 있다. 깨달음의 광맥은 전 지구를 관통해서 소소한 재료로써도 금강석을 발견할 수 있는 것처럼, 중생은 삼십이분分의 금강경 중에서 단 일구一句의 사구게만으로도 깨달음의 종자와 재료를 발견할 수 있는 것이다.

"부처님 법이 곧 부처님 법이 아니다"라 함은 이 경에서 나왔다고 하는 부처님이나 부처님 법이라 할지라도, "부처다", "부처님 법이다" 하고 어느 실체를 추적할 수 있는 대상이 아니다. 그저 중생들을 위해서 세속제에 의해 이름하자니 "부처다", "부처님 법이다" 할 뿐이라는 것이다.

만약 이를 고정된 실체로서 집착한다면 이 또한 번뇌가 된다. 하여 승의제勝義諦로는 결코 부처라거나 부처님 법이라 할 것도 없다는 뜻이다. 그러니 이 금강경이 설하고 있는 대승의 지혜야말로 바로 일체의 무상정등정각의 위없는 바른 깨달음의 원천이 될 것이다. 이 금강경을 떠나서 우리는 반야般若를 논할 수 없다.

어느 도道가 높은 큰스님이 어린 사미승을 데리고 길을 가고 있었다. 큰스님의 바랑을 짊어지고 가던 사미는 사홍서원四弘誓願 중 한량없는 중생들을 모두 다 건지리라(衆生無邊誓願度)를 외우다가 보리심을 일으켰다.

"뭇 중생들을 다 건져야 하리라. 내 한 몸의 고달픔, 아무리 어려움이 크다 해도 일체 중생은 모두 전생의 내 부모요 스승이요 형제자매이니, 내가 다 기필코 모두 다 제도하리라." 하며 마음속으로 다짐했다.

이때 큰스님이 사미의 바랑을 빼앗다시피 하며,

"그 바랑 이리 다오. 내가 지고 가야겠다. 나무관세음보살!"

조금 있다가 사미는 생각했다.

"중생들은 한도 끝도 없는데, 어떻게 그들을 다 제도한담? 그건 불가능하고 힘든 일이야. 우선 내 한 몸부터 생사해탈하고 볼일이지 뭐!"

그때 큰스님이 바랑을 벗어 사미에게 도로 건네주며,

"옜다, 이 바랑 도로 지고 가거라!"

이상한 생각이 든 사미가 큰스님에게 여쭈었다.

"큰스님, 조금 전엔 바랑을 뺏다시피 가져가시더니, 왜 다시 돌려주시는 겁니까?"

"음……, 아까는 너는 큰 보리심을 일으켜 대승보살이 되었지. 어찌 보살에게 바랑을 지게 할 수 있었겠느냐? 헌데 방금 너는 소승의 옹졸한 마음을 냈으니, 소승의 마음이라면 마땅히 소승의 바랑을 지고 가야 하지 않겠느냐?"

일상무상분—相無相分 제9第九
—어느 한 상도 상이 없음—

지금은 최첨단을 달리는 자본주의를 만끽하며, 풍부한 물질과 문화 속에서 살고 있다. 그러니 모든 할 일이 세분화되어 전체를 포괄하는 만능의 천재는 있을 수 없다. 한 단계 건너의 다른 일은 문외한이고, 알려 하지도 않는다.

그처럼 촘촘히 짜여진 조직적 일의 구조는 거미줄처럼 얽혀 있다. 하여 내가 점유하는 내 분야에서는 누구의 관여도 불허되며, 오직 나만의 세계에서 독보적인 존재가 된다. 그러므로 나는 최고이다. 그 아상我相은 십분 능력을 발휘하여 표창도 받고 진급도 한다. 그러니 내 능력 이상의 능력을 포장하여 선전하고, 광고함에 동분서주하고 있는 것이다. 이러한 이치가 동네 이장이나 반장에서도 자존감을 느끼고 생색을 내며 경쟁한다. 하물며 장관이나 국회의원, 더 나아가 대통령이라도 당선되면 하늘을 찌를 듯한 권력의 꿀맛으로 아상의 최첨병이 된다. 급기야 국민의 지탄의 대상이 되고, 감옥살이하더니 결국 쫓겨난다.

옛말에 명예가 오면 거부 말고 받을 것이로되, 그것이 가면 잡지 말고 무심히 보내라 했다. 그러나 꿀단지의 단맛에 빠진 중생들은 꿀물 속에 허우적거리다가 결국 빠져 죽는다.

상相에 집착하면 이성理性이 마비되고 사리분간이 희미해진다. 그리하여 옛 말씀에, 적금후사우하심積金侯死愚何甚하고 각골영생사가비刻骨營生事可悲니라, 금덩어리 모으며 죽음을 기다림이 얼마나 어리석고, 뼈를 깎아 생을 영위함이 진정 슬프구나 했다. 이런 일이 어찌 세속뿐이랴!

득력得力함이 없는 스님들의 큰스님 행세는 한 산문山門의 기둥뿌리를 옮길 기세다. 잘 다듬어진 영리한 권승權僧들의 주머니는 그 권력의 양만큼 넓어지고 있고, 그 명예의 화려함만큼 무대 뒤에서는 계산이 바쁘다. 그들의 시선은 항상 위를 향한다. 감사와 겸손은 오히려 거추장스런 과거의 유물이 되었다. 하여 명예와 권력이 부처와 어떤 인연 관계가 있고, 화두참구話頭參究와는 무슨 인과가 있는 것인지 알고 싶다.

그럼에도 일평생 그 명예를 지켰으되, 집착이 없었다고 보면, 그는 사상四相을 떠난 아라한阿羅漢일 것이요, 진흙 밭에 뿌리박은 진정한 보살일 것이지만, 그게 그리 쉬운 일이겠는가?

須菩提 於意云何 須陀洹 能作是念 我得須陀洹果
수보리　어의운하　수다원　능작시념　아득수다원과

不 須菩提言 不也世尊 何以故 須陀洹 名爲入流
부　수보리언　불야세존　하이고　수다원　명위입류

88

而無所入 不入色聲香味觸法 是名須陀洹
이 무 소 입　불 입 색 성 향 미 촉 법　시 명 수 다 원

"수보리야, 네 뜻에 어떠하냐. 수다원이 생각하기를 '나는 수다원
의 과위를 얻었노라'고 하겠느냐?"
수보리가 사뢰었다.
"그렇지 않사옵니다, 세존이시여! 어째서인가 하오면, 수다원을
이름하여 입류라 하지만, 들어감이 없사옵니다. 형체와 소리와
맛과 감촉과 대상에도 들어가지 않았기 때문에 이를 수다원이라
이름하는 것이옵니다."

앞의 의법출생분依法出生分 제8에서 "불법이 곧 불법이 아니다"에서
와 같이 "나는 수다원이다" 혹은 "나는 수다원의 법을 얻었다"고 한다면
그는 진실로 수다원이 아니다. 왜냐하면 수다원의 실체가 없기 때문이
고, 세속제世俗諦로 이름하자니 수다원이라 이름하는 것이며, 결코
승의제勝義諦로는 수다원이라 이름할 것도 없기 때문이다. 중생들을
위해 현실적으로 개념화하자니 부처다, 법이다, 수다원이다 하는 등의
세속제로서의 이름이 붙게 되었다.

그러면 이 세계는 본질, 이법理法, 이치의 세계로서 본체계本體界가
있고, 그와 대비하여 현실적으로 우리 중생들이 살아가는 현상계現象界
가 있는데, 이 두 세계가 따로 구분되어 유리된 상태는 아니다. 두
세계가 서로 수용되어 녹아 있고, 관계되어 영향을 미친다. 바닷물이
짜디 짠 염분으로 넓게 퍼져 있는 것처럼, 한 덩어리의 결합된 상相이다.

그리하여 현상계에서의 중생들의 인식체계는 가장 감각적이고, 가장 현실적일 수밖에 없다. 짠 것은 짠 것이고, 싱거운 것은 싱거운 것이며, 빨간 것은 빨간 것이다. 왜 싱겁고 빨개야 하는지에 대한 원인을 분석하는 것은 차후의 일이다. 따라서 가장 근본적이고 원초적이며, 오감五感으로 느끼는 감각적 인식체계를 세속제라 하는 것이다.

그에 반해 사물과 현상이 어찌 빨갛고 짜야 되는지와, 그런 현상과 형태가 실체로서 존재할 수 있는 것인가에 대한 깊은 통찰이 있게 되며, 결코 불변의 영원한 주체나 실체로서의 한 물건은 존재하지 않다는 결론에 도달하게 된다. 이를 승의제적인 인식법이라 말하는데, 이 둘 역시 서로 유리된 다른 세계가 아니다. 소위 지혜로서 깨달음의 증험이 있으면 그는 현실과 본질을 관통하여 그의 정신세계는 우주화되는 것이고, 진리와 한 덩어리가 되어 스스로가 자유인이라 말할 수 있게 된다. 하여 현상과 본질의 구분이 사라지고, 출가와 재가의 차별이 없으며, 세속제와 승의제의 구별이 없이 모두가 하나로 회통會通이 되니, 드디어 그는 걸림과 속박과 분별과 집착이 없는 해탈인解脫人이라 할 것이다.

초기 대승불교에서 수행의 단계에 따라 얻어지는 과위果位를 네 단계로 나누었다. 그 첫 단계가 수다원須陀洹이라는 것인데, 입류入流 혹은 예류豫流라 부르며, 중생계의 미혹을 끊고, 성자의 영원한 평안平安의 흐름에 이제 들어간 자를 의미한다.

둘째는 사다함斯陀含이라는 것으로, 한 번 갔다 오는 자 즉 일왕래一往來 혹은 일래一來라 부르며, 이 사람이 인간세人間世에서 이 과果를 얻으면 한 번 천상세계로 갔다가 다시 인간세로 돌아와 열반에 든다는 것이다. 혹은 하늘에서 과위를 얻으면 다시 인간세로 갔다가 다시 천상으로 돌아와 열반에 든다.

셋째는 아나함阿那舍이라 음역하며, 결코 돌아오지 않는 자를 말한다. 욕계欲界의 번뇌를 끊고, 색계色界나 무색계無色界에 태어날 뿐 다시는 욕계로 돌아오지 않는다는 것이다.

넷째의 아라한阿羅漢은 소승불교에서 수행을 통해 얻을 수 있는 최고의 과위이다. 수행이 완성되어 더 이상 배움이 불필요하여 무학無學이라고도 하며, 미망의 세계인 욕계, 색계, 무색계에는 결코 태어나지 않으므로 불생不生 혹은 살적殺賊이라고도 한다.

이러한 소승의 네 가지의 계위 개념은 당시 보살운동의 대승불교가 그 당위성을 확보하고, 이념적 정당성을 확보하기 위해서 의도적으로 소승의 부파불교部派佛教를 비판적 시각에서 논설했다고 볼 수 있을 것이다. 그런 차원에서 수행계위의 첫 단계인 수다원을 들어 소승적 자아비판을 면면히 드러내고 있는 것이 보인다.

"수다원과를 얻었노라" 하는 것에 대하여 부처님께서 수보리의 생각을 묻자, 수보리는 "아니라"고 대답하였다. 여기서 "어째서 그러한가" 하여 그 이유를 수보리 스스로가 자문자답하는 것이다. 위에서 언급한 것처럼 수다원이라는 것은 실체가 없는 것이다. 그러므로 수다원이 "입류入流"라고 하지만, 어디에 들어가고 나오는 바가 없다. 들어가고 나온다고 한다면 눈에 보이고 잡히는 하나의 물질적 현상이 되며, 그것은 바로 유루有漏의 번뇌가 될 것이다. 따라서 색성향미촉법色聲香味觸法의 육진경계에도 들어갈 수가 없고, 나올 수도 없으리라. 그냥 현실적으로 나타나는 현상에 대해 세속제로서 이름하자니 수다원이라 하고, 입류라 할 뿐이다.

須菩提 於意云何 斯陀含 能作是念 我得斯陀含果
수보리 어의운하 사다함 능작시념 아득사다함과
不 須菩提言 不也世尊 何以故 斯陀含 名一往來
부 수보리언 불야세존 하이고 사다함 명일왕래
而實無往來 是名斯陀含
이실무왕래 시명사다함

"수보리야, 네 뜻에 어떠하냐. 사다함이 생각하기를, "내가 사다
함과위를 얻었노라"고 하겠느냐"
수보리가 사뢰었다.
"그렇지 않사옵니다, 세존이시여. 어째서 그런가 하오면, 사다함
을 일왕래라 하지만, 실제로는 왕래함이 없으므로 이를 사다함이
라 이름하나이다."

사다함이란 한 번 갔다가 와서는 영원히 열반에 들어 생사를 끊어버
린다는 것인데, 그럼에도 스스로 그런 과위를 얻었노라는 관념이
없으니 집착이 끊어져 오고감이 그림자와 같은 것으로서, 굳이 언설言
說로 표하자니 사다함이라 부를 뿐이다.

須菩提 於意云何阿那含 能作是念 我得阿那含果不
수보리 어의운하아나함 능작시념 아득아나함과부
須菩提言 不也世尊 何以故 阿那含 名爲不來 而實
수보리언 불야세존 하이고 아나함 명위불래 이실

無來 是故 名阿那含
무 래 시 고 명 아 나 함

> "수보리야, 네 뜻에 어떠하냐. 아나함이 이런 생각을 짓되 "내가
> 아나함 과위를 얻었노라"고 하겠느냐."
> 수보리가 사뢰었다.
> "그렇지 않사옵니다, 세존이시여. 어째서 그런가 하오면, 아나함
> 은 불래라 하지만, 실제로는 온다 함이 없기 때문이오이다. 그러
> 므로 아나함이라 이름하나이다."

아나함은 다시는 이 욕계欲界에 오지 않을 자의 의미인데, 아나함이
아나함의 과위를 증득했다고 상相을 갖는 것은 그가 아나함이 아니라는
것을 스스로 증명하는 것이다. 결코 그런 일은 일어나지 않는다. 다만
세속제에 의해서 말하자니 아나함阿那含이라 일컬을 뿐이다.

헌데 위의 단원에서 "이실무불래而實無不來"로 된 부분이 있는데,
우리의 해인사본本에는 이실무래而實無來로 되어 있고, 일본의 "대정大
正"본도 우리의 "고려"본을 따르고 있다. 그러나 시중에 통용되고 있는
대부분의 유통본들이 이실무불래而實無不來로 된 것은 아마 앞에서
입류入流와 일왕래一往來에서 그의 부정否定이 무소입無所入과 무왕래
無往來로 되니, 이에 대한 깊은 사려가 없이 습관적으로 의미의 부정을
생각하여 빚어진 단순한 오류일 수도 있다.

불래不來를 부정한다고 해서 무불래無不來로 하면 이중부정이 되어
"언제든지 다시 온다"가 된다. 이는 불래不來에 대한 부정이 성립되지

않는다. 따라서 성인聖人의 말씀은 아무리 시대가 바뀌고, 지역이 달라도 일자일구一字一句도 변하거나 첨삭이 있어서는 안 된다. 왜냐하면 정오正誤의 판단을 떠나서 그 자체가 원리요, 근본이요, 후세의 연구대상으로서 모체가 되기 때문이다.

須菩提　於意云何　阿羅漢　能作是念　我得阿羅漢道
수보리　어의운하　아라한　능작시념　아득아라한도

不　須菩提言　不也世尊　何以故　實無有法　名阿羅漢
부　수보리언　불야세존　하이고　실무유법　명아라한

世尊　若阿羅漢　作是念　我得阿羅漢道　卽爲着我人
세존　약아라한　작시념　아득아라한도　즉위착아인

衆生壽者
중생수자

"수보리야, 네 생각에 어떠하냐. 아라한이 이런 생각을 하되,
"내가 아라한도를 얻었노라"고 하겠느냐?"
수보리가 사뢰었다.
"그렇지 않사옵니다, 세존이시여. 어째서 그런가 하오면, 실로 아라한이라 할 법이 없기 때문이옵니다. 세존이시여, 만일 아라한이 생각하기를 "내가 아라한의 도를 얻었노라" 하면 곧 아상, 인상, 중생상, 수자상에 집착이 되는 것이오이다."

아라한 도道는 소승사과小乘四果 중에서 최고의 깨달음을 얻은 성문제자聲聞弟子이다. 이 성인聖人은 번뇌의 도적이 소멸했다 하여 살적殺賊이요, 다시는 인간세에 태어남이 없다 하여 불생不生이요, 인천人天

의 공양을 받을 만하다고 하여 응공應供이라고도 부른다.

더 배우고 더 닦을 것이 없는 대성인大聖人임에도 부처님과 구별되는 것은 복력의 차이 때문이다. 부처님은 만승萬乘의 지존으로서 일체중생을 제도할 기능機能과 복력福力을 지녔지만, 소승의 아라한阿羅漢은 지혜에 있어서는 부처와 다를 바 없으나, 아직 쌓인 공덕이 부족하여 인연 따라 중생들을 제접하고 구제할 뿐, 만중생萬衆生들을 모두 제도하기에는 그릇이 부족하다는 것이다.

허지만 본질적으로 소승과 대승의 구별이 의미가 없다. 개인의 완성을 추구하는 것은 인간의 자연스런 행行이요, 수행의 목적이다. 개인적인 수행의 완성이 없이 주제넘게 중생제도라는 미명하에 오히려 중생들을 오도誤導하고, 그르칠 수도 있기 때문이다. 대승행大乘行을 행한다 하여 근본도 깨치지 못하고, 거치른 무애행無碍行을 일삼는다면 오히려 신앙적인 병폐만 발생할 수도 있는 것이다.

흔히 우리는 동남아 불교권을 소승이라 하여 심정적으로 폄하하는 경향이 있는데, 오히려 그들이야말로 개인적이 여유 없이 치열하게 수행하는 진실함이 있다. 그들에게 소승을 얘기하면 이해를 하지 못한다. 당연히 부처님 법을 여법하게 갈고 닦는데, 무슨 소승이다 대승이다 하여 분별심을 낸단 말인가. 괜한 분별은 우리들 스스로에게 구업口業을 짓는 것이고, 어리석은 행동이다. 조고각하照顧脚下라 해서 스스로의 발밑이나 살피어 허물을 지어서는 안 될 일이다.

요즘은 동북아의 대승불교를 행한다 하여 적당히 불교적 소양이나 갖추고서 이론이나 논설하는 것은 진정한 불교가 아니다. 학문을 하여 지식이나 주입하는 것은 겉모양은 교양 있고 학덕 있는 고승으로 보일지라도 진정한 수행자의 가풍은 그곳에 있지 않다. 오히려 이론적 논리는 부족하지만, 행위로써 수행을 쌓는 곳에는 어느 때인가 매실이 익을 시절이 가까울 것이다. 그것이 바로 우리가 소승으로 치부하는 소위 남방불교의 위대함이다.

世尊 佛說我得無諍三昧人中 最爲第一 是第一離欲
세존 불설아득무쟁삼매인중 최위제일 시제일이욕

阿羅漢 世尊 我不作是念 我是離欲阿羅漢
아라한 세존 아부작시념 아시이욕아라한

세존이시여, 부처님께서는 제가 무쟁삼매를 얻은 사람 중에 제일이라고 말씀하셨사온데, 이는 욕심을 여읜 제일의 아라한일 것이옵니다.
세존이시여, 저는 제가 욕심을 여읜 아라한이라는 그런 생각을 짓지 않나이다.

앞에서 네 과위마다 얻었다는 사상四相이 없음으로써만이 성인聖人이 됨을 알았다. 내가 뭔가를 "얻었노라" 하는 것은 아직 도과道果가 무르익지 않은 반증이요, 집착이 남은 것이요, 중생의 근본 번뇌가 멸하지 않았다는 증거다.

"무쟁삼매"라 함은 다툼이 없는 삼매라는 뜻인데, 세속적인 욕심의 번뇌와 출렁거림과 혼란과 정신적인 혼돈이 소멸하여 고요 적정寂靜의 삼매三昧에 집중된 것을 말한다. 즉 진정으로 공의 적정 속에 안주하여 평안함을 느끼는 경지이다. 실제로 세속으로부터 분리되어 숲속에서 심신의 평정과 평화를 얻었다는 뜻도 된다.

그럼에도 수보리가 "나는 무쟁삼매를 얻었노라. 나는 욕심을 여의었노라."라는 생각을 낸다면 이는 아라한이 아니며, 또 부처님께서 무쟁삼매인無諍三昧人 중에 제일이라거나, 욕심을 떠난 아라한 중에 제일이라고 말씀하시지 않았을 것이다. 얻은 바가 없어야 진실로 얻은 것이 된다.

世尊　我若作是念　我得阿羅漢道　世尊　卽不說須菩
세존　아약작시념　아득아라한도　세존　즉불설수보

提　是樂阿蘭那行者　以須菩提　實無所行　而名須菩
리　시요아란나행자　이수보리　실무소행　이명수보

提　是樂阿蘭那行
리　시요아란나행

세존이시여, 제가 만일 "내가 아라한도를 얻었노라" 라고 한다면 세존께서는 수보리가 아란야행을 좋아하는 자라고 말씀하시지 않았을 것이옵니다. 수보리가 실제로 행한 바가 없기 때문에 수보리는 아란야행을 좋아한다고 이르신 것이옵니다.

"아란야"라 함은 민가에서 멀지도 가깝지도 않은 조용한 수행처를 말한다. 마치 소 울음소리가 들릴 듯 말 듯하여 외부의 경계에 방해받지 않을 이상적인 수행처소이다. 그러한 곳을 좋아하고 즐길 수 있는 수행자는 진실로 수행자다운 면모를 지녔다고 할 수 있다. 왜냐하면 개인적으로 홀로 토굴에서 수행한다는 것은 여러 가지 현실적인 불편

함이 따른다. 의식주의 문제에서부터 하루 일과의 시간적인 배정에 이르기까지 모든 것이 개인적인 역량에 달려 있다. 편하기로 하면 게으른 황소보다 더 할 수 있고, 어쩌다 깊은 신심으로 가행정진加行精進을 한다고 해도 옆의 탁마琢磨가 없으므로 쉽게 피로해지며 지쳐갈 수 있다. 그러므로 이런 조건을 극복하고 효과적으로 잘 이겨낼 수 있는 자라면, 진정으로 아란야행을 즐기는 자라고 말할 수 있다.

그러니 옛 스님들은 하나같이 독살이를 경계하셨으며, 오직 대중처소에서 대중들과 더불어 함께 하는 것이 서로 위로와 견제가 되어 수행의 모범이 될 수 있다고 말씀하셨다. 하여 홀로 토굴에서 수행할 수 있으려면 상당한 경지에 오른 구참들이나 생각해볼 수 있는 것이다.

여기서 "아란야행을 좋아하는 자"라 함은 무쟁삼매를 좋아하는 자를 뜻한다. 고요 적정의 이상적 처소에서 홀로 수행하는 자들은 실제로 외부사람들과 격리되어 있으므로 다툼과 비난으로부터 자유로울 수도 있다. 다만 내면의 감정적 혼란과 충돌이 염려될 뿐이다. 따라서 무쟁삼매를 이루는 근본은 개인적 욕심과 집착을 여읜 것이므로, 아란야행을 즐기는 자와 욕심을 떠난 자와 무쟁삼매를 좋아하는 자는 같은 의미로 해석이 된다.

❦

공자가 제자들과 더불어 길을 가고 있었다. 도덕과 예로써 백성들을 다스려야 한다고 제왕들을 설득했으나, 부국강병의 논리가 아니라고 거부만 당하면서 실망하고, 자신의 뜻을 받아줄 다른 제왕을 찾아 방황하는 고행길이었다.

얼마쯤 가다가 큰 강이 나왔는데, 나루터가 어딘지 알 길이 없자, 자로를 불러 마침 저만치서 밭갈이하는 두 사람에게 물으라 했다. 그들은 혼탁한 세상을 피해 숨어 은둔하며 지내는 은둔자 장저와 걸닉이었다.

자로가 장저에게 다가가 묻자,

"저기 수레에 걸터앉아 점잖게 고삐를 쥐고 있는 자가 누구냐?"

"공구이십니다."

"노나라 공구란 말이냐?"

"예, 그렇습니다."

"그가 공자라면 나루터 가는 길쯤은 알 수 있을 게다."

장저는 돌아보지도 않고 부지런히 제 할 일만 한다. 자로가 이제는 걸닉에게 묻자,

"나루터 가는 길을 묻는 너는 누구냐?"

"자로입니다."

"공구의 제자인가?"

"예, 그렇습니다."

"온 세상이 물처럼 거세게 흘러가는데 누가 감히 세상을 고칠 수 있겠느냐? 자네도 나쁜 사람이나 피해 다니는 공자 같은 사람을 따라다니지 말고, 차라리 어지러운 세상을 피해 우리와 같이 함께 함이 어떠한가."

걸닉도 더는 거들떠보려 하지 않는다.

자로가 이상의 얘기를 돌아와 공자에게 전하자 공자는 길게 탄식하며,

"나는 땅의 일을 모르기에 하늘의 일을 말할 것이 없다. 다만 나는 인간들이 걷는 길을 걷고 싶다. 인간들과 함께 가지 않으면 나는 마음이 놓이지 않는다. 산과 들에서 노래하고, 산새와 들짐승과 함께 벗삼는 것도 살아가는 한 방식일 것이다. 허나, 나는 그럴 수 없다. 그것은 비겁한 자들이나 이기주의자들이 하는 짓이다. 인간들과 더불어 괴로워하고, 부대끼며 살아보자는 것이 나의 소망이다. 거기에 나의 기쁨과 평안이 있다."

장엄정토분莊嚴淨土分 제10第十

―정토를 장엄함―

정토라 함은 불국정토佛國淨土, 즉 부처님의 세계를 이름한다. 우리들이 그리는 가장 이상적인 세계로서 마치 아미타 부처님이 상주하시는 극락세계와 같은 국토일 것이다. 하지만 여기서는 단순히 정토를 이루기 위해 장엄한다는 뜻이므로, 어떻게 해야 불국토를 건설할 수 있을 것인가.

두 가지의 장엄이 있는 것인데, 첫째는 모양과 형태로써 세계를 꾸미는 것으로 도로를 정비하고, 아름다운 집을 짓고, 멋진 절을 전국에 세우며, 숲을 가꾸고, 깨끗한 냇물이 흐르게 하며, 사시사철 꽃을 피우고, 새가 울며, 어여쁜 처녀들이 춤을 추고 노닐며, 병 없이 천수를 누릴 수 있게 보건복지를 갖추고, 세금이 없으며, 도둑도 없고, 전쟁도 없으며…… 등. 이만하면 외형적인 정토는 갖췄다고 본다. 그러나 문제는 그 공간 속에 살아야 하는 중생들의 자세와 마음이다.

이처럼 훌륭하게 장엄한 국토에는 그에 맞는 선남자 선여인들이 살아야 할 것이다. 그리하여 둘째의 정토 장엄은 도력道力 높은 큰스님들이 많아서 만중생들의 이정표가 되어야 할 것이고, 보살과 수행자들이 많아서 양심과 자비심이 충만된 사회적 분위기가 조성되어야 할 것이다. 불법을 알고, 속진俗塵의 무상함을 알아 집착과 상이 없는 중생세계를 갖춰야 할 것이다.

모든 중생들이 삶이 고苦이고 공空하며 부정不淨함을 인식하여 그것을 넘어서기 위해서는 이 세계가 연기緣起에 의해 흘러감을 깨달아 부디 육바라밀의 수행을 모두가 즐겨 해야 하는 것이다. 그리하여 모든 중생들의 마음이 가난하지 않도록 곳곳에 먹을 것과 입을 것이 풍족케 하며, 마음의 양식을 제공하되, 부처님의 법음法音이 전국토에 울려서 휴식과 안정과 평온을 주어야 한다.

이렇게 장엄이 된 국토는 이름하여 불국토라 하며, 또 하나의 극락세계가 건설되는 것이다. 그럼에도 우리는 이와 같은 정토淨土를 장엄했으되, 장엄한 바가 없고, 사성제와 십이연기와 육바라밀을 닦되, 닦은 바 없이 닦은 것이다.

佛告須菩提 於意云何 如來 昔在燃燈佛所 於法 有
불 고 수 보 리 어 의 운 하 여 래 석 재 연 등 불 소 어 법 유

所得不 不也世尊 如來在燃燈佛所 於法 實無所得
소 득 부 불 야 세 존 여 래 재 연 등 불 소 어 법 실 무 소 득

부처님께서 수보리에게 이르시되,
"네 뜻에 어떠하냐. 여래가 옛적에 연등부처님 처소에서 법을 얻은 것이 있었느냐."

"그렇지 않으오이다, 세존이시여. 여래께서는 연등부처님 처소에서 법을 얻은 바가 진실로 없사옵니다."

연등부처님은 아득한 옛적에 석가모니 부처님이 바라문 수행자로 있을 때에, 미래세의 부처가 되리라고 수기를 내린 부처님이시다.

어느 때 연등부처님께 다섯 송이 꽃을 사서 공양하고, 또 지나시는 길이 흙탕물로 젖어 있으므로 머리칼을 풀어서 밟고 지나시게 하였는데, 이때에 연등불께서는 "너는 앞으로 91겁 후에 부처가 되리니, 호를 석가모니라 부르리라" 하셨다고 한다.

여기서 "수기授記"라 함은 부처님께서 인연 중생에게 어느 때, 어느 국토에서, 어떤 명호로 부처가 될 것이라고 예언하는 행위이다. 의심 많고 겁 많고 허약한 중생들에게 미래불未來佛의 확신을 줌으로서 그로 하여금 믿는 마음과 수행을 더욱 분발하게 하기 위한 방편이다.

그런데 부처님께서는 연등부처로부터 수기를 받았고 설법을 들은 것이 분명한데, 어찌 수기를 받은 바도 설법을 들은 일이 없다는 것인가. 그것은 연등부처님의 음성을 들은 것이요, 그 음성은 허망한 메아리와 같아서 법신이 아니며, 실체가 없는 것이니 진실이 아니다. 부처가 된다는 것은 진실을 성취하는 것으로, 그것은 얻었다거나 하는 유위有爲의 것이 아니며, 얻되 얻은 바가 없는 경지를 부처라 하기 때문이다.

須菩提 於意云何 菩薩 莊嚴佛土不 不也世尊 何以
수보리 어의운하 보살 장엄불토부 불야세존 하이
故 莊嚴佛土者 則非莊嚴 是名莊嚴
고 장엄불토자 즉비장엄 시명장엄

"수보리야, 네 생각에 어떠하냐? 보살이 불국토를 장엄하는
것이냐."
"그렇지 않으옵니다, 세존이시여. 어째서 그런가 하오면, 불국토
를 장엄한다는 것은, 장엄이 아니므로 이를 장엄이라 이름하기
때문이오이다."

"불토"라 함은 불국토佛國土를 말하는 것이요, 한 부처님께서 교화하
는 한 범위의 국토이다. 즉 하나의 삼천대천세계를 말한다. 국토는
세간世間이요 세상이란 뜻이니, 세 가지의 세간이 있다. 첫째, 단순히
국토의 땅을 말할 때의 기세간器世間이요, 둘째는 깨닫지 못한 중생들
의 세계인 중생세간衆生世間이요, 셋째는 깨달은 성인聖人들의 세계를
지정각세간智正覺世間이라 한다.

따라서 "국토를 장엄한다"라 함은 뭇 보살들이 육바라밀을 닦아
중생세간을 지정각세간으로 전환시킴으로서, 정신세계를 정화하고
승화承化시켜 풍족하게 하는 것을 말한다. 즉 부처님 법을 실현하기
위해 온갖 만행萬行을 닦고, 수행에 힘쓰는 것이다.

그런데 여기서 "장엄莊嚴"이라 함은 아름답게 꾸민다, 미화美化한다
는 뜻이니, 두 가지의 장엄이 있다. 첫째, 단순히 국토를 단장하여
아름답게 꾸미는 것을 형상장엄形相莊嚴이요, 둘째 부처님 법으로

교화하여 정신적인 진화를 추구하는 것을 제일의상장엄第一義相莊嚴
이라 한다. 따라서 진정한 장엄은 제일의상장엄이기 때문에 여기
"장엄이 아니다" 한 것은 형상장엄形相莊嚴이 아니라는 의미다.

"장엄이라 이름한다" 함은 제일의상장엄이라야 진정한 장엄이라
할 수 있다는 뜻이다. 사실이 이러한즉 어찌 보살이 자기가 불국토를
장엄한다는 생각이 있을 수 있겠는가. 장엄할 것도, 장엄했다는 생각마
저도 없기에 참된 장엄이 있게 되는 것이다.

是故 須菩提 諸菩薩摩訶薩 應如是生淸淨心 不應
시고 수보리 제보살마하살 응여시생청정심 불응
住色生心 不應住聲香味觸法生心 應無所住 而生其心
주색생심 불응주성향미촉법생심 응무소주 이생기심

그러므로 수보리야. 모든 보살과 마하살들은 반드시 이와 같이
청정한 마음을 내어야 되느니라. 마땅히 형상에 머물러서 마음을
내지 말며, 소리와 향과 맛과 감촉과 대상에 머물러서 마음을
내지도 말아야 하나니, 마땅히 머무는 바 없이 그 마음을 내어야
하느니라.

청정심淸淨心이란 주住하는 바 없는 마음, 얻었다 하는 생각이 없고
집착이 없는 마음을 말한다. 모든 보살 마하살들은 육경육진六境六塵에
끄달려서 그에 머물지 않아야 청정한 마음이 된다는 것이다.

끝부분의 응무소주應無所住 이생기심而生其心은 육조혜능 대사六祖
慧能大師가 속인이었을 때, 이 글귀를 듣고서 깨친 바 되어 출가하게

되고, 급기야 오조홍인대사五祖弘忍大師를 만나는 인연이 된다.

"그 어느 곳에도 머무는 바 없이 마음을 내라" 한 것은 그 어디에도 마음의 집착과 애착과 분별 등이 없이 여여부동如如不動하게 상황에 대처하란 말씀이시다. 마치 거울에 비친 물상物像 같이, 거울에는 아무런 자취와 흔적을 남기지 않되, 또한 없는 것도 아닌 묘유妙有가 되어 거울 자신이 "나는 모든 물질을 다 비치노라"는 생각이 없는 것과 같다. 그럼으로써만이 불국토를 장엄한다는 그 어떤 생각도 없는 장엄이야말로 진실의 장엄이 되는 것이다.

> 須菩提 譬如有人 身如須彌山王 於意云何 是身 爲
> 수보리 비여유인 신여수미산왕 어의운하 시신 위
> 大不 須菩提言 甚大 世尊 何以故 佛說非身 是名
> 대부 수보리언 심대 세존 하이고 불설비신 시명
> 大身
> 대신

"수보리야, 비유하건대 어떤 사람의 몸이 수미산 만하다면, 네 생각에 어떠하냐. 이 몸이 크다고 하지 않겠느냐?"
수보리가 사뢰기를,
"매우 크옵니다, 세존이시여. 어째서 그러냐 하오면, 부처님께서는 몸은 몸이 아니라고 말씀하시기 때문에 이를 큰 몸이라 이름할 수 있는 것이옵니다."

크다 작다 하는 단순 비교는 상대적인 개념이다. 백두산이 높다 해도 그보다 높은 히말라야 산에 비하면 백두산은 작은 산이 된다. 하여 수미산만 한 몸뚱이가 있다면, 그것은 우리의 상식으로서는 대단히 크다 할 것이나, 그보다 더 큰 산을 상정했을 때는 작은 몸이 될 수밖에 없다. 따라서 세속제世俗諦로는 크다 할 것이지만, 승의제勝義諦로는 크다 할 것이 없는 것이다. 그러므로 "몸은 몸이 아니라" 하며, 단지 "큰 몸이라 이름할 뿐이라" 하는 것이다.

여기서 "비신非身, 시명대신是名大身"과 "비장엄非莊嚴, 시명장엄是名莊嚴"은 동일한 구조로 되어 있다. 즉 "몸이 아니기에 이를 큰 몸이라 한다", 또 "장엄이 아니기에 이를 장엄이라 한다"에서와 같이 무아의 인식체계에서 실체를 부정하는 인식법이다.

수미산須彌山은 묘고산妙高山이라고도 하며, 앞에서 설명한 것처럼 사대주四大洲 중앙에 우뚝 솟은 상상의 산이다. 높이가 8만4천 유순由旬이라 한다. 이렇게 높은 산처럼 큰 몸을 진정 크다고 할 수 있겠느냐고 부처님께서 수보리에게 물으셨다. 이에 "매우 크옵니다" 하고 대답한 것에 대한 수보리 자신이 그 이유를 말하고 있다. "몸은 몸이 아니라"는 것이다. 이는 형체와 생멸生滅이 없는 무루無漏의 몸이기 때문이요, "큰 몸이라 이름한다"는 것 또한 샘이 없고, 영원히 무너지지 않는 몸이기 때문에 큰 몸이라 이름한다는 것이다.

여우가 제일 좋아하는 것은 살구기름이다. 따라서 여우 사냥꾼은 살구기름에다 독을 섞어 여우 다니는 길목에 놓는다. 그러나 꾀 많은 여우는 쉽게 속지 않는다.

"야! 내가 좋아하는 살구기름! 그러나 먹어선 안 되지. 틀림없이 독이 들어 있을 테니까. 엄마, 아빠, 형들을 죽게 만든 이 살구기름! 난 절대 먹지 않을 거야!"

굳게 결심하고 살구기름을 지나치지만, 너무 먹고 싶은 생각에 자꾸만 뒤를 돌아본다.

"먹지 않고 보기만 해야지!"

고소하고 향긋한 냄새를 맡으니 군침이 돈다.

"삼키지는 말고 혀끝으로 맛만 봐야지!"

허나, 혀끝으로 황홀한 맛을 보고 나자, 그 맛 앞에서 죽음의 그림자마저 사라진다.

"쬐끔만 먹는다고 죽진 않겠지!"

"아! 맛있다!"

"아! 어떡해! 벌써 절반이나 먹었네!"

"어차피 이만큼 먹었으니 죽든 살든 실컷 먹고나 보자. 아! 맛있구나, 살구기름!!"

마침내 여우는 피를 토하고 죽었다.

무위복승분無爲福勝分 제11第十一
－무위복의 수승함－

중생이 절에 다니는 근본 목적이야 당연히 불법을 체득하여 이고득락離苦得樂하고, 구경究竟에는 성불하는 것이 목적이겠으나, 이러한 최상승의 수승한 목적이야말로 거룩한 줄 알지만, 중생들의 현실은 다른 곳에 있는 경우가 많다. 우선 삶이 괴롭고 힘들기 때문에 위안을 받고, 실생활에서 얻어지는 영험과 복을 기대하는 것이다. 그리하여 절 짓고 담 고치고 지붕 고치는 불사에 동참함으로써, 소원성취의 유루복有漏福을 희망하게 된다.

그러나 부처님께서는 눈에 보이는 유위有爲의 복은 유한하여 영원하지 못하므로 무위無爲의 영원한 공덕을 요구하시었다. 그리하여 항하의 모래 수효만큼의 삼천대천세계에 금은보화를 가득 채워 보시하는 복덕은, 경의 한 구절만이라도 읽고 외우는 공덕보다 못하다는 비유를 간곡하게 설명하신다. 아무리 수미산 높이의 모래 더미라 해도 우리에게 시간만 허락된다면, 그 모래알을 하나하나 헤아려 그 끝을 볼 날이 있을 것이다.

이와 같이 절 짓고 지붕 고치고, 남에게 물질 보시하는 공덕이 분명히 있는 것이지만, 결국 깨진 독에 물이 새듯이, 그 복이 끝나면 다시 지옥에 추락하거나 빈천貧賤의 운명을 면하지 못할 것이다. 그러므로 옛 말씀에, 수행자는 복 짓는 것을 삼생三生의 원수로 생각하라고 하셨다. 즉 복 짓는 데 허송세월하고, 복 쓰는 데 또 허송세월하며, 또 다시 복을 다 쓰고 나서 일생을 허송세월하니, 한 생 뿐이 아니라 후생까지도 고단한 일생이다. 그러니 복 받거나 지으려 말고, 무위의 수행에만 정진하라는 의미일 것이다.

물론 유루有漏의 복도 크나큰 공덕이 된다. 왜냐하면 그것이 오래도록 쌓이고 쌓이면, 무루의 공덕으로 전환시키는 계기가 있기 때문이다. 온갖 불사와 공덕행이 있음에도 한 생각을 돌려 무주상無住相이 되면, 그것이 함이 없는 성자聖者의 행위가 되는 것이다.

우리는 일상의 신앙생활에서 이처럼 무위와 무루의 공덕행을 실천할 수 있다. 이 경이나 혹은 다른 경전을 끊어짐이 없이 매일 독송하고 서사한다면 그 공덕이야 불가사량이리라. 아침저녁 조용히 좌복 위에 앉아 염불삼매에 젖어보는 것 또한 항하사의 복덕이 될 것이다. 이처럼 생활에 찌든 일상에서 벗어나 보살선방이나, 시민선방에서 잠시 화두삼매에 응해봄으로써 자신의 근본을 돌아보게 되고, 우주의 시원을 의심해 보며, 또한 나의 처음과 끝을 숙고하게 되어 성자의 길을 엿보는 것이 된다. 왜냐하면 이러한 모든 행위는 스스로를 향상시키고 진화시키는 진정한 보살행이며, 성인의 길이 되기 때문이다.

須菩提 如恒河中 所有沙數 如是沙等恒河 於意云
수보리   여항하중   소유사수   여시사등항하   어의운

何 是諸恒河沙 寧爲多不 須菩提言 甚多世尊 但諸
하 시제항하사   영위다부   수보리언 심다세존   단제

恒河 尙多無數 何況其沙
항하   상다무수   하황기사

"수보리야, 마치 항하에 있는 모래 수효와 같은 항하가 있다면,
네 생각에 어떠하냐. 이 모든 항하의 모래 숫자가 많다고 하지
않겠느냐."
수보리가 사뢰었다.
"매우 많으오이다, 세존이시여. 단지 모든 항하 강만 하여도
오히려 많다고 하겠거늘, 어찌 하물며 그 모래이겠나이까."

금강경에서는 항하 강의 모래를 비유로서 자주 예로 든다. 항하는
갠지스 강이라고 하며, 인도인들의 젖줄이요 생명수이다. 오랜 과거세
부터 많은 중생들의 삶의 터전이었고, 그 속에서 생명의 근원을 밝히려
노력했다. 목욕과 세탁과 음료와 그리고 성스러운 예배와 화장문화火
葬文化에 이르기까지 항하는 인도인들의 삶의 의지처요, 영혼의 신성
한 귀의처이다.
    마치 우리에게 있어 한강이 존재하는 것처럼, 인도인들에게는 갠지
스 강이 그들 삶의 상징이 되고 있다. 이러한 의미에 근거하여 인도인들
은 무한수無限數의 숫자 개념을 표현할 때, 갠지스 강의 모래로써
비유를 들곤 한다. 참으로 적절하고 효과적인 비유이다.

須菩提 我今 實言 告汝 若有善男子善女人 以七寶
수보리 아금 실언 고여 약유선남자선여인 이칠보

滿爾所恒河沙數 三千大千世界 以用布施 得福多不
만이소항하사수 삼천대천세계 이용보시 득복다부

須菩提言 甚多世尊
수보리언 심다세존

"수보리야, 내가 지금 진실한 말로 네게 이르노니, 만일 선남자
선여인이 칠보로써 갠지스 강의 모래 수와 같은 수의 삼천대천세
계에 가득 채워서, 보시로 쓴다면 얻는 복이 많다고 하겠느냐."
수보리가 사뢰었다.
"매우 많으오이다, 세존이시여."

앞에서는 항하의 모래 수와 같이 많은 항하의 모래를 들었고, 여기서
는 항하의 모래 수와 같은 삼천대천세계를 예로 들어서 많다는 것을
표현했다. 참으로 인도인들의 상상력은 상상을 초월하며 우리의 사유
한계를 넘어선다.

이처럼 상상할 수 없는 넓이에 칠보를 가득 채워 보시한다면, 그
복이 큰가 하고 부처님께서 묻고 계신다. 부처님께서는 다른 비교
대상을 염두에 두고 그 복이 적음을 전제하지만, 수보리는 "매우 많다"
고 대답한다. 그 복은 세속제世俗諦로서는 매우 많다고 하겠지만,
그것은 유루복有漏福이어서 승의제勝義諦로는 많다고 볼 수가 없는
것이다.

불교는 긍정의 종교이며, 부정의 종교가 아니다. 중생계의 고통과

무상함과 공함과 부정不淨한 현실을 지적하여 전면에 드러냄으로써 문제시한 것뿐이다. 그것이 마치 불교 교리 자체가 부정적인 내용인 것으로 잘못 오인되고 있다. 병든 환자를 치료하기 위해서 먼저 환자의 환부를 있는 그대로 드러낼 수밖에 없는 것과 마찬가지 이치이다.

이 세계를 아무리 잘 표현한다고 해도 세계는 불완전하여 근심걱정이 파도처럼 출렁인다. 어느 역사가는 말했다. "인류 역사책을 아무리 아름답게 엮으려 해도, 결론은 '태어나 고생하다 죽었다'는 글귀밖에 쓸 게 없었다"는 것이다. 사는 동안 잠깐씩 웃을 일도 있었겠지만, 그것은 착각된 상대적인 즐거움이었고, 절대의 순수 기쁨은 없었다. 다시 반복되는 육체의 세계가 전개되어 오감五感의 진동에 대응해서 살아야만 했다. 그러므로 성인聖人의 존재가 요구되는 것이다.

부처님은 과거 역사적인 인물이어서 결코 신이거나 하느님 같은 허구가 아니다. 우리와 똑같이 육근六根을 갖추고, 똑같이 생각하고 잠을 자면서 삶의 문제를 고뇌한 분이시다. 그 결과 이 중생계는 우리가 의지해야 할 궁극의 세계가 아닌 고해苦海 바다라 여기고, 부정不淨의 세계로 간주했다. 이 부정의 세계를 넘어서 청정의 세계로 진화하기 위해서는, 육바라밀의 완성으로써 열반의 세계로 건널 수 있다고 말씀하신 것이다. 그 방법론을 설하시기 위해 이 사바세계에 나투신 것이다.

하여 불교는 결코 세속적인 재물과 명예의 존재를 부정하거나 무시하지 않는다. 모든 고통은 그 세속적 집착과 애착 자체에 있다고 보는 것이다. 명예가 지나면 지나는 것으로 받을 것이로되, 가는 흐름을 역류하여 붙잡으려는 데에 고통의 시작이다.

재물이 가면 왔다 간 것으로 간주해 다시 근검절약과 재기의 노력을 가할 뿐, 과거로 회귀해 집착함은 고통이 있을 뿐 의미가 없다. 하여 부처님은 제법諸法이 고苦인 것만을 주장하지 않고, 그 마음이 집착함이 없고 탐하고 어리석은 마음이 없으면 이 세계는 해탈의 열반락을 즐기는 연화장세계蓮華藏世界라고 말씀하신다.

또한 이 세계는 무상無常인 것만을 밝히지 않고, 그 마음이 여여부동如如不動하여 진리를 보는 견해가 흔들리지 않으면, 그 세계는 도리어 항상恒常한 세계, 즉 불국토佛國土라고 말씀하신다.

어느 때인가 제자가 부처님께 사뢰었다.

"부처님이시여, 부처님께서는 과거 보살행을 닦을 때에 보살의 그 마음이 깨끗하고 청정하면, 그 세계는 바로 청정하고 밝고 향기 나고 부드러운 국토가 된다고 말씀하셨는데, 부처님께서는 이미 부처를 이루셨음에도 어찌 이 사바세계는 더럽고 냄새나고 거칠고 두려운 예토穢土인 것이옵니까?"

"자세히 들으라. 내 너에게 말해주리라."

"예, 세존이시여. 자세히 듣기를 원하옵니다."

"맹인이 이 세계를 보지 못하는 것이 나의 허물이냐? 맹인의 허물이냐?"

"아니옵니다, 세존이시여. 세상을 보고 아니 보고는 맹인의 허물이지, 부처님의 허물이 아니옵니다."

"그렇다. 세계는 이미 깨끗하고 정갈하고 부드럽고 향기 나지마는 중생들의 그 마음이 깨끗하지 못하고, 거칠고 어둡기 때문에 이 세계의 바른 실상을 보지 못하는 것이니라. 그러니, 이 세계의 허물도 아니니라."

또한 부처님께서는 무아無我만을 주장하셔서 제법諸法의 본질적 실체가 없다고만 주장하지 않으신다. 초기불교의 설일체유부에서는 오히려 일체법의 실체를 주장하는 유파가 있기도 했다.

현실세계에서 어느 물건이나 생멸生滅에는 그것을 운전하고 관장하는 주체나 실체가 있어 보인다. 그것이 없다면 죽은 송장이요, 무생물인 것이다. 그리하여 그 실체를 인정하게 됨으로써 하나의 대상이 탄생되어, 드디어 인간은 그 대상과 연관을 맺게 된다. 그 관계는 결코 적당한 중도의 관계가 될 수 없다. 인간은 탐진치貪嗔痴 삼독三毒이 있으므로 자연히 욕심내고 시기하고 화를 내고 싸우고 하여 드디어 전쟁으로까지 번진다. 그러니 그것이 고통이요 근심덩어리가 아닐 수 없다. 그 근원이 어느 대상을 관계할 때, 그 대상의 실체를 인정하여 그것을 자기 것으로만 소유하거나 관계 맺기를 원하기 때문임을 자각해야 할 것이다.

대상은 잠시 어떤 요소가 필연에 의해 집합集合된 것이어서 유한한 시간성을 가질 수밖에 없다. 인연이 다해 명예나 재물이 흘러가면 내게서 멀어지는 것으로 받아들일 일이요, 그것이 이법理法이요 제법실상諸法實相의 여실如實한 모습으로 간주해야 한다. 이것을 거부하고 탐착한다면 바로 고통일 수밖에 없다.

또한 부처님께서는 이 세계의 실상이 예토穢土로서의 부정不淨함만을 주장하여 냄새나고 추하고 더러운 것으로만 말씀하신 것은 아니다. 재물이나 명예나 권력을 부정한 것으로만 여기지 않으신 것이다.

어느 때 한 젊은이가 눈물을 흘리며 부처님께 사뢰어 물었다.

"부처님이시여, 저는 이제 집안이 망해서 거지의 행상이 되었습니다. 어떻게 하면 부자가 될 수 있는지, 그 방법을 말씀해 주소서!"

"자세히 들으라. 내 너를 위해 말해주리라. 우선 너는 네가 하는 일에 전문가가 되어라. 그리고 네가 가진 재물의 절반만을 사업에 사용하라. 나머지 절반 중에서 절반은 저축하고 나머지는 생활비와 운영비에 쓰도록 하라. 그리하면 너는 부자가 되리라."

부처님께서는 사생四生의 자부慈父이시고, 일체 중생들의 피안彼岸이심에도 중생들의 고충의 소리를 거절함이 없이 시시콜콜 응답하시었다.

높고 고귀한 진리만을 논할 수 없는 것이 사바세계의 진실상인 것이다. 하여 물질적인 고통에 대해 부자 되는 법을 물었으니, 부처님께서는 거침없이 설하실 수밖에 없는 것이다. 그 비법은 참으로 단순하다. 왜냐하면 진리는 단순함 속에 있는 것이지, 현묘하고 복잡한 논리구조에 있지 않다. 자금의 절반만으로 사업을 하라는 말씀은 비 오는 날을 대비한 만고萬古의 진리이다. 우리나라 벤처기업 창업자 중에 95% 이상이 3년 이내에 폐업한다고 한다. 이만큼 사업하여 남의 돈을 내 돈으로 만든다는 것은 지난한 일이다. 절반의 자금으로 사업해서 성공하면 다행이지만, 만약 실패해도 재기할 수 있는 여력이 있으니, 이 얼마나 번뜩이는 지혜인가. 나머지 여유자금은 정신적인 안정을 이루어 지혜롭게 난관을 헤쳐 나갈 수 있으리라.

헌데 현실은 그렇지 않다. 사업거리가 있으면 금방 떼돈을 벌 수 있을 것 같은 환상과 탐욕심이 발동한다. 마음이 급해지고, 혹여 기회를 잃을까 염려해 부모형제나 친구, 심지어 처갓집 장인 장모에게까지

빌리거나, 아니면 사채시장이나 은행 대출의 보증을 서게 하여 급기야 망하는 95% 한계선에 들어가게 된다. 혼자 망하는 게 아니라 고구마 넝쿨처럼 줄줄이 사탕이 되어 고통의 눈물바다를 이룬다. 이것이 현실이다.

그 젊은이는 총명하여 부처님의 지혜의 말씀을 그대로 받들었다. 고향에 돌아가 평소에 신용이 좋았던지, 어느 부자에게서 돈을 빌려 그 중에 절반으로 사업을 했고, 나머지 절반 중에서 절반씩을 저축과 생활비에 충당했다. 그는 그 자금으로 해상무역을 하여 3년 만에 거부가 되었고, 다시 부처님께 돌아와 대중들에게 많은 공양供養을 올렸다는 부처님 당시의 얘기가 있다.

이처럼 부처님은 현실을 부정만 한 것이 아니고, 요구되는 대로 긍정하여 적극적으로 중생을 이롭게 하신 것이다. 하여 부처님께서는 현실을 넘어선 중도의 제일의제第一義諦를 성취한 것이지, 부정하거나 또는 긍정만으로 치우치지 않으셨다.

佛告須菩提　若善男子善女人　於此經中　乃至受持四
불 고 수 보 리　약 선 남 자 선 여 인　어 차 경 중　내 지 수 지 사

句偈等　爲他人說　而此福德　勝前福德
구 게 등　위 타 인 설　이 차 복 덕　승 전 복 덕

부처님께서 수보리에게 이르시되,
"선남자 선여인이 이 경 가운데서 사구게 등을 받아 지녀, 타인을 위해 설해 준다면, 이 복덕은 앞의 칠보로 삼천대천세계에 가득 채워서 보시한 복덕보다 더 수승하리라."

아무리 한강의 모래 숫자와 같은 삼천대천세계에 금은보화를 가득 채워서 타인에게 보시한다고 해도, 단지 사구게만이라도 받아 지녀서 타인에게 설해주는 공덕에 미치지 못한다는 말씀이시다.

물질 보시는 그 쓰임에 있어 한도가 있는 것이므로 유루의 복이 되어 인천人天의 복덕이라 하고, 또 그것은 번뇌의 씨앗이 될 뿐이라 하니, 부처님 말씀의 단 한 구절이라도 수지독송受持讀誦하여 타인에게 설해준다면, 그것은 무루의 지혜를 이루어 해탈 열반의 종자가 될 것이다.

양무제는 평소 합두대사를 믿고 존경했다.

하루는 시중을 불러 대사를 궁으로 초청했던 바, 마침 양무제는 신하와 함께 바둑을 두는 중이었다. 무제의 돌이 궁지에 몰려 한쪽을 포기해야만 했다. 대사를 모시고 온 신하가 도착하여

"폐하, 대사를 모시고 왔습니다."

바둑에 정신을 빼앗긴 무제는 신하의 소리를 듣지 못하고, 궁지에 몰린 바둑에서 한쪽을 죽여 포기해야 할 상황을 혼잣말로 "죽여버려!" 하고 중얼거렸다.

신하는 대사를 죽이라는 소리로 착각하고 대사를 죽여버렸다. 후에 무제가 대사를 찾았으나,

"폐하의 명을 받들어 죽여버렸습니다."

그간의 자초지종을 들은 무제는 크게 후회했다.

"대사가 죽을 때 무슨 말씀이 없더냐?"

"대사님은 온화한 미소를 지으며 "내가 과거생에 사미승이었을 때 삽으로 땅을 파다가 잘못으로 지렁이를 해쳤더니, 오늘 그 과보를 받는구나!" 했습니다."

존중정교분尊重正教分 제12第十二

─ 바른 가르침을 존중함 ─

이 사바세계는 감인堪忍의 세계이므로 억지로 인내해야만 하는 불완전한 세계이다. 그 속에서 헐떡이며 살아내야 하는 중생들의 고통은 필설로 표현하기가 난難하다. 그러므로 이 세계에 성인이 나오셔서 중생제도를 시행하였고, 그로 인해 진리를 알고 정의를 세울 수 있었던 것이다.

수많은 현자賢者와 성인聖人이 출현하여 바른 가르침을 펴고 계도했으나, 아직 법력法力이 약해서인지, 중생이 거칠고 사악해서인지 모르나, 그 힘이 미치지 못한 음지가 있어, 지금도 힘겨운 신음소리와 다툼과 갈등이 분분하다.

이것은 분명 성인의 말씀이 없어서가 아니고, 그렇다고 중생의 근기가 하열下劣하여 제도가 불가능한 것도 아닌 듯한데, 현실의 상황은 처참하고 불결하므로 다른 선택은 없고, 하루하루 인욕하면서 동업중생同業衆生으로서의 인류애와 세계정신을 발휘할 수밖에 없다. 그리하여 현세에 즉각 정토를 실현할 수 없다고 해도, 귀와 눈에 스치는 인연의 씨앗이라도 뿌려놓으면 언젠가 좋은 시절이 있어, 성자가 오셔서 그들 모두를 제도할 복덕이 있을 것이다.

그럼에도 이미 부처님께서 49년을 설하여 팔만대장경의 보배스런 말씀이 있고, 이를 일만권에 달하는 책으로 엮어져 중생계의 골목골목에 파급되어 있음에도, 어찌 이 세계는 아직 아픔의 소리가 들리는가. 때가 이르러야 영광의 나팔소리는 울리는 법. 시간이라는 묘약은 이 세계에서 공간을 좌우한다. 힘들고 어려울수록 성인의 말씀을 꾸준히 전파하여 그들로 하여금 영혼의 안식이 되고, 정화淨化의 세례洗禮가 되어 인연의 복밭을 기다릴 수밖에 없다.

그런데 이렇게 힘들수록 정상正常 같은 사이비가 준동하게 되어 있다. 미륵이 온다느니, 휴거로 예수가 인간을 천당으로 들어 올린다느니, 옴진리교, 아가동산, 박태선의 신앙촌 건설, 백백교, 도시선교회의 유병헌 사건, 영생불사를 외치는 온갖 외도들…… 등등. 이런 것들을 확대하여 전 세계로 표본조사하면 숨이 넘어갈 지경일 것이다. 이런 상황은 중생들의 미혹함 때문이다. 속아 넘어가는 허약한 자들이 있으니, 그들을 속이는 가짜들이 넘쳐난다.

나름대로 논리체계를 갖췄지만, 여기저기서 짜깁기하여 편집한 것을 성전聖典 혹은 교전敎典으로 만들어 중생들을 현혹한다. 따라서 우리는 옥석을 가리는 지혜가 필요하다. 감성적이고 즉흥적이며 자극적이고 화려한 장식은 분명히 거짓이다. 왜냐하면 진리와 정의는 단순하며 담백하고 소박하며 어렵지 않기 때문이다.

인위적인 포장은 법法에 맞지 않다. 무위의 자연스러움은 중생에게 잘 맞는 옷과 같으며, 편안한 잠자리와 같은 것이다. 따라서 부처님의 말씀으로 매일 매일의 한 구절의 글귀는 우리의 미래를 약속하는 부처님의 수기授記와 다를 바 없다.

復次須菩提　隨說是經　乃至四句偈等　當知此處　一
부 차 수 보 리　수 설 시 경　내 지 사 구 게 등　당 지 차 처　일

切世間天人阿修羅　皆應供養　如佛塔廟　何況有人
체 세 간 천 인 아 수 라　개 응 공 양　여 불 탑 묘　하 황 유 인

盡能受持讀誦
진 능 수 지 독 송

다시 수보리야. 어디서나 이 경의 사구게 등만이라도 설한다면, 마땅히 알라, 이곳은 일체의 세상 사람이나 하늘 무리나 아수라 들이 모두 기꺼이 공양하기를 마치 부처님의 탑묘와 같이 할 것이거늘, 하물며 어떤 사람이 전부 다 받아 지녀 읽고 외움에 있어서랴.

본문 의법출생분依法出生分 제8에서 모든 부처님과 부처님의 위없는 깨달음의 법이 이 경으로부터 나온다고 하였다. 그만큼 이 경은 대승경 전으로서 말세 중생들에게 깨달음의 요체要諦를 제공하는 최상승의 법문法文이다. 따라서 우리는 불교를 창시한 석가모니 교주教主를 신앙하는 것이 아니라, 그분의 진리의 말씀을 믿고 따르고 행하는 것뿐이다.

하여 경전의 한 구절이라도 읽고 외워 타인을 위해 널리 연설해주면, 그 공덕은 항하의 모래 수효보다 더한 공덕이 된다는 것이다. 왜냐하면

금강경이 있는 그곳이 바로 절이고, 불탑佛塔이어서, 인천人天의 모든 중생들이 공양올리고 예경을 드리는 곳이기 때문이다. 하물며 경전 전체를 받아 지녀 읽고 외움에 있어, 그 공덕에 있어서는 말할 필요도 없을 것이다. 왜냐하면 칠보의 복력福力은 유한하지만, 불법佛法의 공력은 무한하여 성불成佛의 씨앗이 되니 말이다.

"세간"이라 함은 세상 사람들을 말하고, "천인天人"이라 함은 하늘 사람 즉 도리천忉利天의 제석帝釋인데, 그는 항상 반야경般若經을 좋아해서 선법당善法堂에 하늘 무리들을 모아놓고 이 경을 강설해준다고 한다. 혹 다른 일로 자리를 비우는 경우가 있을 때면, 하늘 무리들은 빈 자리에 놓인 이 경에 절만 하고 돌아간다고 한다. 이에서 보면 초기불교에서 부처님 개인에 대한 신앙문제로부터 부처님의 법法의 문제로 진화된 대승보살운동으로 발전되었음을 알 수 있다. 따라서 불탑佛塔이나 묘당廟堂에서도 경건한 신앙 행위가 여법如法하게 이뤄졌으며, 더 나아가 경전 자체가 부처요, 탑이요, 묘당으로서의 승화承化가 이루어져 처처處處가 법당法堂이요, 물소리, 바람소리, 새소리가 부처님의 법음法音이 되었던 것이다.

"아수라가 경에 공양한다" 함은 아수라는 비천非天 혹은 무단無端이라 하여 하늘 무리가 아니다. 용모가 단정치 못하고, 품위가 없으며, 싸움을 좋아하는 이들은 도리천에서 제석천왕과 함께 살면서 복은 하늘 무리와 같다. 그들 세계에는 예쁜 여자는 있으나 좋은 음식이 없으며, 하늘 무리들은 좋은 음식은 많으나 예쁜 여자들이 부족하므로 이 두 세계의 중생들은 항상 싸움이 끊이질 않는다고 한다. 지금도 분쟁이 일어나고 싸움이 벌어지면 아수라장이라 표현하는 것이 바로 이것이다. 그럼에도 부처님의 반야경을 공경하는 점에서는 똑같다고 하고, 오히려 이 경문이 있는 곳은 부처님이나 불탑, 그리고 부처님 형상을 모셔놓은 묘당廟堂처럼 여긴다는 것이다.

須菩提 當知 是人 成就最上第一希有之法 若是經
수보리 당지 시인 성취최상제일희유지법 약시경

典所在之處 則爲有佛 若尊重弟子
전소재지처 즉위유불 약존중제자

수보리야. 마땅히 알아야 할지니, 이 사람은 가장 높고 제일이며 희유한 법을 성취하게 되리니, 이 경이 있는 곳은 곧 부처님과 존중할 만한 제자들이 계신 곳이 되느니라.

사구게만이라도 받아 지녀 독송하면, 최상이고 제일이며 세상에 없는 희유한 법을 성취한다고 했으니, 이 경 전체를 수지독송하고, 타인을 위해 홍포하면, 그 공덕은 헤아릴 수가 없을 것이다.

중생들은 눈에 보이는 형상에 애착을 느끼는 것이므로 부처님과 제자들을 향하는 마음이 더 간절할 것이지만, 당시의 대승보살운동은 좁은 의미의 불교신앙 형태가 아닌 광의의 대승불교로 확장되고, 분화되는 과정에 있었음을 알 수가 있다. 하여 깨달음에는 남녀노소의 구별이 없고, 업장業障도 보지 않으며, 오직 깊은 신심과 정진력精進力에 달려 있다고 보았던 것이다. 그러므로 산하대지山河大地가 모두 법당이요, 두두물물頭頭物物이 다 부처 아닌 것이 없으며, 모든 현상이 진리의 구현체라고 보는 것이다. 이러한 인식하에 경전이 있는 곳이

바로 부처와 그의 제자들이 있는 신성한 성전聖殿이라고, 이 경은
말씀하고 있는 것이다.

❀

생전에 온갖 죄를 많이 짓고, 불공이라고는 해본 적이 없는 어떤
사람이 죽어서 지옥에 떨어졌다. 지옥문 앞에 서서 보니, 지옥 속에서
몸뚱이가 기름에 튀겨지고, 쇠창살로 찔리고, 빙설지옥, 무간지옥
할 것 없이 고통 받고 신음하는 수많은 사람들의 처참하고 끔찍한
모습에 차마 불쌍해서 눈 뜨고 도저히 볼 수가 없었다. 그는 잠시
생각했다.

"저렇게 괴로워하는 많은 사람들의 고통을 잠깐만이라도 차라리
내가 대신 받고, 저들을 편히 쉬게 할 수는 없을까?"

그렇게 중얼거리고 나서 주위를 둘러보니, 어느 사이 자신이 극락에
와 있었다!

여법수지분如法受持分 제13第十三

─ 법답게 받아 지님 ─

여법如法이라 함은 "법답게" 혹은 "여법하게"라는 뜻으로, 부처님의 의지와 같게끔 "쇠 중에서 가장 강한 금강과도 같은 지혜로써 일체의 번뇌를 쳐부수어 피안의 저 언덕에 이르게 하는 가르침"이라는 긴 이름에 맞게 받아 지닌다는 의미이다.

금강경이 여기 여법수지분如法受持分 제13에서 실질적으로 부처님의 가르침이 종결이 되므로, 수보리가 이 경의 이름을 무엇이라 하오리까 하고 묻고 있는 것이다. 그러자 부처님께서는 "금강반야바라밀金剛般若波羅蜜의 명자名字로 너는 받들어 지녀라" 하셨다.

금강반야바라밀이라는 이름 속에 금강경의 능력과 영험이 모두 내포되어 있다. 그리하여 금강경을 다 외우지 못해도 "금강반야바라밀" 하고 암송하는 것만으로도 똑같은 효과가 있는 것이다.

"마하반야바라밀"을 육조 혜능대사도 지니라 하셨고, 요사이는 "대방광불화엄경"이라든지 "나무묘법연화경"을 염불처럼 외우는데, 참으로 좋은 현상이라 하겠다. 그러면 어떻게 하는 것이 법답게 이 경을 받아 지니는 방법인가.

그것은 부처님이 말씀하신 바와 같이 행주좌와行住坐卧, 어묵동정語默動靜에 있어 주住함이 없고, 상相이 없는 무주무상無住無相의 자리에서 금강경을 지니라 하셨다. 모든 상대적인 분별을 떠나고, 차별을 여의어 실상 그대로를 받아 지니라 하신 것이다. 즉 모든 사량분별을 떠나고, 이해득실을 여의며, 온갖 시비곡직是非曲直을 놓아버리면 그곳에는 금강반야바라밀이요, 대방광불화엄경이며, 나무묘법연화경만이 남는 청정한 자리가 된다.

爾時 須菩提 白佛言 世尊 當何名此經 我等 云何
이시 수보리 백불언 세존 당하명차경 아등 운하

奉持 佛告須菩提 是經 名爲金剛般若波羅蜜 以是
봉지 불고수보리 시경 명위금강반야바라밀 이시

名字 汝當奉持 所以者何 須菩提 佛說般若波羅蜜
명자 여당봉지 소이자하 수보리 불설반야바라밀

則非般若波羅蜜
즉비반야바라밀

이때 수보리가 부처님께 사뢰어 말하였다.

"세존이시여. 마땅히 이 경을 무엇이라 이름하오며, 우리들은 어떻게 받아 지니오리까."

부처님께서 수보리에게 말씀하시되,

"이 경을 금강반야바라밀이라 이름하라. 이 이름으로서 너는 마땅히 받들어 지닐지니라. 까닭이 무엇인가 하면, 수보리야, 부처가 설한 반야바라밀이 곧 반야바라밀이 아니기 때문이니라."

이처럼 고귀하고 얻어 듣기 어렵고 만나기 어려운 부처님의 법문에 대하여 그 이름을 뭐라 할 것이며, 어떻게 받아 지닐 것인가에 대하여 수보리는 부처님께 묻고 있다.

그 이름이 금강반야바라밀이니, "금강 같이 굳건하고 강한 무분별無分別의 지혜로써 온갖 번뇌의 무명無明을 쳐부수어 피안彼岸의 저 언덕에 건널 수 있게 하는 경"이라는 긴 해석이 나오는 명자名字이다.

이 경을 받아 지녀 독송함으로서 예로부터 수많은 영험설화가 있고, 결국 깨달음에 이르는 예가 부지기수였음을 우리는 안다. 기본적으로 봉독奉讀하는 것만으로써도 헤아릴 수 없는 공덕이 되고, 업이 소멸하며, 지혜가 밝아지는 것이다.

"어떻게 받아 지니오리까"에서는 "그 이름으로서 받아지니라" 했으니, 금강 같이 굳건한 지혜로 일체의 번뇌를 깨부수어 피안에 이르려는 믿음과 정진력으로 받아 지니라 하셨다.

"까닭이 무엇인가" 함은 어째서 그러한 마음을 내야 하고, 그 이름으로 받들어 지니라 하는지에 대하여 그 이유를 부처님 스스로 자문自問하시고 계신 것이다. 금강金剛은 쇠 중에 가장 단단하고 굳건함을 뜻하므로 번뇌의 어리석음에 물들지 않기 때문이고, 번뇌의 어둠을 물리치는 가장 밝은 법이기 때문이고, 번뇌의 넝쿨을 가장 잘 제거하는 예리함이 있기 때문이다.

그럼에도 부처님께서는 항상 만유萬有가 다 공하여 잡을 것이 없고, 허망한 것이라 말씀하셨는데, 어찌 "금강반야바라밀"이라는 명자名字를 내려주시고, 또 그 이름처럼 받들어 지니라 하셨는가. 이름은 세속제世俗諦로서의 방편적 고유명사일 뿐, 그 명자에 실체 같은 것은 없으니,

승의제勝義諦로서는 금강반야바라밀이라고 이름할 것도 없다. 따라서 "반야바라밀이라 말한 것"은 이름일 뿐이요, "반야바라밀이 아니다" 함은 승의제로서는 반야바라밀이라 이름할 것도 없다는 뜻이다. 이름을 붙일 수 없는 그 자리가 바로 무분별지無分別智요 반야지般若智의 자리이다.

금강경은 여기 이시명자以是名字, 여당봉지汝當奉持에서 내용적으로 일단락된다고 본다. 이후에는 중언부언重言復言하여 끊임없는 반복적 변형을 주어 우리를 빨아들이고 집중하게 만든다. 또한 여기서 만약 금강경이 끝난다면, 하나의 작은 소품에 지나지 않았을 것이므로 여러 선각자들이 암송하여 송출誦出하는 과정에서 부연하여 첨가해 갔을 것이다. 그것은 후세의 중생들을 위한 하나의 노파심과 자비심의 발로이며, 불법에 대한 깊은 믿음에서 출발한 것이다.

須菩提　於意云何　如來有所說法不　須菩提　白佛言
수 보 리　어 의 운 하　여 래 유 소 설 법 부　수 보 리　백 불 언

世尊　如來無所說
세 존　여 래 무 소 설

"수보리야. 네 생각에 어떠하냐. 여래가 설한 법이 있느냐."
수보리가 부처님께 사뢰어 말했다.
"세존이시여. 여래께서는 설한 바가 없나이다."

법은 설할 것도 말 것도 없는 도리이다. 설했다고 하면 바로 상에 걸리고, 유루의 법이 되어 진리와 어긋난다. 다만 중생계의 경계에

맞춰 말을 하자니, 법을 설했다 말한 것이다. 그러니 승의제로는 그러한 도리가 없다.

須菩提 於意云何 三千大千世界 所有微塵 是爲多
수보리 어의운하 삼천대천세계 소유미진 시위다

不 須菩提言 甚多世尊 須菩提 諸微塵 如來說非微
부 수보리언 심다세존 수보리 제미진 여래설비미

塵 是名微塵 如來說世界 非世界 是名世界
진 시명미진 여래설세계 비세계 시명세계

"수보리야. 네 생각에 어떠하냐. 삼천대천세계에 있는 티끌들이 많다 하겠느냐."
수보리가 사뢰었다.
"매우 많으옵니다, 세존이시여."
"수보리야. 모든 티끌들을 여래는 티끌이 아니라고 말하므로 이를 티끌이라고 이름하느니라. 여래가 말한 세계는 세계가 아니므로 이를 세계라고 이름하느니라."

삼천대천세계에 있는 티끌들을 수보리의 생각처럼 부처님께서도 "매우 많다"라고 인정해준다. 그러나 부처님의 숨은 뜻은 그곳에 있지 않다. "많다"라는 절대적 숫자가 없기 때문이다. 즉 많다라는 불변의 실체가 없으므로 그것은 상대적인 숫자이다. 하나의 삼천대천세계의 먼지들은 열 개 내지 백 개의 삼천대천세계의 먼지보다는 상대적으로 적다. 그러면 앞에서 "매우 많다"라고 했던 수보리의 고정관념은 여지

없이 무너진다. 이어서 부처님께서는 모든 티끌을 티끌이 아니라 그 이름이 티끌이라고 자상하게 설명하신다.

처음 모든 티끌이 매우 많다고 한 것은 우리의 현실적인 경계에서 많다고 한 것이고, 승의제로서는 많거나 적거나를 말할 수 없는 것이다. 왜냐하면 숫자는 무한히 존재하기에 상대적인 비교로서 우열을 가릴 수 없기 때문이다. 따라서 이 세계는 세계가 아니라 그 이름을 세계라 할 뿐이다. 세속제로는 세계를 우리가 인식해도 승의제로서는 세계랄 것이 없다. 세계다, 세계가 아니다 하는 분별은 반야의 공이 아니요, 사물과 세계를 보는 중도적 견해가 아니다.

須菩提 於意云何 可以三十二相 見如來不 不也世
수보리 어의운하 가이삼십이상 견여래부 불야세

尊 不可以三十二相 得見如來 何以故 如來說 三十
존 불가이삼십이상 득견여래 하이고 여래설 삼십

二相 卽是非相 是名三十二相
이상 즉시비상 시명삼십이상

"수보리야. 네 뜻이 어떠하냐. 32상으로써 여래를 볼 수 있겠느냐."
"그럴 수 없사옵니다. 세존이시여, 32상으로 여래를 볼 수 없나이다. 어찌 그러한가 하오면, 여래께서 말씀하신 32상은 곧 32상이 아니므로 이를 32상이라 이름하기 때문이오이다."

부처님의 드러난 형상은 화신化身으로서 사바세계에 나투신 모습이다. 변화무쌍한 모습을 내보이며 중생들을 제도하신다. 그래서 32상을

갖춘 그 형상은 법신法身이 아니다. 그러니 32상으로써는 부처님의 진리의 본체를 볼 수 없는 것이다.

"어째서 그러한가"라 함은 어째서 32상으로써 여래를 볼 수 없다는 것인가 하고 수보리가 스스로 의문을 제기하는 형식이다. 그것은 32상은 곧 상相이 아니라 했으니, 법신의 진상眞相이 아니라는 뜻이다. 화신化身은 허깨비요, 이슬이요, 그림자 같은 허망한 것으로 진실을 가리키는 진상이 아니다. 즉 제일의제로서의 상이 아니므로 법신일 수가 없다.

따라서 "이를 32상이라 이름한다"고 현실적인 호칭을 붙여 세속제로써 편의상 이름할 뿐이라고 했다. 그러므로 이 경을 수지독송하는 공덕은 법신불法身佛을 성취하려는 것이요, 화신불化身佛을 이루려는 것이 결코 아니다. 결국 칠보의 보시 공덕은 인천人天의 복락福樂이 되어 번뇌의 원인이 될지언정 지혜를 증장시키지는 못하는 것이다.

須菩提　若有善男子善女人　以恒河沙等身命　布施
수보리　약유선남자선여인　이항하사등신명　보시

若復有人　於此經中　乃至受持四句偈等　爲他人說
약부유인　어차경중　내지수지사구게등　위타인설

其福甚多
기복심다

"수보리야. 선남자 선여인이 갠지스 강의 모래 수와 같은 목숨으로 보시한다 하고, 다시 어떤 사람이 이 경중의 사구게 만이라도 받아 지녀, 다른 사람을 위해 설해준다면, 그 복이 더 많으리라."

세상에서 사람의 목숨보다 더 귀중한 것은 없다. 골골거리며 아픈 육신이라도 백 살을 채우려는 게 중생의 심리다. 그처럼 인간의 욕망의 종점은 생명을 유지하며 오래 살려는 데 그 목표가 있는 것이다. 그 본능은 설명이 불가하며, 원인 없이 본래 성품이 그러하다.

그처럼 소중한 목숨을 하나도 아니고 갠지스 강의 모래 수와 같은 목숨이라 하니, 그 엄중함은 인간의 헤아림을 허락하지 않는다. 그런데 이처럼 귀중한 목숨보다도 금강경의 사구게 한 구절이 더 소중하다 하니, 우리는 이를 어떻게 받아들여야 하는가.

우리는 진리를 위해서 목숨을 던질 준비가 되어 있는가. 사구게 한 구절과 내 목숨의 무게는 어느 것이 더 무거운가. 진리의 말씀을 듣기 위해 나는 야차에게 내 몸을 던질 용기가 있는가. 이런 문제는 개인적인 생명관, 인생관, 우주관의 문제가 될 것이다. 유한한 생명이지만, 현실의 육신을 선택한다면 그는 사구게를 버릴 것이요, 영원한 생명을 구하여 현실의 육신을 버리면, 진리의 사구게를 택하여 윤회를 끊고, 열반의 저 언덕을 쟁취할 것이다.

멀고 험난하지만 선택은 그 길밖에 없다. 아무리 피하려 해도 옆으로 돌아갈 수도 없다. 한편으론 깨달음의 돈법頓法이 있으니, 몰록 깨우쳐 천지를 받치고, 칠흑 어둠을 깨는 광명을 중생들은 이미 준비하고 있다. 결국 항하사 생명의 보시도 무루無漏의 지혜를 얻는 길이 아님을 우리는 알 수 있게 된다.

한 처사가 있었다. 헌데 속가에서 친구였던 도력 높은 큰스님이 어느

날 그를 찾아와,

"여보게. 자네도 이제 죽을 때가 그리 멀지 않았으니, 염불도 하고, 참선도 좀 하는 것이 좋지 않겠나?"

"그러지 않아도 그럴 생각이네. 중요한 일 세 가지만 끝내 놓고 바로 그렇게 할 걸세."

"그 세 가지가 무엇인가?"

"첫째, 지금 하는 사업으로 빨리 돈 벌어 부자 되는 것이고, 둘째는 아들딸 좋은 데 짝지어주는 것이고, 셋째는 아들딸들이 출세하는 것을 보는 것이네."

"자네 생각이 그렇다면 할 수 없지."

얼마 안 가서 처사는 교통사고로 길거리에서 죽었다. 스님은 친구의 문상을 가서 조문弔文을 지었다.

"나의 친구여! 미처 세 가지 일 끝마치기도 전에 저승사자의 갈고리를 피하지를 못했구만!!! 참으로, 염라대왕 그 양반도 인정머리가 없나 보네!"

이상적멸분離相寂滅分 제14第十四

─상을 떠난 적멸─

중생의 행위와 생각과 언어가 모두 무상하고, 진실하지 못하다. 중생의 몸을 떠난 삼업三業이 온갖 망념과 집착으로 얽혀있어 청정하지 못한 것이다. 온갖 관계 속에서 한마디의 언어도 순수한 진실이 없어 믿을 수 없고, 행위와 생각도 세태에 오염되어 정의롭지 못하다. 삼업三業이 모두 상相에 떨어져 있으니, 도무지 적멸寂滅하지가 않은 것이다.

　생로병사와 행주좌와行住坐臥, 사위의四威儀에 있어서 앉으면 앉았다는 상相에, 누우면 누운 상에 떨어져 실상을 제대로 보지 못한다. 본래 슬픔도 기쁨도 없는 적멸한 그 자리가 바로 낙樂이 되는 자리여서, 부처님 말씀에

　　제행무상諸行無常　시생멸법是生滅法

　　생멸멸이生滅滅已　적멸위락寂滅爲樂

이라고 하셨다. 일체의 상相을 떠나면 바로 적멸이고, 적멸이면 삼매三昧요, 낙樂인 것이니, 그 자리가 부처의 자리요, 열반락涅槃樂일 것이

다. 그러므로 부처님께서는 이 경을 설하는 중, 일관되게 사상四相과 법상과 법상 아닌 것도 떠나라 하신 이유가 바로 이 때문이다.

모든 갈등과 모순이 자신의 내적인 아상我相의 출렁임 때문이므로, 이로부터 자유롭다면 그는 진정한 자유인이라 부를 만하다. 온갖 구속과 얽힘과 체면과 권위를 벗으면 해방이 있고, 바로 그것을 해탈이라 부를 수 있다. 따라서 나는 너희와 다르고, 선택받았다는 자존심과 자존감, 이른바 자의식이 아상을 부르고, 너는 내가 될 수 없고, 아무리 몸부림쳐도 남일 수밖에 없다는 차별의식이 인상을 부르며, 내 능력과 내 얼굴이 어찌 이리 지지리도 못나고 무능한가, 인생 자체에 대하여 회의와 한탄과 자괴감을 가져오는 것은 바로 중생상을 가져와 삶이 피폐해진다. 나이를 먹고 육신의 힘이 빠져 정신의 총기가 희미해져 가니, 육신의 나이에 대해 후회와 원망, 내가 이 나이에 뭘 할 수 있나? 이런 염려와 우울한 감정들이 소위 수자상을 가져와 인생이 희망이 없고, 무력해진다. 육신과 영혼은 하나이면서 둘이다. 같은 하나의 몸체이면서 분리된 둘의 개체이다. 육신이 아프면 영혼이 아프고, 영혼이 청정하면 육신도 청정하다.

본래 정신의 밑바탕은 투명하다. 나이도 없고 남녀도 없고 크기도 형태도 없는 것이어서, 청정무구淸淨無垢의 허공이다. 그리하여 허공은 마음이고, 마음은 부처라 했다. 이 셋은 삼무차별三無差別이어서 중생이 부처인 것이고, 이름하여 심불급중생心佛及衆生인 것이다. 따라서 이 마음을 어떻게 쓰고 활용하느냐가 중생들의 일생의 과제가 된다.

爾時 須菩提 聞說是經 深解義趣 涕淚悲泣 而白佛
이시 수보리 문설시경 심해의취 체루비읍 이백불

言 希有世尊 佛說如是甚深經典 我從昔來 所得慧
언 희유세존 불설여시심심경전 아종석래 소득혜

眼 未曾得聞如是之經
안 미증득문여시지경

이때에 수보리가 이 경을 설하심을 듣고, 뜻을 깊이 깨달아,
눈물을 흘려 흐느끼며 부처님께 사뢰어 말하였다.
"드문 일이옵니다, 세존이시여. 부처님께서 이처럼 깊고 깊은
경전을 설하시는 것을, 제가 옛적부터 얻은 혜안으로도, 일찍이
이와 같은 경을 듣지 못하였나이다."

사실 중생의 고통은 생사윤회가 있기 때문이다. 그로 인해서 겁바다
를 헤매며 잠시도 쉬지를 못하고 울고 웃는다.

수보리의 눈물은 부처님의 자비의 말씀에 진정으로 체감되어 감화의
눈물이다. 그것은 후세의 중생들을 위해서 대신하여 참회하는 것이고,
후회의 눈물일 수 있다. 항하의 모래 수효와 같은 목숨보다도 사구게의
한 구절이 생사윤회를 끊는 값진 보배임을 절감했기에 만감이 교차했
을 것이다.

"혜안"이라 함은 공空의 이치를 보는 눈으로서 수보리 존자가 획득한
다섯 눈 중의 하나이다.

世尊 若復有人 得聞是經 信心淸淨 則生實相 當知
세존 약부유인 득문시경 신심청정 즉생실상 당지

是人 成就第一希有功德 世尊 是實相者 則是非相
시인 성취제일희유공덕 세존 시실상자 즉시비상

是故 如來說名實相
시고 여래설명실상

"세존이시여. 만일 다시 어떤 사람이 이 경을 얻어 듣고, 믿는 마음이 깨끗해지면, 곧 실상을 깨달을 것이니, 이 사람은 제일의 희유한 공덕을 성취할 것임을 알겠나이다. 세존이시여. 이 실상이라는 것은 곧 상이 아니므로 여래께서는 실상이라 이름한다고 말씀하셨나이다."

"실상"이라 함은 참된 모습, 즉 모든 존재의 진실한 모습을 일컬은 것이다. 본질, 본체, 진여의 의미로서 "현상"의 모습에 대비되는 본체론적本體論的인 의미를 담고 있다. 이 경을 듣고 믿음이 지극하면 그는 곧 본질을 깨달아 성불한다는 것이다. 즉 공의 이치를 가장 잘 믿고 깨달으면 결국 궁극에 도달하여 진리의 참모습인 실상實相을 깨달을 수 있다는 것이다. 허나, 여기서 실상이라는 것도 따로 실체가 있는 것이 아니다.

그의 본체는 모습 없는 모습을 말한다. 승의제로서는 모습이 없으나, 세속제로는 분명히 있으므로 그에 따라서 실상이라 이름할 뿐이라는 것이다.

世尊　我今　得聞如是經典　信解受持　不足爲難　若當
세존　아금　득문여시경전　신해수지　부족위난　약당

來世　後五百歲　其有衆生　得聞是經　信解受持　是人
래세　후오백세　기유중생　득문시경　신해수지　시인

卽爲第一希有　何以故　此人　無我相　無人相　無衆生
즉위제일희유　하이고　차인　무아상　무인상　무중생

相　無壽者相　所以者何　我相　卽是非相　人相衆生相
상　무수자상　소이자하　아상　즉시비상　인상중생상

壽者相　卽是非相　何以故　離一切諸相　卽名諸佛　佛
수자상　즉시비상　하이고　이일체제상　즉명제불　불

告須菩提　如是如是
고수보리　여시여시

"세존이시여. 저는 지금 이와 같은 경전을 얻어 듣고, 믿어 깨닫고
받아 지니는 것은 어렵지 않으오나, 만일 오는 세상 후오백세에,
어떤 중생이 있어 이 경을 얻어 듣고 믿어 깨달아 받아 지니면
이 사람은 곧 제일로 희유한 일이 될 것이옵니다. 어째서 그런가
하면, 이 사람은 아상, 인상, 중생상 수자상이 없기 때문이옵니다.
까닭이 무엇인가 하면, 아상은 곧 상이 아니며, 인상, 중생상,
수자상도 곧 상이 아니기 때문이옵니다. 어째서 그런가 하면, 일체
의 모든 상을 떠난 자를 곧 이름하여 부처라 하기 때문이오이다."
부처님께서 수보리에게 이르시되,
"그러하니라. 그러하니라."

항하사의 몸뚱이로써 보시한다 해도, 이 경의 사구게를 지니는
것만 못하다는 이유로 금강경은 사상四相을 공空하게 하여 부처가

되는 공덕이 있기 때문이라 했다. 그러므로 이 경을 믿기가 어렵다는 것이다. 부처님 당시뿐만 아니라, 오는 세상 후오백세의 말세의 중생들에게는 더욱 그렇거니와, 만일 의심 없이 믿는다면 그의 공덕은 희유한 일이 되리라.

"어째서 그런가" 함은 오는 세상 후오백세의 말세에 이 경을 믿고 깨달으면 제일로 희유한 일이 될 것이라는 그 이유를 묻고 있는 것이다. 그 이유는 믿고 깨닫는다는 것은 사상四相이 없어졌다는 것이요, 사상이 없어졌다 함은 "나"라는 생각이 소멸했기 때문이다. 모든 번뇌는 바로 "나"가 있기 때문인데 "나"가 없어지니, 제일 희유한 일이 아닐 수 없다. 이렇게 "나"가 없는 것을 아공我空이라 하는 것이다.

"까닭이 무엇인가" 함은 어떻게 해서 아상 등 사상이 없어졌는가 하는 이유를 묻고 있다. 그 이유는 사상四相은 곧 사상四相이 아니기 때문이라는 것이다. 즉 사상이 없어졌다는 관념마저 없어져 공해졌다는 뜻이다. 이로써 사상이 소멸했다는 생각마저 없어졌으니, 법공法空을 이루었다고 말할 수 있다.

"어째서 그런가" 함은 어찌하여 사상이 없어진 아공과 사상이 공한 줄 아는 관념마저 없어진 법공을 얻게 되는가의 이유를 밝히려 함이니, 모든 상이 공해지면 구공俱空인 것인데, 구공을 얻은 이를 부처라 하기 때문이라 했다. 결국 오탁악세汚濁惡歲의 말세가 온다고 해도, 이 경을 믿고 수지독송하는 이는 모두 부처가 될 수 있다는 것이다.

"그러하니라. 그러하니라" 함은 수보리의 말이 부처님 생각에 부합되므로 이에 동의함을 표시하는 말이다.

若復有人　得聞是經　不驚不怖不畏　當知　是人甚爲
약 부 유 인　득 문 시 경　불 경 불 포 불 외　당 지　시 인 심 위

希有　何以故　須菩提　如來說　第一波羅蜜　卽非第一
희 유　하 이 고　수 보 리　여 래 설　제 일 바 라 밀　즉 비 제 일

波羅蜜　是名第一波羅蜜　須菩提　忍辱波羅蜜　如來
바 라 밀　시 명 제 일 바 라 밀　수 보 리　인 욕 바 라 밀　여 래

說　非忍辱波羅蜜
설　비 인 욕 바 라 밀

만일 어떤 사람이 이 경을 얻어 듣고 놀라거나 겁내거나 두려워하지 않는다면, 이 사람은 매우 희유한 사람인 줄 알지니라. 어째서 그러한가. 수보리야. 여래가 말한 제일바라밀이 곧 제일바라밀이 아니므로 이를 제일바라밀이라 이름하기 때문이니라. 수보리야. 인욕바라밀을 여래는 인욕바라밀이 아니라고 설하였느니라.

이 경을 얻어 듣고 놀라고 겁내고 두려워할 이유는 아주 많다. 즉 구류중생九類衆生들을 제도해도 제도된 자가 없다거나, 보살이 무주상無住相 보시하면 공덕이 불가사량不可思量이거나, 삼십이상으로 여래를 볼 수 없거나, 말세의 지계수복자持戒修福者가 무량천만불소無量千萬佛所에서 선근善根을 심는다거나, 법도 버려야 한다거나, 여래는 아뇩다라삼먁삼보리를 설하지 않았다거나, 여래의 설법은 얻을 수 없고 설할 수 없다거나, 사구게만이라도 수지독송하면 삼천대천세계의 칠보공덕보다 수승하다거나, 부처님께서 연등불로부터 법을 얻은 것이 없다거나, 부처님께서 과거 인욕행忍辱行을 닦을 때 가리왕歌利王으로부터 칼로 몸이 베이고 마디마디 분해될 때에도 사상四相이

없었다거나, 보살이 불토佛土를 장엄한 바가 없다거나, 항하강 모래수의 삼천대천세계에 칠보를 가득 채워 보시해도 사구게를 지니는 공덕보다 못하다거나, 아침, 점심, 저녁나절에 항하의 모래 수와 같이 많은 목숨을 백천만억겁 동안 보시해도 금강경을 수지독송한 공덕보다 못하다 등 그 예는 대단히 많다.

이러한 엄청난 사실에 놀라지도 두렵지도 않다면 강심장이거나 아니면 까맣게 칠흑처럼 업장이 두터워 법에 대한 감각이 없는 일천제一闡提일지도 모른다. 그리하여 이 경을 듣고 놀라거나 두려워하지 않는 사람은 매우 드문 일이라 한 것은, 그만큼 이 경을 만나기 어렵고, 만났어도 받아 지녀 깨닫기 어렵기 때문일 것이다.

"어째서 그러한가"라 함은 이 경을 듣고 놀라거나 겁내지 않는 사람을 희유한 일이라 한 이유를 밝히고자 함이다. 그것은 제일바라밀이 제일바라밀이 아니요, 그래서 이를 제일바라밀이라 한다고 했다. 말하자면, 이 법은 피안에 이르게 하는 제일의 으뜸가는 법인데, 승의제로서는 바라밀이라 이름할 것이 없고, 오직 세속제로서 이름하자니 제일바라밀이라 부르는 것이다. 즉 제일바라밀이라는 것에는 상相이 없다. 그 상에 집착하면 바로 양변兩邊이요 극단極端이다.

"제일第一"이라는 것은 차별상差別相이다. 일등이 있으면 이등과 삼등이 있으며, 결국 꼴찌가 생긴다. 그러한 분별을 초월해야 진실로 실다운 바라밀이라 할 수 있다.

헌데 현재 통용되고 있는 대부분의 유통본에는 여래설비인욕바라밀如來說非忍辱波羅密 다음에 시명인욕바라밀是名忍辱波羅密이 첨가되어 있다. 고려대장경이나 대정신수대장경에는 없는 구문이다. 앞의 여법수지분如法受持分 제13에서 즉비반야바라밀則非般若波羅密 다음에 시명반야바라밀是名般若波羅密이 부가된 것처럼, 여기서도 습관적으로 부가되어 있다. 실수라고 하기에는 의도적인 개연성이 있는 것이다. 그렇게 함으로써 문맥상의 완전성을 기하려는 의도가 있었는지는 모르지만, 그것은 작가이신 구마라집의 의도를 왜곡한 것이다. 깊은 사려에 의해서 구성된 처음의 문장을 변형시키는 것은 후학으로서의 자세가 아니다. 왜냐하면 "시명是名" 다음의 구문은 생략해도 여래설비인욕바라밀如來說非忍辱波羅密 속에 그 뜻이 모두 내포되어 있기 때문이다.

인욕이란 "참는다", "인내한다"는 내용이다. 외부의 박해나 비방, 모략, 중상 등의 분노의 마음을 안으로 삭히어 밖으로 표출하지 않는 상태다. 허나, 이것에는 용서와 자비와 수용의 의미가 없다. 솟아오르는 감정을 짓눌러 분출을 차단하는 것에 지나지 않는다. 이것이야말로 진정한 인욕이라고 볼 수 없다. 억지로 참는 것에는 분노와 복수와 저주의 씨앗이 남아 있기 때문이다. 따라서 진정한 "참음"은 인욕바라밀로 승화되어야 한다. 참아야 할 대상 자체도 없어야 진정한 인욕이 될 것이다. 참고 있는 "나"마저도 없는 상태, 그것이야말로 너와 나, 주체와 객체를 모두 아우르는 전우주적인 인욕바라밀忍辱波羅密이 되리라.

何以故 須菩提 如我 昔爲歌利王 割截身體 我於爾
하이고 수보리 여아 석위가리왕 할절신체 아어이

時 無我相 無人相 無衆生相 無壽者相 何以故 我
시 무아상 무인상 무중생상 무수자상 하이고 아

於往昔 節節支解時 若有我相人相衆生相壽者相 應
어왕석 절절지해시 약유아상인상중생상수자상 응

生瞋恨
생 진 한

어찌하여 그러한가, 수보리야. 내가 옛날에 가리왕에게 몸뚱이
를 칼로 베임과 같느니라. 나는 이때에도 아상, 인상, 중생상,
수자상이 없었으니라. 어찌 그러한가 하면, 내가 옛적에 몸이
마디마디 분해될 때에 만일 아상, 인상, 중생상, 수자상이 있었다
면, 성냄과 원망이 있었을 것이기 때문이니라.

"어찌하여 그러한가" 함은 인욕바라밀은 인욕바라밀이 아니라는
이유를 묻고 있다. 이에 대해서 부처님께서 과거 인욕선인忍辱仙人이었
을 때에 몸이 베이고 마디마디 끊어짐을 당할 때에도 아, 인, 중생,
수자상이 없었기 때문이라고 하였다. 만일 아상 등 몸에 대한 사상四相
이 있었다면, 인욕도 할 수 없었을 것이고, 또 인욕을 한다고 해도
인욕을 하고 있다 라는 관념이 생겼을 것이다. 그러나 인욕한다는
그 생각마저 없었으므로 진정으로 인욕바라밀을 행할 수 있었다고,
부처님은 말씀하시는 것이다.

따라서 "인욕바라밀이 아니라" 함은 제일의제에서는 인욕바라밀이
라 할 것이 없다는 것이고, 이를 구태여 이름하자니 세속제로서 인욕바

라밀이라 부른다는 것이다.

　두 번째 "어찌 그러한가" 함은 인욕선인이었을 때의 몸이 갈기갈기 찢길 때에도 아상, 인상, 중생상, 수자상이 없었다고 하니, 그 이유와 원인을 밝히고자 함이다. 그 대답은 몸이 마디마디 찢길 때에 사상四相이 있었다면 당연히 성냄과 원망이 있었을 것이나, 부처님에게는 그런 마음이 없었기 때문이라는 것이다. 만일 부처님에게 사상이 있었다면, 그것은 전형적인 중생에 불과했을 것이요, 한낱 동물적인 탐욕과 분노와 시기 질투와 어리석음에 찌든 범부凡夫에 지나지 않았을 것이다. 그러나 인욕선인은 스스로가 인욕한다는 관념마저 없는 인욕 바라밀을 성취한 성자였으므로, 원망도 성냄도 모두 대비大悲의 바라밀행으로 승화시킨 것이다.

부처님의 본생담本生談에 보면, 먼 과거세에 석가모니 부처님께서 인욕선인이었을 때에 홀로 깊은 산중에서 인욕행을 닦고 있었다.
　이때에 마침 가리왕이 많은 신하와 궁녀들을 데리고 이 산으로 사냥을 나왔다가 왕이 점심을 먹고 고단하여 산에서 잠이 들었다. 이때 궁녀들은 자유로이 산행을 하게 되었는데, 한참 가다가 한 수행자가 단정히 앉아 수행하는 모습을 보게 되었다. 그 모습이 너무나 거룩하고 고결하여 마음으로 공경하는 생각이 일어나 꽃을 꺾어 주위에 뿌리고, 주위에 둘러앉아 조용히 설법을 듣게 되었다.
　한편, 가리왕은 잠에서 깨어 사방을 둘러보니, 궁녀들이 보이지 않았다. 신하들을 데리고 한참 만에 궁녀와 수행자의 모습을 보게 되었다. 이때 왕은 심하게 질투와 시기심이 일어나 수행자에게 물었다.

"너는 사공정四空定에서 얻은 게 있느냐?"

"없습니다."

"너는 사무량심四無量心에서 얻은 게 있느냐?"

"없습니다."

"너는 사선사四禪事에서 얻은 게 있느냐?"

"없습니다."

"네놈은 아무런 공덕이 없다면, 일개 범부에 지나지 않는 놈이로구나. 도대체 너는 뭐하는 놈이냐?"

"인욕을 닦고 있습니다."

"그래? 인욕을 닦는다고 했겠다? 그럼, 어디 한번 인욕을 해보거라!"

가리왕은 긴 칼을 빼어 수행자의 양팔을 잘라 버렸다.

"너는 진정 뭐하는 놈이냐?"

"인욕행을 닦고 있습니다."

가리왕은 다시 수행자의 양다리를 잘랐다.

"다시 묻겠다. 너는 뭐하는 놈이냐?"

"인욕행을 닦고 있습니다."

이번에는 수행자의 코를 베어버렸다. 이때에도 행자는 안색이 변함없이 인욕을 닦을 뿐이라고 담담히 말할 뿐이었다.

이때 하늘과 땅이 여섯 번 진동하며, 수행자의 오백제자들이 허공으로부터 날아와 인욕선인에게 말하였다.

"선인이시여. 이와 같은 고통 속에서도 인욕의 마음을 잃지 않으셨습니까?"

146

"내 마음은 조금도 요동이 없느니라."

이쯤 되자 가리왕은 크게 놀라며, 선인에게 물었다.

"네가 진정 인욕을 말한다면, 그것을 무엇으로 증명할 수 있겠느냐?"

"내 진실로 인욕의 마음이 지성하여 거짓이 없다면, 내 흘린 피가 흰 젖이 되고, 내 잘린 몸이 제자리로 돌아오리라!"

이 말이 끝나자마자 붉은 피가 우윳빛의 젖이 되고, 예전과 같이 온전한 몸으로 완성되었다. 이에 가리왕은 공포심과 공경심이 교차하며,

"저의 무례함을 용서하소서. 제가 대선大仙을 욕보였으니, 대선께서는 저를 오직 가엾게만 여겨주소서! 저의 참회를 받아주소서!"

"그대는 여색女色으로 인하여 나의 형체를 도륙하였도다. 허나, 나는 이와 같이 인욕하였노라! 내 훗날 성불하게 되면 혜도慧刀로 먼저 너의 삼독三毒을 절단하리라."

이때 산중의 용들과 귀신들이 구름과 안개와 번개와 벼락을 쳐 가리왕과 그 권속들을 죽이고자 했다.

이에 선인이 외치기를,

"그대들이여. 그대들은 이들을 해치지 말라!"

이에 비로소 가리왕이 크게 뉘우치고 진정으로 참회의 눈물을 흘렸다.

선인이 가리왕의 참회를 받아들이자, 가리왕은 선인과 그 권속들을 궁으로 모셔서 정성껏 공양을 올렸다.

이것이 석가모니 부처님의 먼 과거생의 본생담인데, 인욕행을 수행할 때의 처절한 모습을 느낄 수 있다.

이러한 경지는 단지 "참음"이라는 용기만으로 되는 것이 아니요, 그 참음에 대한 "무아無我"가 즉 "내가" 없음을 실현했을 때의 경지일 것이다. 옛말에 "매 맞는 장사는 없다" 했듯이, 고통과 통증을 견디는 장사는 그리 흔하지 않을 것이다. 그것이 인간의 한계요, 본능이기 때문이다. 그것은 의지의 문제가 아니라, 법을 얻었는가의 득력得力의 문제이리라.

이런 가리왕의 끔찍한 얘기는 먼 옛날의 설화만은 아니다. 아직도 전 세계에서 여전히 제2, 제3의 가리왕의 만행이 자행되고 있다. 인간이 인간에 의해서 인간의 문제로 수천만 명이 학살되고 처형되고 있다. 과거 나치는 유대인 학살로 육백만 명을 살해했고, 세계대전으로 사천오백만 명이 처참하게 죽었으며, 한국전쟁으로는 사백만 이상이 살상됐다고 한다. 최근의 크메르 루즈의 킬링필드, 보스니아, 동티모르, 광주사태, 이라크, 시리아 등등 지금도 도처에서 온갖 테러와 전쟁이 진행 중이다. 이러한 인간의 폭력성은 넘어설 수 없는 중생들의 근본성품인지도 모른다.

이 지상에 수많은 종교와 도덕률이 존재하지만, 인간의 성악性惡을 제도할 수 없는 것은, 이 지상에 성인聖人이 없어서도 아니요, 성인의 법이 없어서도 아니며, 이 땅 위에 도덕률이 없어서도 아니요, 도시마다 재판소와 민법, 형법이 없어서도 아니다. 인간에게 거미줄처럼 온갖 제약制約을 가해도 그를 어기고 넘어서는 악의 종자가 본능적으로 갖춰져 있기 때문이다. 그 불씨는 영원히 꺼지지 않는다. 다만 진정시킬 수 있을 뿐이다.

요즘은 이슬람 단체들이 온갖 테러와 만행을 벌이고 있다. 사지를 자르고, 눈을 파내고, 유방을 도려내며, 장검으로 목을 치는 악마의 잔치가 정의라는 이름으로 자행되고 있으니, 이것이 중생계의 참상이 며 현실이다. 인간 무명無明의 처절한 본모습이다.

중생들의 잔인함에 박수치지 말라. 중생들의 폭력에 용기를 갖지 말라. 그것은 영원히 뿌리 뽑아야 할 질긴 업의 씨앗이고 종기腫氣와 같은 것일 뿐이다. 그런 점에서 인류 역사가 전쟁의 역사요, 투쟁의 과정일 뿐, 별스럽게 진화된 것이 없다. 진화된 것은 살상무기만 늘어나 서, 지금도 굴뚝에서는 검은 연기가 하늘을 뒤덮는 상황이다.

정의를 말하지 말라. 평화를 거짓 광고하지 말라. 양심과 이성을 외치지 말라. 종교를 들어서 중생들을 우민화愚民化하지 말라. 이것이 정치이념의 실현과정이라고 거짓말하지 말라. 노벨평화상 받은 천재 들은 지금 어디서 무엇들 하는가!

須菩提 又念 過去於五百世 作忍辱仙人 於爾所世
수보리 우념 과거어오백세 작인욕선인 어이소세

無我相 無人相 無衆生相 無壽者相 是故 須菩提
무아상 무인상 무중생상 무수자상 시고 수보리

菩薩 應離一切相 發阿耨多羅三藐三菩提心 不應住
보살 응리일체상 발아뇩다라삼먁삼보리심 불응주

色生心 不應住聲香味觸法生心 應生無所住心 若心
색생심 불응주성향미촉법생심 응생무소주심 약심

有住 則爲非住 是故 佛說菩薩 心不應住色布施 須
유주 즉위비주 시고 불설보살 심불응주색보시 수

菩提 菩薩 爲 利益一切衆生 應如是布施
보리 보살 위 이익일체중생 응여시보시

수보리야. 또 오백세 동안 인욕선인이었던 것을 생각해 보면, 그때에도 아상, 인상, 중생상, 수자상이 없었느니라. 그러므로 수보리야. 보살은 응당히 일체의 상을 여의고 아뇩다라삼먁삼보리심을 내야 하나니, 형상에 머물러서 마음을 내지 말고, 소리와 향기와 맛과 감촉과 대상에 머물러서 마음을 내지도 말며, 마땅히 머무는바 없이 그 마음을 내야 하나니라. 만일 마음이 머무름이 있다면, 곧 머무름이 아니니, 그러므로 부처님께서 말씀하시기를, "보살은 마땅히 형상에 머물고서 보시를 하지 말라"고 하셨느니라. 수보리야. 보살은 일체 중생들을 이익 되게 하기 위하여 마땅히 이와 같이 보시해야 하느니라.

석가모니 부처님께서 지난 세상에 오백세 동안 인욕선인이었던 시절에 가리왕으로부터 사지가 찢기고, 마디마디 절단되는 고통 속에서도 인욕행을 수행해낸 것은 바로 몸에 대한 사상四相, 즉 집착과 애착이 끊어졌기 때문이었다.

우리는 손가락에 박힌 가시 하나에도 고통을 느끼며 호들갑을 떠는데, 어찌 그런 참혹한 고통을 인욕할 수 있었을까? 그것은 이미 현상과 사물에 대한 공空한 이치를 체득했기 때문이다. 하여 고통도 기쁨도 슬픔도 모두가 공한 것임을 몸과 마음으로 체득하여 내재화시켰기 때문에, 인욕선인은 코가 베이고 사지가 절단되는 상황에서도 하나의 현상으로 객관화시킬 수 있었으며, 초연하게 지켜볼 수 있었을 것이다. 그러므로 보살은 육진경계에 머물지 말고, 마음을 내야 된다는 것이다.

중생은 형상을 보되 아름답고 모양 좋은 것만을 취하려 하고, 소리를 듣되 감미롭고 아름다운 소리만 좋아하며, 향기를 맡되 산뜻하고 은은한 향만을 즐기며, 맛을 보되 달고 구수한 맛만을 가까이 하며, 감촉을 느끼되 부드럽고 고운 느낌만을 선호하고, 대상에서도 내게 유리하게만 분석하고 판단하려는 경향 등은 모두가 경계에 부딪혀서 일어나는 번뇌이다. 이렇게 육근六根에 머문 마음은 모두가 중생심이요, 망상이며, 집착이다. 그러므로 상相을 떠난 "무아無我"는 인욕선인을 탄생시켰고, 결국 석가모니 부처님을 사바세계에 출현시킨 원인이 되었던 것이다.

"만일 마음이 머무름이 있다면 곧 머무름이 아니다"라 함은 만일 마음이 육진경계六塵境界에 머무른다면, 이는 이미 아뇩다라삼먁삼보리의 마음에 머무는 것이 아니라는 뜻이다. 온갖 시비와 분별을 일삼는 세속의 일상에서 보리심을 발하기가 어렵다는 얘기다. 처염상정處染常淨이듯, 더러움에 처해 있으나 물들지 않고, 깨끗함을 유지할 수 있으면 그는 진실의 행자行者일 것이다. 환경과 조건에 걸림이 없고, 방해받지 않는 초인超人은 극락과 지옥에 방해받지 않으리라. 다음의 게송은 좋은 이정표가 될 것이다.

단자무심어만물但自無心於萬物　　단지 스스로 만물에 무심하면
하방만물상위요何防萬物常圍遶　　어찌 만물이 나를 둘러쌈이 방해
　　　　　　　　　　　　　　　　되랴.

보살은 일체 중생들에게 이익이 되게 하기 위하여 존재하는 것이다.

봉사와 헌신, 더 나아가 중생들의 깨달음을 위해 디딤돌이 되고, 전도자傳導者가 되는 것이다. 그들은 분별이 없다. 무한하게 주고 베풀면서도 주었다는 생각이 없으므로 아상我相이 없다. 오직 자비와 애민哀愍의 정情만이 있으므로 그들은 성자이다.

如來說一切諸相　卽是非相
여 래 설 일 체 제 상　즉 시 비 상

又說一切衆生　則非衆生
우 설 일 체 중 생　즉 비 중 생

여래는 일체의 모든 상이 곧 상이 아니라 하며, 또 일체 중생이
곧 중생이 아니라고 설하느니라.

"일체의 상이 곧 상이 아니다" 함은 "나"라는 고집이 사라진 상태이니, 아집我執이 멸멸滅滅하게 되어 아공我空을 성취하게 된다.

"일체 중생이 곧 중생이 아니다" 함은 법집法執을 여읜 것이므로 오온의 법法이 있다는 고집이 공하여져서 드디어 법공法空을 이룬다.

이제 아我도 공하고 대상對像인 법法도 공해졌으므로 이제 시비곡직是非曲直이 없어지고, 분별이 사라져 평등무이平等無二의 진실만이 남는다. 이처럼 이 경을 수지독송하는 공덕은 아집과 법집을 여의고, 아공과 법공을 득得해서 일체의 상을 떠나게 되는 것이다. 이로써 모든 시비분별是非分別이 사라짐으로 처처處處가 평안한 극락이 된다. 투쟁과 갈등과 대립이 사라져 화해와 수용과 공존이 있게 되며, 중생 중생이 여여如如하게 살 수 있게 된다.

須菩提 如來 是眞語者 實語者 如語者 不誑語者
수보리 여래 시진어자 실어자 여어자 불광어자

不異語者 須菩提 如來所得法 此法 無實無虛
불이어자 수보리 여래소득법 차법 무실무허

수보리야. 여래는 참된 말을 하는 자며, 실다운 말을 하는 자며,
있는 그대로의 말을 하는 자며, 속이지 않는 말을 하는 자며,
다른 말을 하지 않는 자이니라.
수보리야. 여래가 얻은 법, 이 법은 진실도 아니요, 허망한 것도
아니니라.

부처님께서는 의심 많은 중생들을 안심시키기 위해 수보리에게
여래의 말씀은 참되고, 실답고, 여법한 말이며, 거짓이 아니며, 말씀과
똑같은 말씀이라고 재차 확인시켜 주는 것이다. 그렇게 함으로써
중생들로 하여금 보리에 나아가게 하기 위함이다. 성인께서 이렇게
염려와 걱정으로 자상함을 내보이는 것은 참으로 눈물겨운 한 편의
드라마이다.

"이 법은 실다움도 아니요, 허망함도 아니다" 함은 부처님께서 설하
신 모든 말씀은 세속적인 기준으로 표현하여 진실이라거나 혹은 허망
하다는 평가를 초월하는, 승의제로서만이 인식되는 진리의 말씀이라
는 것이다. 하여 인식론에서 제사구로서 양쪽을 모두 떠난 중도법문中
道法文인 것이다.

須菩提 若菩薩 心住於法 而行布施 如人 入闇 則
수보리 약보살 심주어법 이항보시 여인 입암 즉

無所見 若菩薩 心不住法 而行布施 如人有目 日光
무소견 약보살 심부주법 이행보시 여인유목 일광

明照 見種種色
명조 견종종색

수보리야. 만일 보살 마음이 법에 머물러 보시를 하면, 마치 어떤 사람이 어둠 속에 들어간즉 볼 수 없는 것과 같고, 만일 어떤 보살의 마음이 법에 머물지 않고 보시를 행하면, 마치 사람이 눈이 있어 햇빛이 밝게 비치므로 가지가지 형태를 볼 수 있는 것과도 같으니라.

"마음을 법에 둔다"라 함은 색성향미촉법의 육진경계를 말한다. 그 경계에 마음을 두었다는 것은 그 상相에 집착한다는 것이므로, 그 상태는 캄캄한 어둠 속에서 주위를 볼 수 없는 것과 같다는 뜻이다.

"마음을 법에 두지 않는다" 함은 육진六塵에 마음을 두지 않아서 그 경계에 분별하고 시비하는 집착이 없다는 뜻이다. 그러므로 밝은 광명에 천지를 훤히 볼 수 있는 것과 같다고 했다.

중생은 현실적으로 오감五感에 가장 민감하다. 그것은 현실과 가장 밀접하고, 내 몸에 붙어 있는 생존을 위한 감각이기 때문이다. 맛과 향기와 소리와 감촉 등이 나를 있게 하고, 또 나를 타락시키며 중생이게 도 만든다. 오직 마음을 이 감각기관에 두지만 않으면 상相이 없고, 집착이 떨어지며, 결국 무아無我의 대성자가 될 것임은 자명한 이치다.

須菩提　當來之世　若有善男子善女人　能於此經　受
수보리　당래지세　약유선남자선여인　능어차경　수

持讀誦　則爲如來　以佛智慧　悉知是人　悉見是人　皆
지독송　즉위여래　이불지혜　실지시인　실견시인　개

得成就　無量無邊功德
득성취　무량무변공덕

수보리야. 오는 세상에 만일 선남자 선여인이 능히 이 경을
받아 지니고 읽고 외우면, 곧 여래는 부처님의 지혜로서 이
사람을 다 알고, 다 보나니, 모두 다 한량없고 가없는 공덕을
성취할 것이니라.

금강경을 수지독송하는 공덕은 수많은 언설로써 강조해도 지나침이
없으려니와, 그 공덕을 오직 부처님만이 헤아려 아신다고 말씀하셨다.
그러니 조건 없이 읽고 외우고 받아 지니는 굳은 믿음을 내어야 하리라.
왜냐하면 성인聖人은 진어자眞語者요, 실어자實語者요, 여어자如語者
요, 불광어자不誑語者요, 불이어자不異語者이기 때문이다.

❦

새끼 사자 한 마리가 어미를 잃고 양의 품에서 자라나게 되었다.
양의 젖을 먹고, 양의 울음소리를 내며, 양떼와 함께 초원을 다니면서
양의 습성에 젖어 생활하였다.

그러던 어느 날, 자신의 존재가 다른 양들과 무언가 다르다는 것을
어렴풋이 깨닫게 되었다. 이것이 자신의 참모습이 아니라는 것을

느낀 사자는 언덕 위에 우뚝 올라가 이제까지의 양의 울음소리를 버리고, 자신의 내부에서 터져 나오는 소리로 크게 울부짖었다.

"어……홍! 어……홍!"

이 소리를 들은 양떼들은 물론 다른 동물들도 모두 기겁을 하며 도망치는 것이었다. 이를 본 새끼 사자는 비로소 자신의 참모습이 사자임을 자각하게 되었다.

지경공덕분持經功德分 제15第十五

─ 경을 지니는 공덕 ─

사실 불교의 윤회설에 의거해도, 우리가 인간으로 태어났다는 것이 얼마나 희유한 일인지 공감이 잘 되지 않는다. 그만큼 중생은 태어났으니, 그냥 습관적으로 먹고 일하고 잠자는 본능을 답습하면서 생각 없이 살아갈 뿐이다.

다행히 이에 대한 의식이 있어 부처님 말씀에 관심을 갖고 불경을 보고, 스님들의 법문이라도 듣는 기회가 있다는 것이 또한 희유한 일이 되고 있다. 내가 앉은 이 작은 부처님 도량을 살피면, 땅 속의 개미와 지렁이와 온갖 이름 모를 숨은 생명들, 땅 위를 기고 나는 벌나비와 온갖 날짐승, 들짐승들, 허공에 가물거리며 모래알 같은 미세한 미생물과 박테리아, 아메바 온갖 세균들, 이들은 분명 중생이다. 소위 불성佛性을 지닌 중생이라 하는데, 과거생에 그들 모두는 나와 교섭이 있었고, 착한 사이였고, 나의 어머니였고, 나의 아내였고, 나의 아들딸들이었고, 나의 아버지였던 것을 의심치 않는다.

무량 백천만겁 동안 이 생명이 굴러내려오는 동안 어느 누구를 만나지 못했겠으며, 어느 누구의 부모와 처자식이 아니었겠는가? 그럼에도 나는 지금 사람이 되었고, 부처님을 만났으니, 길고 긴 운명의 터널을 지나온 셈이다. 내 육신이 이처럼 바짝 마르고 초췌하며 안색이 험한 것은, 그 긴 터널을 통과하느라 악전고투하고 힘든 흔적이 남았기 때문이리라.

어쨌든 나는 미물 중생의 어리석음에서 빠져나왔으니, 참으로 대견하고 희유하며 희귀한 일이 아닐 수 없다. 지금 땅에서나 허공에서 숨을 헐떡이며 본능과 생존에 얽매인 나의 친구와 형제자매들을, 그들을 어찌해야 할까. 막연히 그들에 대한 자비와 슬픈 마음이 있는 것이지만, 간절하게 공감되지 못하는 나의 어리석음, 오히려 이것이 다행인 것인지, 분별이 어렵다. 암흑의 긴 터널을 헤쳐 나왔다는 사실은 인정하지만, 실제의 느낌과 감정이 없다는 것은 무엇을 의미하는가?

루비콘 강을 건너고 난 후에는 전혀 기억이 없다. 나는 이것이 기쁨이면서 슬픔이기도 하다. 그 많은 희로애락의 온갖 경험들이 내 머릿속에 살아 있다면, 내 심장과 머리는 분열되고 폭발할 것이다. 감당할 수 없는 수많은 사실들 속에는 고통의 역사와 함께 미쳐버리는 환락이 있을 것이니 말이다. 또한 아쉬운 사람들과의 안타까운 사연들은 심장을 찢고 머리를 짓누를 것이다. 따라서 과거를 잊고 모른 척하며 사는 것이 참으로 다행이라 생각한다.

사정이 이러하니, 나는 내 한 몸이 한 몸이 아니요, 우주 공간의 온갖 생명들과 연결되어 있는 것이다. 부처님께서는 대승大乘을 발發하고, 최상승最上乘을 발發한 자들을 위해 이 경을 설하셨다 하니,

나는 대승심을 발한 자요, 최상승심을 발한 자라고 자부하기 때문에 나는 저들을 저버릴 수 없다.

나의 근기根機는 하열下劣하여 어느 시절이 있어, 기어이 미륵이 되어 만중생들을 제도할지 아득한 일이지만, 한 걸음 한 발자욱 바르게 정진해가는 나의 용기는 지금도 끝나지 않았다. 따라서 일체의 부처와, 부처님의 아뇩다라삼먁삼보리가 이 경으로부터 나왔으므로, 이 짧고 쉬운 금강경이야말로 모든 중생들의 보배스런 생명이 아닐 수 없다.

하여 아침과 점심때와 저녁나절에 항하의 모래 수와 같은 목숨을 보시하기를 백천만억겁 동안 보시한다고 해도, 이 경을 읽고 외울지언정, 거부하고 부정하는 마음만 내지 않아도 그 공덕이 더 많다고 하셨다. 하물며 타인에게 설하여 줌에 있어서는 더 말할 것도 없을 것이다.

須菩提 若有善男子善女人 初日分 以恒河沙等身布
수보리 약유선남자선여인 초일분 이항하사등신보

施 中日分 復以恒河沙等身布施 後日分 亦以恒河
시 중일분 부이항하사등신보시 후일분 역이항하

沙等身布施 如是無量百千萬億劫 以身布施 若復有
사등신보시 여시무량백천만억겁 이신보시 약부유

人 聞此經典 信心不逆 其福勝彼 何況書寫受持讀
인 문차경전 신심불역 기복승피 하황서사수지독

誦 爲人解說
송 위인해설

수보리야. 만일 어떤 선남자 선여인이 아침나절에 항하의 모래 수와 같은 몸으로 보시하고, 점심나절에 다시 항하의 모래 수와 같은 몸으로 보시하며, 저녁나절에 역시 항하의 모래 수와 같은 몸으로 보시하여 이와 같이 백천만억겁 동안을 몸으로 보시하더라도, 만일 어떤 사람이 이 경전을 듣고서 믿는 마음이 거역하지 않으면, 그 복이 앞의 저보다 수승하거늘, 어찌 하물며 쓰고 받아 지니고 읽고 외워서 남을 위해 해설하여 줌에 있어서랴!

항하사 수의 몸으로 보시한다는 비유는 여법수지분如法受持分 제13에서 다루었는데, 다시 반복되어 강조하는 구문이다.

아침나절, 점심나절, 저녁나절을 불문하고 항하사 수의 몸으로써 보시하기를 백천만억겁의 무량한 세월 동안 행한다 해도, 이 경전을 얻어 듣고 이를 그르다고 부정만 하지 않아도, 앞의 항하사의 몸뚱이로 보시한 공덕보다 수승하다는 것이다. 그 이유는 이미 밝혔듯이 물질 보시는 유루有漏로서 그 한계가 있지만, 경전을 지녀 지혜를 닦는 것은 무루無漏의 공덕이므로 그 공력功力이 무한하기 때문이다.

그러므로 앞에서 논하기를 경經은 하나의 불신佛身이요, 불탑佛塔이며 묘당廟堂과 다름이 없다고 했으니, 이를 부정하거나 천시하는 허물은 지옥으로도 감당이 안 될 것이다. 따라서 이를 거역하거나 부정만 하지 않아도 항하사의 공덕이 된다는 말씀이시다.

須菩提　以要言之　是經　有不可思議　不可稱量無邊
수보리　이요언지　시경　유불가사의　불가칭량무변

功德　如來　爲發大乘者說　爲發最上乘者說
공덕　여래　위발대승자설　위발최상승자설

수보리야. 요약해서 말하건대, 이 경은 생각할 수도 없고, 헤아릴 수 없으며, 가없는 공덕이 있으니, 여래는 대승을 발한 자를 위하여 설하고, 최상승을 발한 자를 위해 설하느니라.

예로부터 이 경을 받아 지니는 공덕이 수승하다는 것은 이미 널리 알려져 있다. 지극하게 읽고 외움으로써, 수많은 신통과 영험을 얻은 예가 주위에 많이 회자되고 있는 것이다. 왜냐하면 경은 바로 불신佛身이요, 법신法身이면서 진리의 본질이기 때문이다. 그리하여 "여래는 대승을 발한 자를 위해 설했다"라 함은 나보다 다른 이를 위하고, 타인의 이익을 먼저 생각하는 마음을 지닌 자를 위해 금강경을 설했다는 것이다.

"최상승을 발한 자를 위해 설했다"라 함은 일체 중생은 모두가 부처일 뿐이어서 다른 것이 없으며, 성문聲聞이나 연각緣覺도 있을 수 없다는 것으로, 오직 모든 중생들을 부처로 보는 가장 높은 마음을 지닌 자들을 위해 이 경을 설했다는 것이다. 그만큼 이 경은 격이 높고 수승하여 일체 중생들에게 가장 요긴한 경전인 것이다.

若有人 能受持讀誦 廣爲人說 如來 悉知是人 悉見
약유인 능수지독송 광위인설 여래 실지시인 실견

是人 皆得成就 不可量 不可稱 無有邊 不可思議功
시인 개득성취 불가량 불가칭 무유변 불가사의공

德 如是人等 則爲荷擔如來 阿耨多羅三藐三菩提
덕 여시인등 즉위하담여래 아뇩다라삼먁삼보리

만일 어떤 사람이 능히 받아 지녀 읽고 외워서, 널리 남을 위해 설해주면, 여래는 이 사람을 다 알고 다 보나니, 이 사람은 헤아릴 수 없고, 잴 수 없으며, 가없고, 생각할 수도 없는 공덕을 성취하리라. 이와 같은 사람들은 여래의 아뇩다라삼먁삼보리를 감당하게 될 것이니라.

"여래의 아뇩다라삼먁삼보리를 감당한다"라 함은 이 경을 받아 지녀 널리 다른 사람을 위해 말해주면, 여래가 깨달은 위없는 바른 깨달음을 이 사람도 깨달을 수 있다는 의미다. 여기서 하담荷擔은 "짊어진다", "어깨에 걸머멘다"라는 뜻인데, 나는 "감당한다"로 전용하였다. 이는 스스로의 노력으로 깨달음을 얻는다는 뜻이 포함되어 있다고 볼 수 있다. "어깨에 짊어진다"는 결국 부처님이 깨달은 아뇩다라삼먁삼보리를 자력으로 깨달았다는 의미일 것이다.

何以故 須菩提 若樂小法者 着我見人見衆生見壽者
하 이 고   수 보 리   약 요 소 법 자   착 아 견 인 견 중 생 견 수 자

見 則於此經 不能聽受讀誦 爲人解說
견   즉 어 차 경   불 능 청 수 독 송   위 인 해 설

어찌하여 그러한가 하면, 수보리야, 작은 법을 좋아하는 자들은 아견, 인견, 중생견, 수자견에 집착하게 되어, 이 경을 능히 듣고 지니고 읽고 외워서 다른 이를 위해 설해주지도 못하느니라.

"어찌하여 그러한가"라 함은 여래께서는 어찌하여 대승과 최상승을 발한 이에게만 이 경을 설해주신다 하였고, 또 이 경을 받아 지녀 널리 다른 이를 위해 설한 자는 부처님의 아뇩다라삼먁삼보리를 감당할 만하다고 하셨는가, 하고 의문을 나타낸 것이다.

이에 소법小法을 좋아하는 자들은 대승의 법이 아닌 작은 법, 즉 소승을 좋아하여 사상四相에 집착됨으로써 이 경을 바르게 깨달을 수 없기 때문이라 했다. 소승은 대승의 반대 개념으로 남보다는 우선 나부터 생각하고 우선시하는 이기주의를 지칭한다. 그러한 견해로는 이 경의 높고 넓은 진리의 진수를 바르게 이해할 수도, 실천할 수도 없기 때문에 대승심을 발한 이에게만 이 경을 설해주신다고 하신 것이다.

須菩提　在在處處　若有此經　一切世間天人阿修羅
수보리　재재처처　약유차경　일체세간천인아수라

所應供養　當知此處　則爲是塔　皆應恭敬　作禮圍遶
소응공양　당지차처　즉위시탑　개응공경　작례위요

以諸華香　而散其處
이제화향　이산기처

수보리야, 어디든지 이 경이 있는 곳은, 일체의 사람과 하늘과 아수라가 마땅히 공양올리는 곳이 되나니, 마땅히 알라. 이곳은 곧 불탑이 되므로, 모두가 마땅히 공경하고 예를 올리면서 돌아 모든 꽃과 향으로 그곳에 흩뿌리느니라.

다시 강조하지만, 경은 바로 부처님의 몸이다. 부처님의 말씀은 곧 깨달음의 본질 즉 법신法身이다. 그러므로 돌이나 나무로 조각한 부처님의 형상보다 경전은 더욱 진실이 된다. 따라서 경이 있는 곳은 불탑과 같아 일체 중생들의 예경의 대상이 되어 꽃과 향으로 장엄할 수 있는 것이다. 그 행위는 형식이 아니라, 견고한 믿음에서 나오는 것이므로 신앙심이 깊어질 뿐만 아니라, 크나큰 복전이 되어 지혜를 증진시킬 것이다. 이에 경이 있는 재재처처在在處處가 바로 탑이요, 묘당이라는 인식은 참으로 대승보살운동의 상징이요 꽃이요 결론이다.

요즘은 사찰을 마치 궁궐처럼 우람하게 장엄하고, 온갖 물감으로 화려하게 치장하여 관광상품화시키는 것은 현대 자본주의와 물질주의의 한 단면일 것이다.

"공양을 올린다" 함은 존경하고 공경할 대상에게 음식과 의복과 와구臥具와 그리고 탕약 등의 네 가지를 대접하는 것을 말하고, 이를 사사공양四事供養이라 이름한다.

"꽃과 향으로 흩뿌린다"라 함은 천인天人이 청황적백青黃赤白의 네 가지의 꽃으로 부처님을 향해 흩뿌리어 장엄하는 것을 말하는데, 이에 대비하여 큰 법회나 불사가 있을 때 부처님이나 불탑에 꽃을 뿌리어 공양하는 의식이 행해지기도 한다.

사밧티의 파세나디 왕이 낮잠을 자다가 우연히 두 내시들의 대화를 듣게 되었다.

A 내시 : 나는 그저 임금님만을 의지해서 살아가고 있다네.

B 내시 : 나는 의지하는 데가 없어, 내 스스로가 지은 업력으로 살아가는
 거지.

왕은 이 말을 듣고 왕을 의지해 살아간다는 A 내시가 기특하고
정이 쏠려 그에게 큰 상을 주려고 왕비에게 간단한 편지를 썼다.

"지금 이 서찰을 가지고 간 내시에게 돈과 패물을 두둑이 주어
보내시오."

이윽고 왕은 A 내시를 불러 왕비에게 드리라며 서찰 심부름을 시켰
다. 그가 서찰을 가지고 막 대궐 문을 나서려는데 갑자기 코피가
주루룩 쏟아졌다.

할 수 없이 그는 B 내시에게 대신 심부름을 해달라고 부탁하였고,
왕비는 서찰을 가져온 B 내시에게 돈과 패물을 두둑이 주어 보냈다.

능정업장분能淨業障分 제16第十六

—능히 업이 정화됨—

금강경의 존재 의의는 우선 업을 소멸하고, 지혜를 증장시켜 구경에는 깨닫는 일이다. 업을 소멸하고 지혜를 갖추기 위해서는 당연히 어떤 공능功能이 필요한데, 금강경을 수지독송하는 공덕은 이 경을 통해 수없이 설해지는 말씀이다. 그만큼 이 경의 위력은 그 힘을 헤아릴 수 없이 커서 주위에서 그 증험證驗함을 확인하는 것이 어렵지 않다. 왜냐하면 이 경이 공을 말하고 무아를 설함으로써 제법諸法의 자성自性이 없음을 확인시키고 증거하기 때문이다. 따라서 금강경 자체가 일종의 주문과 다를 바 없어 우리 주변에 영험과 신통한 사례가 수없이 나타나는 것이리라.

부처님께서도 직접 말씀하시기를, 죄업이 많은 사람도 이 경을 읽고 외우는 동안 주위로부터 욕이나 방해나 비웃음을 받았다면, 본래 죄업이 많아서 지옥에 추락할 사람이라도 금생에 천대받고 비웃음을 당했으므로 그는 일체의 죄업이 소멸하여 마침내 위없는 바른 깨달음을 성취하리라 했다. 따라서 우리는 금생에 과보를 받는 것에 대하여 새롭게 인식전환을 가질 필요가 있다. 왜냐하면 현세에서 받는 어려움과 고통은 내세의 지옥이나 축생의 과보보다는 훨씬 가벼운 단죄이다. 따라서 이러한 논리라면, 금생에 받는 고통이 많으면 많을수록 내생의 기약된 복덕은 대단히 클 것이라고 예상한다. 어려움과 불행이 닥친다 하여 슬퍼하거나 자책하지 않고, 오히려 장부다운 기상으로 인욕하는 것이 지혜 있는 행동이 아닐까 한다.

이런 이치를 알면, 불행도 행운도 그 모두가 실체 없는 환幻의 그림자로 인식하여 모든 경계에 대처하는 마음 자세가 달라질 것이다. 그런데 소위 논서論書에서 말하는 참회법에는 이참理懺과 사참事懺을 얘기한다. 이참은 죄의 자성이 없음을 깨닫고, 이치적으로 관법觀法을 한다든지, 선도리禪道理로써 마음에서 업業이라는 씨앗과 흔적과 생각을 뽑아내는 것이다.

천수경에 이르기를,

죄무자성종심기罪無自性從心起 심약멸시죄역망心若滅時罪亦亡
죄망심멸양구공罪亡心滅兩俱空 시즉명위진참회是卽名爲眞懺悔
죄의 성품은 없어 마음 따라 일어나니
마음이 멸할 때 죄 또한 사라지네.
죄와 마음이 함께 사라지면
이를 일러 진실한 참회라 하느니라.

한편, 사참事懺은 몸으로 짓는 참회로써, 무릎에서 피가 나도록 삼천배를 한다든지, 염불이나 독경, 혹은 사회봉사 등의 몸으로 직접 형태 있는 참회를 하여 죄업소멸의 대가를 치르는 작업이다. 그러나 가장 쉽고 편한 참회법이 있으니, 금강경을 독송하는 방법이다. 누구나 알다시피 이 경은 읽기 쉽고 짧은 소품小品에 지나지 않으므로, 조석으로 읽고 외운다면 그 공덕은 불가사량이다.

경의 말씀에도, 석가모니 부처님께서 연등부처님 이전에 팔백사천만억 나유타 부처님을 모시고 받들기를 한 분도 빠짐이 없었다고 하셨는데, 그 공덕의 양으로 치자면 한강의 모래보다도 더 수승할 것이다. 그런데, 후세에 중생들이 이 경을 받아 지녀 독송하는 공덕은 그보다 훨씬 많다고 단정적으로 말씀하시는 것이다. 왜냐하면 석가모니 부처님의 복덕은 유위의 유루복으로서 시간에 따라 증발할 것으로 되, 말세 중생들이 이 경을 받아 지니는 공덕은 무위의 무루복이 되므로 새지 않고 소멸하지 않는 영원한 공덕이기 때문이다. 따라서 이처럼 쉬운 참회와 업장소멸과 지혜법이 존재한다는 것이 중생들에게 얼마나 다행인지 모르겠다.

復次 須菩提 善男子善女人 受持讀誦此經 若爲人
부차 수보리 선남자선여인 수지독송차경 약위인

輕賤 是人 先世罪業 應墮惡道 以今世人 輕賤故
경천 시인 선세죄업 응타악도 이금세인 경천고

先世罪業 則爲消滅 當得 阿耨多羅三藐三菩提
선세죄업 즉위소멸 당득 아뇩다라삼막삼보리

"다시 수보리야. 선남자 선여인이 이 경을 받아 지녀 읽고 외워서 다른 이들에게서 무시당하고 천대를 받는다면, 이 사람은 과거세의 죄업으로 마땅히 악도에 떨어질 것이지만, 금생의 사람들로부

터 무시당하고 천대를 받았으므로, 과거세의 죄업이 곧 소멸하여
반드시 위없는 바른 깨달음을 얻을 것이니라."

욕지전생사欲知前生事　금생수자시今生受者是
욕지내생사欲知來生事　금생작자시今生作者是
전생의 일을 알고 싶은가
금생에 받는 것이 바로 그것이요
내생의 일을 알고 싶은가
금생에 짓는 것이 바로 그것이니라.

불교의 근간은 바로 인과因果와 윤회輪廻다. 그 구조에 의해 불교가
지탱된다. 악인악과惡因惡果요, 선인선과善因善果다. 이 법칙이 성립
하지 않는다면 불교는 허망한 것이 된다. 불교뿐만이 아니라 진리와
정의라는 이름 자체가 존립할 수 없다.

악을 행하면 악과를 받는 것이 당연함에도, 그것이 성숙되고 무르익
기까지는 시간적 공백과 차이가 있다고 경에서는 밝히고 있다. 그래서
사람들은 가끔 나쁜 악인이 잘 먹고 잘 사는 현상을 보고 분노를
느끼는데, 사과가 무르익기까지는 적당한 햇빛과 양분과 수분이 필요
하며, 거기에다 빠질 수 없는 것이 있으니, "시간"이라는 과정이다.
모든 조건이 갖춰졌어도 시간적 묘약이 첨가되지 않으면, 매사가
성사되는 일이 없다. 하여 울타리 너머 남의 집 빌딩 올라가는 것을
질투할 것이 아니라, 정도를 걸으며 차분히 그리고 조금씩 선업善業을

쌓아갈 일이다. 그러한 삶의 자세가 언젠가는 먼 후일에, 아니면 먼 후세에 좋은 열매를 맺어 가슴 뿌듯한 기쁨을 맛볼 수 있을 것이다.

須菩提 我念 過去無量阿僧祇劫 於燃燈佛前 得値
수보리 아념 과거무량아승지겁 어연등불전 득치

八百四千萬億那由他諸佛 悉皆供養承事 無空過者
팔백사천만억나유타제불 실개공양승사 무공과자

若復有人 於後末世 能受持讀誦此經 所得功德 於
약부유인 어후말세 능수지독송차경 소득공덕 어

我所供養諸佛功德 百分 조及一 千萬億分 乃至算
아소공양제불공덕 백분 급일 천만억분 내지산

數譬喩 所不能及
수비유 소불능급

수보리야, 나는 과거 무량아승지겁 동안, 연등부처님 이전에 팔백사천만억나유타 부처님들을 만나, 모두 공양하고 받들기를 헛되이 보낸 적이 없었음을 기억하노라. 만일 어떤 사람이 이 다음 말세에, 능히 이 경을 받아 지녀 읽고 외워서 얻는 공덕은, 내가 모든 부처님께 공양한 공덕으로는, 백분의 일도, 천분의 일, 만분의 일, 억분의 일도 미치지 못하며, 숫자로나 비유로도 능히 미치지를 못하느니라.

공덕 중에 가장 큰 공덕은 부처님께 올리는 공덕일 것이다. 하찮은 미물에서부터 일반 중생에 이르기까지 수많은 복전이 있지만, 성인聖 人에게 올리는 복전이야말로 가장 수승하다고 했다. 하여 부처님께서

170

는 과거 아승지겁 동안 팔백사천만억나유타 수의 많은 부처님께 공양을 올렸는데, 그 공덕은 불가사의할 것이다. 헌데 이보다 더 큰 공덕이 있다고 하니, 그것은 이 경을 받아 지니는 공덕이라는 것이다.

아주 쉬우면서도 한편으로는 인연법因緣法에 의해 결코 쉬운 것도 아니다. 부처님 법 만나기가 맹구우목盲龜遇木이라 했으니, 공덕을 지으려 해도 인연이 있어야 지을 수 있는 법이기 때문이다.

아승지阿僧祇는 무수無數라 하여 많은 수효를 나타내는 단위이다. 나유타那由他 역시 헤아릴 수 없는 수많은 숫자를 나타낸다. 겁劫에는 반석겁盤石劫과 개자겁芥子劫과 증감겁增減劫이 있으니, 사방 사십 리의 바위산을 백 년에 한 번씩 천녀天女가 내려와 부드러운 옷깃으로 스쳐서, 그 바위산이 모두 닳아 없어지는 시간을 반석겁이라 하고, 사방 사십 리의 성 안에 개자씨를 쌓아놓고, 천녀가 백 년에 한 번씩 내려와 개자씨를 한 알씩 가져가서 모두 없어지는 시간을 개자겁이라고 한다. 또한 인간의 수명이 8만 세에서부터 백 년에 1살씩 줄어들어 10세에 이르고, 다시 10세에서부터 다시 백 년에 1살씩 늘어나 8만 세에 이르는 일증일감一增一減의 긴 시간을 증감겁이라 한다. 결국 헤아릴 수 없는 무한한 세월을 뜻한다.

須菩提 若善男子善女人 於後末世 有受持讀誦此經
수보리 약선남자선여인 어후말세 유수지독송차경
所得功德 我若具說者 或有人聞 心則狂亂 狐疑不
소득공덕 아약구설자 혹유인문 심즉광란 호의불
信 須菩提 當知 是經義 不可思議 果報 亦不可思議
신 수보리 당지 시경의 불가사의 과보 역불가사의

수보리야, 어떤 선남자 선여인이 이 다음 말세에 이 경을 받아 지녀 읽고 외워 얻는 공덕을 내가 만일 갖추어 다 말하면, 혹 어떤 사람이 듣고서 마음이 곧 미치고 어지러워 여우같은 의심으로 믿지 않을 것이니라.

수보리야, 이 경의 뜻은 불가사의하고, 과보도 또한 불가사의함을 알아야 할지니라.

금강경의 단원 구분을 내용적으로 할 때 능정업장분能淨業障分 제16에서 전반前半이 끝나고, 구경무아분究竟無我分 제17부터는 전반의 반복이라고 본다. 또 일설一說에는 여법수지분如法受持分 제13의 "이시명자以是名字 여당봉지汝當奉持"에서 전반이 끝나고 내용이 그 이후부터 반복된다고 보기도 한다. 허나 성인聖人의 진리의 말씀을 결집한 성전聖典은 교주教主가 직접 지어서 엮은 것이 아니고, 많은 후세의 제자들이 나름대로의 보는 관점에 따라 가감하여 엮은 것이기 때문에 내용적으로 중복되고 반복될 수밖에 없다.

유교儒教의 사서삼경四書三經과 이슬람의 코란, 그리고 기독교의 복음서들도 모두 내용적으로 반복, 중복을 거듭하고 있다. 즉 성경은 누가, 마태, 마가, 요한이 각각의 관점에 따라 예수 일생을 서술한 중복적 내용이다. 이러한 기법은 오히려 내용적으로 다양성을 주어 객관성을 확보할 수 있고, 또 물이 흐르듯 자연스럽게 음악적이고 문학적인 품격을 기대할 수 있다. 그리하여 반복적인 기법을 비판적으로만 보는 것은 지나치게 세속적이고 상투적인 관념으로 선각자先覺者

들의 의도를 재단하려는 데에서 오는 착오이다.

"호의불신狐疑不信"은 교활하여 의심 많은 여우가 춘삼월의 언 강물에서 얼음이 깨질 것을 염려하여 건널까 말까 주저주저하는 모습에서 유래한 고사이다.

한 비구가 눈병을 앓고 고생하자, 부처님께서 연꽃 향기를 쬐라고 말씀하셨다. 그가 연꽃 향기를 한참 쬐고 있자, 연꽃을 지키는 신神이 나타났다.

"그대는 남의 연꽃 향기를 훔치는 도둑이 아닌가?"

"……? 꽃을 꺾지도 빼앗지도 않았는데, 어찌 나를 연꽃 향기를 훔치는 도둑이라 하는가?"

"스스로 버리지 않은 것을 취함을 도둑이라 하노니, 그대는 내가 주지도 않았는데 취하고 있으니, 도둑이 아니겠는가?"

비구는 그 말이 맞는 것 같기도 하고 하여 멈칫거리고 있는데, 그때 어떤 장정이 와서 뿌리를 캐고, 줄기와 잎도 꺾어서 무겁게 등에 지고 갔다. 이를 본 비구가 항의한다.

"저 사람은 저렇게 연꽃을 꺾고, 뿌리를 잔뜩 캐어 무겁게 지고 가는데도 한마디 꾸짖음도 없으면서 어찌 나한테만 도둑이라 하는가?"

"그 사람은 더럽고 검은 갑옷과 같나니, 검은 옷은 먹물도 표시나지 않는다. 희고 깨끗한 비단 위에는 파리만 앉아도 흔적이 날 것이다. 그처럼 간교하고 교활하고 탐욕이 많은 구제불능의 사람에게 꾸짖은들 무엇하랴!"

구경무아분究竟無我分 제17第十七

―최후에도 내가 없음―

일체법이 모두 무아이고, 그리하여 공하다. 마음도 몸도 하늘도 구름도 소나무도 모두가 공하다. 그런 만큼 주인공이 없고 실체가 없다. 그러니 모든 것은 변한다. 실체가 있다면 변하지 않을 것이다. 변함이 없다는 것은 탄생도 죽음도 없게 된다. 그것은 시간의 정지를 뜻한다. 시간의 정지는 곧 공간의 부정이다.

이처럼 일체의 만유萬有가 실체가 없음으로서 변하고, 흐르고, 늙고, 병들어, 죽는 순환을 가질 수 있게 된다. 이름하여 무아이기 때문이고, 공하기 때문에 우주법계는 춘하추동 순환이 있고, 생로병사와 성주괴공成住壞空의 위대한 흐름이 있어 역사는 단절 없이 영원히 지속될 수 있는 것이다.

내가 만일 나라는 아我가 있다면, 그것이 주체나 본체로서 주인공이 될 텐데, 그것이 존재한다면 나는 변할 수가 없다. 그리하여 나이를 먹을 수도 없고, 피부와 골격이 늙을 수도 없다. 늙지 않으니 병도 없어야 하고, 죽을 수도 없게 된다. 죽지 않는 내 모습은 몇 살의 모습을 유지할 것인가. 그러한 모습들이 우주법계 삼라만상의 생명이 있고 없고를 불문하고, 형상이 있고 없고 간에 모두에게 적용되는 무차별의 법칙일 테니, 그곳에는 처음부터 그런 이치가 존재할 수가 없다. 따라서 공하여 아我가 없으므로 이 대자연과 생명과 마음과 시간과 공간까지도 모두가 무아無我이다. 오직 변하고 변하여 흐름을 유지하기 때문에 시간도, 생명도, 공간도 존재할 수 있는 것이다. 이처럼 만유가 변한다는 법칙만큼 위대하고 절대적이고, 소중한 진리는 없을 것이다. 쓰레기가 쌓이고 부패하여 썩고, 그리하여 거름이 되고, 또 다시 분해되어 공空이 됨으로써 자연은 순환을 거듭한다.

옛 영웅들은 모두 자연의 순환 속으로 사라졌다. 그러므로 그 자리에 또 다른 영웅들의 이름이 들어갈 여지가 생겼다. 막힘이 없는 순환의 흐름은 누구에게나 균등한 기회를 주며, 영웅이 촌부가 되고, 촌부가 영웅이 되는 또 다른 순환을 갖게 된다. 따라서 변치 않고 고정된다는 그 가정 자체가 성립되지 않으므로, 다행히 이 삼천대천세계는 질서 있고 안정적으로 흘러간다. 따라서 시간과 공간은 한 물체의 다른 모습이다. 이 모두가 제법諸法이 무아이기 때문에 가능한 것이며, 그렇기 때문에 만유는 존재할 수 있고, 숨을 쉬며 살 수 있다.

중생은 색성향미촉법의 육진경계六塵境界에 집착하는데, 그 착着을 떠나야 한다. 아름다움을 사랑하나, 그 아름다움이 멈추는 것이 아니고, 찰나찰나 변하여 썩어가고 고름이 되는 종점을 알아야 한다. 맛난 미각을 애착하지만, 그 맛 또한 내일이면 부패한 구더기로 변해간 다는 것에 한 생각을 돌리면, 그 맛에 탐착할 일이 아니다. 위장을 채워 시장기를 가시게 하고, 이 목숨을 유지함에 최소한의 맛과 양이면

족하리라. 따라서 육신은 찰나로 늙어가서 피부와 뼈와 혈액이 점점 말라간다.

간, 쓸개, 심장, 위장, 허파, 대장, 소장 그 모두가 점점 기능이 불편해지고, 노쇠해지며, 주름투성이의 몰골로 변해가는 중이다. 마음도 생각도 하루에 팔만사천 번을 변하며, 머릿속에서 뇌파작용을 쉬지 않는다. 이렇게 변하는 나는 어느 순간을 아我라고 해야 할까. 죽음에 임박하여 뿔뿔이 흩어져 버리면, 남은 것은 아무것도 없는 티끌뿐인데, 나를 무엇으로 표현할 수 있는가.

혹자는 영혼이라거나 업이라고 얘기한다. 그러나 그것들도 나를 구성하는 작은 인자일 뿐, 나를 표현하지는 못한다. 사대四大가 흩어져 흔적도 없이 사라졌다가, 인연이 화합되면 먼 후일, 아득한 후세에 다시 모일 뿐이다. 그러므로 일체 만유는 말이 없는 적멸寂滅인 것이며, 그곳에는 상相이 붙을 여지가 없고, 그저 고요하고 적막할 뿐이다. 따라서 나는 내가 아니고, 내가 아니기 때문에 이를 이름하여 나라고 할 수 있는 것이다.

爾時 須菩提 白佛言 世尊 善男子善女人 發阿耨多
이시 수보리 백불언 세존 선남자선여인 발아뇩다

羅三藐三菩提心 云何應住 云何降伏其心 佛告須菩
라삼막삼보리심 운하응주 운하항복기심 불고수보

提 若善男子善女人 發阿耨多羅三藐三菩提心者 當
리 약선남자선여인 발아뇩다라삼막삼보리심자 당

生如是心 我應滅度一切衆生 滅度一切衆生已 而無
생여시심 아응멸도일체중생 멸도일체중생이 이무

有一衆生 實滅度者
유 일 중 생   실 멸 도 자

이때 수보리가 부처님께 사뢰어 말하였다.

"세존이시여, 선남자 선여인이 아뇩다라삼보리심을 발하고서는
어떻게 마땅히 머물며, 또 어떻게 그 마음을 항복받으오리까."

부처님께서 수보리에게 말씀하시되,

"선남자 선여인이 아뇩다라삼보리를 낸 이는 응당 이와 같이
마음을 내야 하나니, "내 마땅히 일체 중생들을 멸도하리라.
일체 중생들을 멸도해 마쳤으나, 실제로 멸도된 자가 한 중생도
없었다"라고

앞의 대승정종분大乘正宗分 제3에서도 수보리가 선남자 선여인이
아뇩다라삼먁삼보리심을 냈을 때, 어떻게 머물며 어떻게 그 마음을
항복시키오리까 하고 부처님께 묻자, "구류중생九類衆生들을 모두 무
여열반無餘涅槃에 들게 하고서도 한 중생도 멸도된 자가 없다고 생각하
라"는 말씀처럼, 함이 없는 무위無爲의 마음을 내어서 상相에 집착이
없어야 하는 것이다.

여기 구경무아분에서도 내용적으로 똑같이 일체 중생들을 제도하
고서도 제도했다는 관념이 없는 대승보살의 무아정신無我精神을 요구하
고 계신다.

"어떻게 머무오리까"라 함은 어떻게 수행하고 어떻게 행동하오리까
의 의미로서, 그 마음이 여우같고 원숭이 같아서 일정하게 정형화시킬

수도 없는 것이고 보면, 부처님의 말씀에 입각해 보살은 육바라밀을
의지하여 닦으라 하셨다.

"어떻게 그 마음을 항복시키오리까" 함은 위의 의문과 맥을 같이
하지만, 부처님께서는 대승보살의 큰 마음을 요구하셨다. 구류중생
내지 십이류중생들의 일체를 멸도滅度시키고도 멸도시켰다는 생각,
즉 자만심, 만족감, 우월감 혹은 성취감 등의 세속적인 중생심을 없게
하라는 말씀이시다. 이러한 마음은 허공처럼 광대하여 그 깊이를
헤아릴 수 없는 보살심菩薩心이 될 것이다. 보살심으로 무장하면 완전
한 마음이 되며, 그것은 바로 아뇩다라삼먁삼보리가 증득된 것이리라.

何以故　須菩提　若菩薩　有我相人相衆生相壽者相
하 이 고　　수 보 리　　약 보 살　　유 아 상 인 상 중 생 상 수 자 상

則非菩薩　所以者何　須菩提　實無有法　發阿耨多羅
즉 비 보 살　　소 이 자 하　　수 보 리　　실 무 유 법　　발 아 뇩 다 라

三藐三菩提者
삼 먁 삼 보 리 자

어째서 그러한가 하면, 수보리야, 만일 보살이 아상, 인상, 중생
상, 수자상이 있으면 곧 보살이 아니기 때문이니라. 까닭이 무엇
인가 하면, 수보리야, 실제로 아뇩다라삼먁삼보리를 낼 법이
따로 있는 것이 아니기 때문이니라.

"어찌 그러한가"라 함은 어찌하여 일체 중생들을 모두 제도하되,
내가 제도했다는 생각을 갖지 말아야 하는가 하는 물음이시다. 그에

대답은, 그런 관념을 가지는 것은 바로 사상四相에 집착이 된 번뇌요, 중생심이므로 보살이라고 할 수 없다는 것이다.

"그 까닭이 무엇인가"라 함은 어찌하여 제도할 중생도 없고, 제도했다는 생각도 없어야 하는가 하는 의문이다. 이에 아뇩다라삼먁삼보리를 낼 법이 따로 있는 것이 아니기 때문이라 했다. 아뇩다라삼먁삼보리의 마음은 따로 낸다거나 안 낸다거나 분별의 대상이 아니다. 단지 적멸寂滅의 상태로서 여여如如할 뿐이다. 그러한 분별심이 존재한다면 그는 바로 상相에 착着한 것이어서 보살이 아니다.

須菩提 於意云何 如來 於燃燈佛所 有法 得阿耨多
수보리 어의운하 여래 어연등불소 유법 득아뇩다

羅三藐三菩提不 不也世尊 如我解佛所說義 佛 於
라삼먁삼보리부 불야세존 여아해불소설의 불 어

燃燈佛所 無有法 得阿耨多羅三藐三菩提 佛言 如
연등불소 무유법 득아뇩다라삼먁삼보리 불언 여

是如是 須菩提 實無有法 如來 得阿耨多羅三藐三
시여시 수보리 실무유법 여래 득아뇩다라삼먁삼

菩提
보리

"수보리야. 네 생각에 어떠한가. 여래가 연등부처님 처소에서 아뇩다라삼먁삼보리를 얻을 만한 법이 있었느냐?"

"그렇지 않으오이다, 세존이시여. 제가 부처님께서 말씀하신 뜻을 이해하기로는, 부처님께서는 연등부처님 처소에서 아뇩다라삼먁삼보리를 얻을 만한 법이 없었나이다."

부처님께서 말씀하시되,

"그렇느니라, 그러하니라. 수보리야, 실로 여래가 아뇩다라삼먁
삼보리를 얻을 그런 법이 있지 않느니라."

앞의 장엄정토분莊嚴淨土分 제10에서의 주제가 다시 상세히 전개되
고 있다. 즉 여래께서 연등부처님으로부터 아뇩다라삼먁삼보리를
얻을 법이 있었느냐의 질문이시다.

진실로 법法은 있고 없고의 차원이 아니다. 있다고 하면 법이라는
실체를 인정하는 것이어서 상견常見이 되므로 궤변이 되고, 없다고
하면 단견斷見이어서 허무가 된다. 소위 유무有無를 함께 하면서 유무
를 떠나는 묘유妙有여야 한다. 따라서 아뇩다라삼먁삼보리의 법은
묘법妙法이 되므로 있음과 없음을 떠나면서, 또한 있기도 하고 없기도
한 것이다. 그러니 법을 얻는다거나 얻지 못한다는 인식은 있을 수
없다.

얻을 것이 있다는 것은 물질적 개체성個體性을 인정하는 것이며,
얻지 못한다는 것은 부처님 말씀이 허망한 것이 되어 버린다. 이러한
부처님의 의중을 간파한 수보리는 "그렇지 않으오이다, 세존이시여"
하고 부정함으로써 부처님의 의지와 수보리의 생각이 합치된다. 따라
서 방편적으로 세속제로는 있다거나 없다는 표현이 가하지만, 제일의
제로서는 유有와 무無, 득得과 무득無得이 존재하지 않는다.

須菩提 若有法 如來得阿耨多羅三藐三菩提者 燃燈
수보리 약유법 여래득아뇩다라삼먁삼보리자 연등

佛 則不與我授記 汝於來世 當得作佛 號 釋迦牟尼
불 즉불여아수기 여어래세 당득작불 호 석가모니

以實無有法 得阿耨多羅三藐三菩提 是故 燃燈佛
이실무유법 득아뇩다라삼먁삼보리 시고 연등불

與我授記 作是言 汝於來世 當得作佛 號 釋迦牟尼
여아수기 작시언 여어래세 당득작불 호 석가모니

수보리야, 만일 여래가 아뇩다라삼먁삼보리를 얻을 그런 법이 있다고 하면, 연등부처님께서 내게 수기를 주시되, "너는 오는 세상에 반드시 부처를 이루어 명호를 석가모니라 하리라" 라고 하시지 않으셨을 것이니라. 실로 아뇩다라삼먁삼보리를 얻을 법이 있는 것이 아니므로, 연등부처님께서는 내게 수기를 주시면서 말씀하시되, "너는 오는 세상에 반드시 부처를 이루어 명호를 석가모니라 하리라"고 하셨던 것이니라.

연등부처님께서 석가모니 부처님에게 수기授記를 내려주었다고 하는 사실은 무상정등정각의 법法을 실체화하는 것이 아니라, 오히려 그 실체성을 부정함으로서 수기를 내려줄 수 있었던 것이다. 언어와 문자 이전의 소식을 서로 주고받으며 법의 영원성을 보증하고 있다.

앞의 장엄정토분莊嚴淨土分은 부처님께서 연등부처님으로부터 얻은 법이 없다는 것이고, 여기서는 얻은 법이 없기 때문에 결국 부처를 이루어 호號를 석가모니라 이름할 수 있었다는 것이다. 왜냐하면 법法을 얻었다거나, 얻을 법이 있다는 등의 관념은 사상四相이 되어 보살이라 말할 수 없기 때문이다.

"수기授記"라 함은 부처님께서 보살이나 성문제자들에게 오는 세상, 언제, 어디서, 어떠어떠한 이름으로 부처가 되어, 이러저러한 교화를 펴서 중생들을 제도하리라 하는 예언을 내리시는 것이니, 그러한 행위는 일종의 가피加被로서 예사의 일이 아니다. 과거생으로부터 한량없는 공덕이 있어야 얻어질 수 있는 것이며, 그 자체만으로서도 크나큰 복전이 될 것이요, 성불의 인因이 될 것이다. 그러므로 인행因行은 개인적인 것이지만, 몇 생을 두고 성실히 쌓아감으로써 중생은 점차 업이 얇아지고, 지혜는 갈수록 깊어질 것이다. 먼 길이지만 우리에게는 다른 선택이 없다. 묵연히 그렇게 살아갈 뿐.

何以故 如來者 即諸法如義 若有人言 如來得阿耨
하 이 고　여 래 자　즉 제 법 여 의　약 유 인 언　여 래 득 아 녹

多羅三藐三菩提 須菩提 實無有法 佛 得阿耨多羅
다 라 삼 먁 삼 보 리　수 보 리　실 무 유 법　불　득 아 녹 다 라

三藐三菩提 須菩提 如來 所得阿耨多羅三藐三菩提
삼 먁 삼 보 리　수 보 리　여 래　소 득 아 녹 다 라 삼 먁 삼 보 리

於是中 無實無虛 是故 如來說一切法 皆是佛法 須
어 시 중　무 실 무 허　시 고　여 래 설 일 체 법　개 시 불 법　수

菩提 所言一切法者 即非一切法 是故 名一切法
보 리　소 언 일 체 법 자　즉 비 일 체 법　시 고　명 일 체 법

어찌 그러한가 하면, 여래라 하는 것은 곧 모든 법이 있는 그대로의 여여如如한 모습이라는 뜻이기 때문이니라. 만일 어떤 사람이 "여래가 아뇩다라삼먁삼보리리를 얻었다"고 말한다면, 수보리야, 진실로 부처는 아뇩다라삼먁삼보리를 얻은 법이 없느니라.

182

수보리야, 여래가 얻은 아뇩다라삼먁삼보리는 이 가운데 실다움도 없고 허망함도 없느니라. 그러므로 여래가 말하기를, "일체법이 모두가 부처님 법이라"고 하느니라.
수보리야, 일체법이라 말한 것은 일체법이 아니니라. 그러므로 일체법이라 이름하는 것이니라.

"어찌 그러한가"는 아뇩다라삼먁삼보리를 얻은 법이 없기 때문에 부처님은 연등부처님으로부터 수기를 받을 수 있었다고 하는 그 이유를 밝히려는 것이다.

그에 대답은 여래如來란 모든 법이 있는 그대로의 여여如如한 모습, 곧 진여眞如이기 때문이라는 것이다. 진리의 본체는 유有와 무無를 떠나 있으므로 이것을 여래라 하고, 부처라 하며, 보리菩提라 한다. 그러므로 보리를 얻는다거나, 얻을 수 없다는 차원을 넘어서 단지 묘유妙有일 뿐이다. 왜냐하면 보리는 있는 것도 아니요, 또한 없는 것도 아니기 때문이다.

따라서 아뇩다라삼먁삼보리를 얻는 법이 따로 있다면, 그것은 법의 실체성을 인정하는 것이므로 상견常見이 되어 부처님은 연등불로부터 수기 받는다는 그 자체가 성립되지 못했을 것이다. 그러므로 깨달을 법法이라는 것이 따로 있는 것이 아니요, 또한 없는 것도 아니다. 세속제로는 있는 것이고, 승의제로는 없다.

부처와 법이 있다거나 없다거나 하면, 이미 그것은 사상四相에 치우친 것이고, 있는 것도 없는 것도 아닌 법의 세계에서는 소위 무상정등정각에 있어 진실도 없고 허망함도 없는 것이 당연하다. 그러니 일체법은 중도법中道法이므로 불법佛法이 되는 것이다.

"여래가 얻은 아뇩다라삼먁삼보리는 이 가운데 실다움도 없고, 허망함도 없다" 한 것은 아뇩다라삼먁삼보리는 실답다거나 허망하다거나 이름 붙일 수 없는 것이다. 실다움이 없다고 하니 있는 것이 아니요, 허망함도 아니라 하니 없는 것도 아니다. 그러므로 보리菩提는 실다움도 아니요 허망함도 아닌 것이어서 두 집착을 동시에 여의는 것이다.

"그러므로 여래는 일체법이 모두 부처님 법이라 하니라" 함은 이 세계의 일체의 현상과 이법理法이 부처님 법이 아닌 것이 없으므로 유형이거나 무형이거나 관계가 없고, 생명이 있거나 없거나를 불문하고 모든 것이 부처님 법 안에서 포섭된다는 의미이다.

"일체법이 곧 일체법이 아니므로 일체법이라 이름한다"라 함은 일체의 법이 승의제로서는 일체법이라 이름할 수도 없는 것이지만, 현실에서 수용하자니 세속제로서는 일체법이라 이름한다는 뜻이다.

須菩提 譬如人身長大 須菩提言 世尊 如來說 人身
수보리 비여인신장대 수보리언 세존 여래설 인신

長大 則爲非大身 是名大身 須菩提 菩薩亦如是 若
장대 즉위비대신 시명대신 수보리 보살역여시 약

作是言 我當滅度無量衆生卽不名菩薩 何以故 須菩
작시언 아당멸도무량중생즉불명보살 하이고 수보

提 實無有法 名爲菩薩 是故 佛說一切法 無我無人
리 실무유법 명위보살 시고 불설일체법 무아무인

無衆生無壽者
무중생무수자

"수보리야, 비유컨대 사람 몸이 장대한 것과 같나니라."
수보리가 사뢰었다.
"세존이시여, 여래께서 사람의 몸이 크다고 말씀하시는 것은 곧 큰 몸이 아니옵니다. 그러므로 이를 큰 몸이라 이름하는 것이옵니다."
"수보리야, 보살도 역시 그러하여 만일 말하기를, '나는 반드시 한량없는 중생들을 멸도하리라' 하면 곧 보살이라 이름할 수 없나니라. 어째서 그런가 하면, 수보리야, 실로 보살이라 이름할 법이 없기 때문이니라. 그러므로 부처가 말하기를 "일체법은 아상, 인상, 중생상, 수자상이 없다"고 하느니라."

"사람 몸이 큰 것은 큰 몸이 아니어서 이를 큰 몸이라 이름한다" 함은 사람의 몸이 크거나 작은 것은 상대적인 것이다. 큰 것은 더 큰 것이 있으므로 작은 것이 되고, 작은 것은 더 작은 것이 있으므로 큰 것이 될 것이다. 그리하여 제일의제로는 본래 절대의 큰 것도, 절대의 작은 것도 없는 것이므로 "큰 몸이 아니라" 했고, 세속제로는 비교하여 이름하자니, "큰 몸이라 이름한다"고 했다.

"어째서 그러한가"라 함은 보살이 한량없는 중생들을 멸도하리라고 마음먹으면 곧 보살이라 말할 수 없다는 뜻인데, 그 이유를 묻고 있다. 그 대답으로서 보살이라 부를 만한 법이 없기 때문이라 했다.

보살이란 나와 너가 없고, 상대적인 관념이 사라져 분별이 없는 것인데, 내가 중생들을 모두 다 멸도하겠다는 편협한 생각을 한다는 것은 바로 사상四相에 집착하는 것이요 망상이다. 어찌 보살이라 말할 수 있겠는가.

"보살이라 말할 수 있는 법이 없기 때문이다"라 함은 보살이라 말할 수 있는 고정된 어떤 대상이 없다는 의미이다. 일정한 법이 고정되어 있다면 그것은 하나의 실체로서 존재하게 되어 이치에 맞지 않는다. 따라서 보살이라 부르는 그 법은 승의제로서는 그런 법이 없고, 세속제로서 이름하자니 보살이라 편의상 이름할 뿐이다. 그러니 제도할 보살도 없고, 제도시킬 중생도 없는 것이어서 보살이라 이름할 법도 없는 것이 된다.

결국 보살은 중생들을 멸도해도 멸도함이 없는 것이 참된 멸도요, 불토佛土를 장엄해도 장엄함이 없어야 진실된 장엄이며, 보리를 얻어도 얻음이 없어야 사상四相에 집착없는 진실의 얻음이 되리라. 하여 부처님께서는 일체법이 아상, 인상, 중생상, 수자상의 사상이 없다고 말씀하신 것은, 일체의 만유는 본래 청정하여 본질적으로 아무런 상이 없으므로 이에 부합된 사람이 바로 참 보살이요, 이에 부합된 중생 제도가 참 제도이며, 이에 부합된 장엄이 진실한 장엄이 될 것이라고 말씀하신 것이다.

須菩提　若菩薩　作是言　我當莊嚴佛土　是不名菩薩
수보리　약보살　작시언　아당장엄불토　시불명보살

何以故　如來說莊嚴佛土者　卽非莊嚴　是名莊嚴　須
하이고　여래설장엄불토자　즉비장엄　시명장엄　수

菩提　若菩薩　通達無我法者　如來　說名眞是菩薩
보리　약보살　통달무아법자　여래　설명진시보살

186

"수보리야, 만일 보살이 이런 말을 하되, "내가 반드시 불국토를 장엄하리라" 하면 이는 보살이라 이름할 수 없나니라.
어찌 그러한가 하면, 여래가 불국토를 장엄한다고 말한 것은 곧 장엄이 아니기 때문에 이를 장엄이라 하느니라.
수보리야, 만일 무아법을 통달한 자는 여래께서 말씀하시기를 참된 보살이라고 이름할 수 있다고 하셨느니라."

보살이 불국토를 장엄하리라 한다면 그는 보살이라 말할 수 없다한 것은 무슨 뜻인가. 앞의 예시처럼 보살이 중생들을 멸도시키리라하면 보살이라 이름할 수 없다는 논조와 같다. 마찬가지로 보살은 상대성相對性의 관념이 없고, 너와 내가 없는 무아無我의 보살일진대, 불국토를 장엄하리라 하는 상相이 있으니, 그는 보살이 아닌 것이 분명하다.

"어째서 그러한가" 하고 보살이라 이름할 수 없는 이유를 묻고 있다. 이에 여래가 불국토를 장엄한다는 것은 장엄이 아니므로 이를 장엄이라 말할 수 있다는 것이다. 장엄은 장엄이 아니어야 진정한 장엄이라말할 수 있을 것이다. 내가 불국토를 장엄했다는 생각이 남아 있다면, 그것은 사상四相에 집착이 있는 것이며, 티가 있는 것으로 중생심이요, 속된 감정이 표현된 것이므로 그는 보살이 아니다. 그리하여 제일의제로서는 장엄이라 말할 것이 없는 것이어서 "장엄이 아니라" 했고, 그럼에도 현실 속에서 구태여 세속제로는 "장엄이라 이름한다" 라고 말씀하신 것이다. 그러니 나와 네가 없는 평등무이平等無二의 차별없는 마음을 가진 자는 무아법無我法을 통달한 자라고 말할 수 있는데, 이런 사람이야말로 참된 보살이라고 말할 수 있다. 왜냐하면 그런 보살만이 불국토를 장엄해도 장엄한 바가 없을 것이요, 무량한 중생들을 모두 제도했다 해도 제도했다는 상相도, 관념도 남아있지 않을 것이니 말이다. 결국 보살이란 아공我空과 법공法空을 체득하여 나와 일체중생들을 이익케 하는 성자聖者이시다.

✦

옛날에 문무文武를 겸비한 병조판서가 있었다. 불심이 깊어 매일 목욕 재계하고 예불을 드리며 도를 닦았다.

어느 날 판서는 당대의 고승인 대홍스님을 초청하여 여러 신하들을 상대로 법문을 청하였다. 법문이 끝난 후 시자가 스님에게 차를 올렸다. 스님이 막 차를 마시려는데, 갑자기 쾅! 하고 집이 무너질 듯한 대포소리가 터졌다. 방안에 있던 신하와 스님들이 모두 놀라 야단법석이었으나, 큰스님은 단엄하게 앉은 자세로 주위를 보며 차를 마신 뒤 병조판서에게 물었다.

"대감, 대포소리 같은데, 무슨 일이 있소?"

"아! 실례했습니다. 포는 무문武門에서 흔한 일이라서……."

판서는 큰스님의 근기를 시험하기 위해 짐짓 모른 체하며, 불시에 대포를 한 방 쏘도록 지시해놓았던 것이다. 헌데 미동도 없는 큰스님을 보고 깊이 탄복하던 차였다. 곧 좌중이 정돈되고, 시자가 또 차를 가져왔다. 병조판서가 막 차를 마시려는 순간, 큰스님이 "아악!" 하고 천지가 무너질 듯한 할喝을 했다.

188

병조판서를 비롯하여 방안의 온 대중들이 놀라 찻잔을 떨어뜨리며, 뒤로 자빠지거나 후다닥 일어서는 촌극이 벌어졌다. 판서가 얼굴을 붉히며 항의한다.

"큰스님, 이게 무슨 짓입니까?!"

"아, 실례했소이다. 할은 선문禪門에서 흔한 일이라서……."

"?……?……!!!"

일체동관분一切同觀分 제18第十八

―모든 것을 한 몸으로 봄―

천지여아동근天地與我同根이요

만물여아동체萬物與我同體니라.

천지는 나와 더불어 한 뿌리요,

삼라만상이 나와 더불어 한 몸이니라.

일체는 한 몸이요, 한 덩어리라는 것이므로 모든 차별을 여읜 불이不
二의 법문이 된다. 이 세계의 혼돈은 분별에서 시작되는 것이며,
너와 나, 네 것과 내 것, 내 아내와 내 아들, 너희 집, 너희의 땅,
나의 건물, 나의 자동차……. 이처럼 끝없는 분별지음은 하나의 집착
으로 연결되어 서로 배척하고, 시기하며, 투쟁으로 번진다. 그러나
생각해 보건대, 우리 한민족의 족보를 따져봐도, 단군의 직계 자손으로
서 백의민족의 순수혈통을 자랑하는 우리다. 처음부터 단일민족이라
했으니, 우리는 혈통으로 보아도 한 형제요, 부모자식으로서 한 몸뚱이
가 된다.

또한 인류의 처음 시작은 반드시 있을 것인데, 유전학상으로 인류의 조상은 파충류이든, 원숭이였든 논설論說이 분분하지만, 원시인으로서의 처음이 있을 것이고, 그 처음의 기괴한 형상이 우리의 본모습이었을지도 모른다. 그것이 진화하고, 발전하여 지금은 이렇게 선남선녀가 된 것이리라. 따라서 우리들 인류 또한 조상의 계보는 피라미드의 분포를 따랐을 것이므로 하나의 혈통, 하나의 할아버지의 족보를 이어왔으니, 결국 미국이나 중국이나 인도인들은 우리와 하나의 형제자매임이 분명하다. 그러므로 인류는 한 덩어리의 몸체요, 한 뿌리의 가지들이다.

이 세계의 뭇 생명들이 하나의 근원을 둔 같은 부류임을 과학은 이미 증명했으나, 그럼에도 교과서적인 논리는 논리대로 방임하고서 실답게 공감을 못하고 우리는 살아가는 것뿐이다. 꼬물거리는 구더기의 미물 중생에서부터, 허허벌판 초원을 누비는 사자에 이르기까지, 또 땅속 지하에 몸을 묻어 숨을 헐떡이는 두더지와 지렁이에서부터, 허공에서 무명無明의 날갯짓으로 파문을 일으키는 모기 떼, 파리 떼에 이르기까지 그들은 분명 우리와 조상을 같이 하는 형제자매라는 것이다. 그리고 바위와 물과 바람, 그리고 활활 타오르는 불덩이는 뭇 생명에서 빠져나간 분해된 물질이요, 원소들이다. 그것이 쌓이고 쌓여 산을 이루고 바다를 이루었으며, 북서풍과 동남풍을 만들어 태풍이 되고, 태양의 강렬한 열기를 창조한 것이다.

가을날 스산한 밤하늘의 찬란함, 그리고 하얀 은가루의 빛나는 어둠, 그 모두는 우리에게 착각된 미학美學이 되겠지만, 우리는 오히려 그 착각을 즐긴다. 사실은 공기도 물도 없고, 차디찬 돌덩이거나 가스 덩어리에 불과하지만, 그래도 중생의 환상이 있는 한 현실적인 즐거움과 희망이 있는 것이다.

이러한 모든 것들, 생명이 있거나 생명이 없거나, 형체가 있거나 없거나 간에 성주괴공의 윤회 속에서 처음 시작은 있었을 것이다. 태초에 공적空寂한 이 우주에 시간이 흘러 한 기운이 누적되더니, 급기야 일점一點 번뇌는 바로 무명無明이라 하여 그것이 있음으로 해서 행行이 있게 되고, 행行이 식識을 갖게 되더니, 드디어 명색明色을 이루고…… 등등. 이렇게 하여 생명이 되고 인간이 되더니, 결국 늙고 병들어 죽는 그 일생을 마치게 된다.

이러한 순환은 인간뿐만이 아니라 식물, 동물을 가릴 것 없이 똑같은 과정을 밟아 나간다. 왜냐하면 그들은 우리와 더불어 같은 뿌리요, 몸체이며 형제이기 때문이다. 우주 공간에 떠 있는 태양과 별과 지구 또한 서로 한 몸처럼 의지한다. 수많은 별들은 한 태양을 중심하여 돌고 있고, 달은 지구를 제 아비처럼 의지하여 돌고 있으며, 지구는 태양을 돌고 있으니, 이 우주 법계와 그 너머의 한량없는 불세계佛世界는 한 가족이요, 한 몸이요, 한 뿌리가 된다. 그러니 우리는 너와 나의 분별이 없고, 없으니 시비가 없으며, 시비가 없으니 다툼과 갈등이 없고, 그러니 여기는 극락이요, 평화며 이상세계가 되는 것이다.

須菩提　於意云何　如來　有肉眼不　如是世尊　如來
수보리　어의운하　여래　유육안부　여시세존　여래

有肉眼　須菩提　於意云何　如來　有天眼不　如是世尊
유육안　수보리　어의운하　여래　유천안부　여시세존

如來 有天眼 須菩提 於意云何 如來 有慧眼不 如
여래 유천안 수보리 어의운하 여래 유혜안부 여

是世尊 如來 有慧眼 須菩提 於意云何 如來 有法
시세존 여래 유혜안 수보리 어의운하 여래 유법

眼不 如是世尊 如來 有法眼 須菩提 於意云何 如
안부 여시세존 여래 유법안 수보리 어의운하 여

來 有佛眼不 如是世尊 如來 有佛眼
래 유불안부 여시세존 여래 유불안

"수보리야, 네 뜻에 어떠하냐. 여래가 육안이 있느냐?"

"그러하옵니다, 세존이시여. 여래께서 육안을 가지셨나이다."

"수보리야, 네 뜻에 어떠하냐. 여래가 천안이 있느냐?"

"그러하옵니다, 세존이시여. 여래께서 천안을 가지셨나이다."

"수보리야, 네 뜻에 어떠하냐. 여래가 혜안이 있느냐?"

"그러하옵니다, 세존이시여. 여래께서 혜안을 가지셨나이다."

"수보리야, 네 뜻에 어떠하냐. 여래가 법안이 있느냐?"

"그러하옵니다, 세존이시여. 여래께서 법안을 가지셨나이다."

"수보리야, 네 뜻에 어떠하냐. 여래가 불안이 있느냐?"

"그러하옵니다, 세존이시여. 여래께서 불안을 가지셨나이다."

육안肉眼은 중생들이 가지고 있는 육체적인 눈이요, 천안天眼은
앞에 가리워진 방해물 너머로 장애 없이 보고, 아주 먼 곳까지도
볼 수 있는 눈이요, 혜안慧眼은 진리를 분명하게 밝혀 보는 참된 지혜의
눈이요, 법안法眼은 중생들을 교화하는데 능숙하게 하는 방편의 눈이
요, 불안佛眼은 불성佛性이 끝까지 원만하게 성취된 최후의 궁극의

눈이니, 부처님만이 갖는 눈이다.

범부중생은 육안으로 내 앞의 시야 안에서만 보고, 이승二乘은 천안이 있으니 하나의 삼천대천세계까지만 본다. 이승의 천안은 아공我空만을 얻고, 보살의 혜안은 아공과 법공法空을 동시에 얻고, 보살의 법안은 중생을 교화하되 미처 미치지 못하는 범위가 있으나, 부처님의 불안은 앞의 육안, 천안, 혜안, 법안의 전체적인 공능을 모두 초월한다. 그러므로 무수한 세계를 환히 보고, 아공我空, 법공法空, 구공俱空의 삼공의 이치를 꿰뚫어 보시며, 일체 중생들을 모두 제도하시는 능력을 구비하신다.

이러한 오안五眼을 갖추신 부처님께서는 일체법이 곧 일체법이라고 보시지 않으나, 각각의 경계에 따른 분별이 없지도 않으시니, 오안으로써 진실을 분명히 보아서 인연 따라 자재하게 중생을 제도하신다.

須菩提 於意云何 如恒河中所有沙 佛說是沙不 如
수보리 어의운하 여항하중소유사 불설시사부 여

是世尊 如來 說是沙 須菩提 於意云何 如一恒河中
시세존 여래 설시사 수보리 어의운하 여일항하중

所有沙 有如是沙等 恒河 是諸恒河 所有沙數 佛世
소유사 유여시사등 항하 시제항하 소유사수 불세

界 如是 寧爲多不 甚多世尊
계 여시 영위다부 심다세존

"수보리야, 네 생각에 어떠하냐. 항하에 있는 모래를 부처가 이것을 모래라고 말하였느냐?"

"그러하옵니다, 세존이시여. 여래께서는 모래라고 말씀하셨나

194

이다."

"수보리야, 네 생각에 어떠하냐. 한 항하에 있는 모래, 이만큼의 모래 수효의 항하가 있고, 이 모든 항하에 있는 모래 수효의 불세계가 있다면, 이와 같은 것은 오히려 많다고 하겠느냐."

"매우 많사옵니다, 세존이시여."

여기 항하의 모래가 있고, 그 모래만큼 많은 항하가 또 있고, 그 항하만큼 불국토가 있고, 그 불국토 안에 존재하는 그 많은 생명들, 중생들!

이 얼마나 광활하고 광대한 인간의 상상력인가! 이러한 세계는 현대물리학이 말하는 물리적 세계가 아니다. 나의 감관感官이 구성하는 세계요, 내 존재가 인식하는 세계요, 내 업業이 그물지어 놓은 세계요, 내 희망이 추상推想하는 세계요, 내가 하루같이 항하의 모래알을 헤아리는 정진력의 세계이다.

불세계佛世界는 그러므로 내 시야에서 분명하게 설계되어진다. 이웃과 벗이 함께 노래하고 춤추며, 지금 오늘을 확인하고 있다.

나는 그들을 칭송하고 사랑한다. 그대는 어디에서 고뇌의 노래를 부르며 왔느냐? 가만히 귀 기울여 적멸寂滅을 탐색한다. 까만 어둠은 평화다. 침묵은 오히려 그대의 언어일지니, 고요히 눈을 감아 항하의 모래를 헤아린다.

불세계는 먼 후일의 일이 아니요, 먼 곳의 꿈의 세계도 아니다. 지금 여기 내가 앉은 좁은 방석 위에서 평화와 건강과 안심이 있으므로

내 스스로가 그 국토를 완성한다. 이것은 소승아라한의 좁은 견처見處
가 아니고, 대승보살의 광대한 원력願力의 결정結晶이다.

佛告須菩提　爾所國土中　所有衆生　若干種心　如來
불고수보리　이소국토중　소유중생　약간종심　여래

悉知　何以故　如來說諸心　皆爲非心　是名爲心　所以
실지　하이고　여래설제심　개위비심　시명위심　소이

者何　須菩提　過去心　不可得　現在心　不可得　未來
자하　수보리　과거심　불가득　현재심　불가득　미래

心　不可得
심　불가득

부처님께서 수보리에게 이르시되,
"이 국토 중에 있는 중생들의 갖가지 마음들을 여래는 다 아느니
라. 어째서 그러한가 하면, 여래가 말한 온갖 마음은 모두가
마음이 아니므로 이를 마음이라 이름한 것이기 때문이니라.
까닭이 무엇인가. 수보리야, 과거의 마음도 얻을 수 없고, 현재의
마음도 얻을 수 없으며, 미래의 마음도 얻을 수 없기 때문이니라."

여기 하나 항하의 모래가 있고, 그 모래 수효만큼의 항하가 또
있고, 그 많은 항하의 모래 숫자만큼의 불국토가 있으니, 그 많은
불국토 안에 살아 숨쉬는 온갖 중생들의 마음과 마음들! 그 마음들을
부처님께서는 다 아시고 다 보신다는 것이다. 그러한 장대하고 광대한
능력, 그 능력은 불가사량이고 불가측량不可測量이며, 무유변無有邊이
시니, 위대하고 위대하시도다, 부처님의 마음이시여!

그러면 부처님의 이러한 마음은 어떻게 이루셨을까? 소위 교리적으로 말할진대, 삼아승지백겁三阿僧祇百劫을 닦으신 결과라는 것으로, 이로 인해 천안天眼, 천이天耳, 타심他心, 숙명宿命, 신족神足, 누진통漏盡通의 육신통六神通과 육안肉眼, 천안天眼, 혜안慧眼, 법안法眼, 불안佛眼의 오안五眼을 성취하셨으므로 온 우주법계에서 숨쉬는 일체 중생들의 갖가지 마음들을 다 알고, 다 볼 수 있는 것이다.

그러면 이러한 초능력을 갖춘 마음이란 것의 내용은 무엇인가. 무슨 구조로 이루어졌기에 그러한 자유자재의 능력을 보유하게 된 것인가. 부처님께서 이 금강경을 통하여 일관되게 설하신 가장 단순한 논리, 그것은 사상四相의 소멸이다. 아상, 인상, 중생상, 수자상이 소멸되면, 자연히 육신통과 오안이 구비되는 일종의 기능技能이다. 그러므로 신통력이 중요한 것이 아니요, 또 광활한 우주법계宇宙法界의 일체 중생들의 가지가지 마음들을 다 알고 다 보는 행위가 중요한 것이 아니라, "나"라는 "상相"을 어찌 소멸할지를 생각해야 하는 것이 더 급한 일이다.

중생들에게 강력한 접착제처럼 훈습된 이러한 집착된 마음을 정화하고, 단련하는 것은 삼아승지를 생각할 것도 없이, 잠깐 세수하다 코 만지기로 아주 손쉽다는 것이 우리 종문宗門의 가르침이다.

한 순간, 한 생각 돌이키면 천지가 무너지는 진동과 함께 한 물건이 몰록 결단決斷나는 묘용妙用이 있는 것이니, 제자들은 실망하거나 어려워하거나 겁내거나 낙담할 일이 결코 아니다. 생이 다할 때까지 담담히 정진할 뿐, 다른 재주는 기대하지 않는 것이다.

이렇게 시간과 함께 사상四相이 녹을 것이로되, 드디어 중생도 불현

듯 법계法界의 일체 중생들의 온갖 마음들을 다 보고 다 아는 광명이 있다. 중요한 것은 먼저 자신의 마음부터 다 보고 다 알아야 한다는 것이다. 다시 한 번 강조하지만 상相을 없애는 일이다. 그리하면 중생의 마음이나 부처의 마음이 똑같아져, 허공을 떠안는 재주와 육근육경六根六境의 색성향미촉법色聲香味觸法을 먹고 마시고 느끼는 능력에 있어서 조금의 차이도 없다. 그러므로 우리 중생들은 누구나 본질적으로 부처와 한 몸이다.

태평양은 오대양 육대주의 모든 물길과 연결되어 있다. 깊은 산속 오지의 실개천과도 물길이 닿아서 서로 호흡을 함께 한다. 따라서 중생의 마음이나 부처의 마음은 한 덩어리로 연결되어 서로 호흡하며 소통한다. 그러므로 중생의 마음이 부처의 마음이다.

"어째서 그러한가" 함은 어떻게 그 많은 국토 중의 수많은 중생들의 마음을 다 알 수 있다는 것인가 하고 의문을 갖는 것인데, 그것은 온갖 마음이 마음이 아니요, 다만 이를 마음이라 이름했을 뿐이라는 것이다.

현실적이고 세속적으로는 마음이라 부른다 했으니, 부처님은 실제로 육신통, 오안을 갖췄으므로 중생의 마음을 다 헤아리는 것은 아주 손쉬운 일이 된다. 또한 제일의제로는 마음은 마음이 아니라 했으니, 태평양은 대한민국 산간오지의 실개천과도 연결되어서, 부처의 마음과 중생의 마음이 본질적으로는 차이가 없게 되어, 삼천대천세계의 모래알 같은 중생들의 마음을 다 보고, 다 헤아릴 수 있는 것이다.

"까닭이 무엇인가" 함은 어찌된 까닭으로 온갖 마음은 마음이 아니므로, 이를 마음이라 이름할 수 있다는 것인가 하고 자문하셨다. 이에 부처님께서는 자상하게, 수보리야, 하고 부르시면서 과거심도 현재심도 또 미래심도 얻을 수 없기 때문이라 하셨다.

시간이라는 것은 실체가 있는 것이 아니고, 하나의 흐름이다. 시작없이 존재하여 그 종말도 없다. 인간의 인식이 있는 한 존재한다. 오히려 우리의 인식이 있든 없든 시간은 존재하는 것이다. 그런 시간이란 개념이 과거와 현재와 미래의 3단계로 나뉘어진다. 허나, 과거는 이미 흘러갔으니 얻을 수 없다. 1시간 혹은 1분 혹은 1초 전의 시간은 흘러가 버려서 잡을 수가 없는 것이다. 시간은 그저 관념적인 그 무엇이다.

미래는 오지 않았으므로 또한 잡거나 얻을 수가 없다. 단지 과거는 추억하고, 미래는 상상할 수는 있을 것이다. 허나, 그것은 뇌 속의 작용일 뿐 현실이 아니므로 여기서 제외된다. 현재라는 시간은 그저 흐르는 강물처럼 유유하고 자적하다. 감정도 느낌도 없이 단지 작용만이 있다.

경계境界가 시간과 만났을 때, 기능적인 작용을 나타낼 뿐 말이 없다. 현재라는 시간의 속도는 중생들의 숫자만큼 다양하다. 그 느낌의 속도는 심리상태에 따라 백인백색百人百色이다. 물리학적으로 계산하면 빛의 속도가 30만km/sec라 하니, 시간의 속도는 1초에 30만km의 속도로 내달린다. 아직은 빛을 능가하는 물질이 없다고 하니, 그 빛은 인간 존재의 한계점이요, 임계점臨界點일 것이다. 그 속도 안에서 이 우주는 안정을 찾고, 평화를 가지며, 전쟁도 하고, 결혼도 하고, 아이도 낳고, 이혼도 하고, 학교도 다니는 것이리라.

이처럼 삼세三世로 나뉘어진 시간이란 것은 실제로 나눌 수 있는 성질이 아님에도 편의상 붙인 이름일 뿐이다. 따라서 과거의 시간도 미래의 시간도 현재의 시간도 잡을 수 없으니, 그를 느끼고 추억하고 상상하는 마음이란 것도, 잡거나 얻을 수 없는 것은 당연하다. 왜냐하면 시간이 관념적으로 하나의 흐름이듯이, 마음이란 것도 인간이 갖고 느끼는 의식의 흐름이다. 따라서 도도히 흐르는 한강물처럼, 인간이 의식하든 의식하지 않든 상관없이 마음도 시간도 흐르고 흐를 뿐이다.

혹자는 인간의 의식이 없으면 만유萬有가 의미가 없다고 말한다. 인간이 인식하고 있을 때만이 실존實存이 가능하다는 것이다. 시간도 공간도 인간의 의식 안에서만 존재의 의미가 있다는 것인데, 그 문제는 여기서 논할 성질이 아니다. 따라서 마음과 시간의 실상이 그러하므로 온갖 마음이 마음이랄 수도 없고, 그러기에 세속제로 이름하자니 마음이라 부를 수밖에 없는 것이다.

공간이라는 것도 시간에 붙어 있는 동전의 양면이다. 물질은 당연히 변화한다. 성成, 주住, 괴壞, 공空을 거듭하며 변화하는 흐름을 갖는다. 물질은 공간이다. 따라서 공간을 점유하는 물질이 잠시도 멈추지 않고 찰나찰나 성盛했다가 파괴된다. 그러기 위해서는 시간이 필요해 진다.

생명은 생로병사生老病死가 있어 출생하여 고생하다가 죽는다. 윤회 를 거듭하여 다시 태어남이 있는 것이지만, 생명 또한 잠깐도 머묾이 없이 변화하는 흐름을 갖는다. 그 변화는 반드시 시간 속에서 이루어지 므로 변화가 바로 시간이 된다. 따라서 물질의 이동은 반드시 이동 거리가 생길 것이므로, 그 거리를 이동하기 위해서는 일정한 시간이라 는 단위가 요구된다. 이처럼 공간, 즉 물질은 시간과 더불어 쌍둥이이며, 다른 이름이고, 또한 함수관계로서 이 우주법계를 지배한다.

현재의 이 법계法界의 시간과 공간 안에서 우리 중생들은 이러한 모습으로, 이러한 의식을 갖고, 봄에 씨 뿌려 여름에 김을 메고 가을에 수확하여 겨울에 배불리 먹는 생명체계를 이루고 있다.

적당히 죄를 짓고, 적당히 착한 일도 하면서, 이 모양 이 상태로 지구생활에 정착이 되어 있는 것이다. 말하자면 어중간하고, 이중적이며, 상대적인 성품을 지녀 이 세계에 적응되어 있는 것이다. 이것이 오히려 중생들에게는 진화하기 좋은 조건이 된다는 것이다.

하늘 세계는 너무 호화로워 수행할 마음이 없고, 지옥, 아귀, 축생은 어리석거나 너무 괴로워서 부처님 법이 존재하지 않는다 하니, 오직 인간만이 불법佛法을 알고 정진하여 수승한 진화를 꾀할 수 있다는 것이다. 선악이 공존하고, 대소大小와 미추美醜 등의 상대성이 있으므로 도道 닦기에 가장 적합한 곳이 이 사바세계일지니, 중생들은 오히려 선택받은 행운을 감사할 일이다.

🎴

이 단원에서 덕산봉德山棒, 임제할臨濟喝의 주인공인 덕산선감(德山宣鑑, 780~865) 스님을 들지 않을 수 없다. 스님은 당의 검남劍南 사람으로 이름은 선감宣鑑, 속성은 주씨周氏다. 어려서 출가하여 율장律藏을 깊이 연구하고, 성상性相의 학學에 조예가 깊었다. 항상 금강경을 강설하므로 별명이 주금강周金剛이라 부르기도 했다.

그는 남방에서 선풍禪風이 성행하므로 이를 격렬하게 비난하며, "순 날도깨비 같은 놈들이 문자를 세우지 않고, 감히 직지인심直指人心,

견성성불見性成佛을 떠드는데, 장부丈夫가 출가하여 천겁만겁千劫萬劫을 바쳐 계율을 지키고 수행을 하여 몸부림을 쳐도 성불이 난難하거늘, 어찌 천하의 마구니 같은 놈들이 허풍을 떤단 말이냐? 내 친히 놈들의 소굴에 가서 삿된 소리하는 종자들의 씨를 말려 불은佛恩에 보답하리라." 맹세하고 남쪽 호남 예양澧陽으로 떠났다.

당대 최고의 선사 용담숭신龍潭崇信이 주석하고 있는 예강변으로 향했다. 자기가 지은 "청룡소초靑龍疏鈔"인 금강경 주석서를 걸망에 지고서 여행하다가, 다리는 아프고 바람은 불고 점심때가 되어 배는 고프고, 돈은 없고……. 하여 시장통을 한 바퀴 기웃거리는데 떡을 파는 노점이 눈의 띈다.

빈대떡을 기름에 보글보글 구우니 냄새가 유난히도 고소하다. 군침을 흘리며 입맛을 다시는데, 떡 파는 노파가 말을 건넨다.

"스님! 등 뒤의 걸망 속에 뭐가 있소?"

"음, 금강경 주석서니라!"

"금강경 주석서라고요?"

"그렇느니라."

"그렇다면, 내가 한 가지 묻겠소! 내 물음에 대답해주면 점심으로 이 떡을 그냥 드릴 것이고, 대답을 못하면 딴곳으로 가보시오!"

금강경이라면 이골이 난 덕산스님은 의기양양하여 노파를 향해서,

"뭐든지 물어보시라. 내 자세히 말해 주리라!"

스님은 다소 거만을 떨며 노파를 무시한다.

"스님이 지금 점심點心을 자시려 하는데, 금강경 중간쯤에 과거심불가득過去心不可得, 현재심불가득現在心不可得, 미래심불가득未來心不

可得이라 하였습니다. 그러면 스님은 어느 마음(心)에 점點을 찍으려 하시오?"

"?……?……?"

이 소식은 천지가 무너지는 소식이며, 억겁億劫의 업장業障이 녹아지는 소식이며, 지옥문이 깨지는 소식이며, 진흙소가 강을 건너는 소식이며, 콧구멍 없는 황소가 춤을 추는 소식이며, 숫처녀가 아이 낳는 소식이다.

덕산은 눈앞이 캄캄하고, 등에 땀이 후줄근하고, 심장이 쿵쿵거리며, 다리가 후들거린다. 장부의 자존심이 구겨진 창피함에 머릿속이 하얘져서 몽롱하다. 금강경이고 뭐고 아무 생각이 없다.

"스님, 여기서 저기, 저쪽으로 쭈욱 가시면 용담龍潭이 나올 것이오. 그곳에 큰스님이 계실 것이니 찾아가보시오!"

스님은 낙담하여 네 발로 기듯이 겨우 시장통을 빠져나왔다. 자신의 행색이 꼴이 아니며, 분노와 절망과 억울함에 어찌 나왔는지 기억이 없다.

시간은 묘약이라고 했던가. 용담에 도착해 보니, 사람의 기척이 없다. 허술한 초막에 별스런 기미가 보이질 않는다. 그는 실망하여 중얼거린다.

"흥! 용담이라고 와보니, 용龍도 없고 못潭도 없구만……!"

"허, 허, 허……. 자네는 제대로 용담에 왔네."

"?"

둘은 밤늦도록 초막 안에서 법담法談을 나눴다. 이윽고 밤이 이슥하여 덕산이 잠자리로 이동하기 위해 방문을 나선다. 큰스님이 초롱불을 들려주며 안내한다. 덕산이 문을 열고 막 문턱을 내려서자, 큰스님이 갑자기 입으로 초롱불을 혹 불어 꺼버린다.

칠흑 같은 어둠! 만고萬古의 무명無明!

길이 없다!

이 순간 덕산은 몰록 칠흑의 어둠을 깨버린다. 억겁의 무명이 그 그림자를 거두고 천지광명天地光明으로 개벽開闢된다. 밑바닥 없는 무저선無低船이 태평양을 건너고, 줄 없는 몰현금沒鉉琴으로 장타령이 연주된다.

어느덧 새벽닭이 울며 여명이 밝아온다. 덕산은 눈물을 흘리며 큰스님에게 한없이 절을 올린다.

"큰스님의 자비하신 은혜를 입어 오늘에 이르렀습니다!"

"그대는 무엇을 보았길래, 내게 절을 하는가?"

"이제부터는 더 이상 천하의 노스님들의 말씀을 의심치 않겠습니다!"

"나 또한 그대와 같도다. 그대는 정법을 잘 간직하고, 끊어짐이 없게 하라!"

다음날 덕산은 자신의 걸망 안에 있던 금강경 주석서를 마당에서 불에 태워버렸다.

법계통화분法界通化分 제19第十九

―법계를 모두 교화함―

한 세계에 성인聖人이 출현하면 마왕魔王의 세계가 흔들리고 붕괴된다고 한다. 그래서 수행자들의 수행과정에는 온갖 마구니들의 방해가 있게 되는 것이다. 마찬가지의 논리로, 주위에서 여법하게 정진하는 법력 높은 수행자들이 많으면 그 사회는 분위기가 일신되고, 정갈해지며, 고결한 환경이 조성된다. 왜냐하면 수행자는 일종의 정화제요, 청정기의 기능을 하기 때문이다. 따라서 한강의 모래알만큼의 금은보화로 세상의 불우이웃에 보시해도, 무주상無住相 보시가 이루어지면, 그것은 무아無我의 무상無相 보시가 되니, 한량없는 공덕이 이루어진다.

그럼에도 주위에는 조금의 공덕과 사회봉사로도 광고하고 홍보하여 사진 찍기에 바쁜 세상이고 보면, 이미 그 공덕은 사진 찍기로 보상받았으므로, 쌓은 공덕은 없게 된다. 따라서 주어도 주었다는 관념이 없다면, 그 공덕의 가치야말로 얼마나 고귀할 것인가. 그러한 자세와 정신은 크나큰 지혜를 이루어 성불의 원인이 되고, 이 우주법계의 일체 중생들에게 크나큰 음덕陰德이 될 것이다. 그러므로 무주無住와 무상無相은 이 법계의 온 생명들에게 삶의 체体와 용用을 이루게 될 것이며, 그 감화력으로 모두가 교화될 것이 분명하다.

須菩提　於意云何　若有人　滿三千大千世界七寶　以
수보리　어의운하　약유인　만삼천대천세계칠보　이

用布施　是人　以是因緣　得福多不　如是世尊　此人
용보시　시인　이시인연　득복다부　여시세존　차인

以是因緣　得福甚多
이시인연　득복심다

"수보리야, 네 생각에 어떠하냐. 만일 어떤 사람이 삼천대천세계에 칠보로 가득 채워, 보시로 쓴다면, 이 사람은 이 인연으로 얻는 복이 많다고 하겠느냐?"
"그러하옵니다, 세존이시여. 이 사람은 이 인연으로 얻는 복이 매우 많으옵니다."

앞의 의법출생분依法出生分 제8과 같은 내용이다. 삼천대천세계의 칠보를 보시했을 때 의법출생분에서는 복덕성福德性이 아니기 때문에 복덕이 많다고 했고, 여기서는 복덕무유실福德無有實이기 때문에 즉 복덕에 실체성實體性이 없기 때문에 복덕이 많다고 했다.

결국 복덕성이나 복덕유실은 같은 내용이다. 반복해서 말하지만, 복덕이라고 하는 변치 않는 고정된 성품, 영원한 가치성價値性이 있는 것이라면 제일의제로도 복덕이 많다고 하겠으나, 칠보의 복덕은 유루

有漏의 무상無常한 복이므로 복덕이랄 것도 없다고 보는 것이다. 다만 세속제로서 중생들의 현실적인 용처用處에 따라 복덕이 매우 많다고 했다. 왜냐하면 물질 보시는 지혜를 밝혀 성불의 인因이 되는 것이 아니라, 번뇌와 무명無明의 종자가 되기 때문이다.

보살이 보살행을 닦을 때에 육바라밀을 의지해서 수행한다. 그 첫째가 보시행이다. 따라서 아무런 상相이 없이 보시한다는 것은 대단히 어려운 일이다. 그것이야말로 보시바라밀이 되기 때문이고, 또 그 자체는 나머지 지계, 인욕, 정진, 선정, 지혜의 바라밀을 모두 수용한다고 보기 때문이다.

須菩提　若福德　有實　如來不說得福德多　以福德無
수보리　약복덕　유실　여래불설득복덕 다　이복덕무
故 如來說得福德多
고　여래설득복덕다

"수보리야, 만일 복덕에 실체가 있는 것이라면, 여래는 얻는 복덕이 많다고 말하지 않았을 것이다. 복덕이 없기 때문에, 여래는 복덕을 얻음이 많다고 설한 것이니라."

삼천대천세계에 가득 찬 칠보의 복덕은 영원히 변하지 않는 실체가 없는 것이고 보면, 그것은 무상하고 허망한 물질에 불과하므로 제일의제第一義諦로서는 복덕이 없고, 다만 중생들이 좋아하고 만족하니, 세속제世俗諦로서는 복덕이 많다고 하는 것이다. 그런데 우리는 우리들 자신들의 과거 행업行業에 대하여 엄정히 돌아볼 필요가 있다.

말하자면 우리는 전생에 무슨 복덕을 쌓아서 이처럼 부처님의 제자가 되었으며, 또한, 무상無上의 최상승법을 닦게 되었으며, 또한 한열풍습 寒熱風濕을 피해서 한적하니 앉아 이렇게 "구자무불성狗子無佛性"을 궁구할 수 있었으며, 또한 깨끗한 단월檀越의 귀의를 받고 있는 것이며, 또한 때에 맞춰 탕약과 의약을 보시 받고 있으며, 또한 백살 먹은 노보살들의 삼배를 받을 수 있는 것인가?

자, 이만하면 가히 제왕의 위엄이요 복덕이 아니겠는가? 우리는 소위 도를 논하고 우주법계의 시원을 궁리하고 있을 때에, 이렇게 편안히 복덕을 누려 영혼이 행복할 때에 우리는 도무지 우리 이외의 육도중생들의 고통은 생각지도 못했다. 온몸이 꺾이고, 쇠창살에 찔리고, 불에 태워지고, 갈고리에 채이고, 맷돌에 갈리고, 기름에 삶아지는 지옥중생들은 얼마나 격심한 고통을 견뎌야 했을 것이며, 쇠로 재갈을 물리고, 칼로 베이고, 솥에 삶아지는 축생들은 그 얼마나 크나큰 고통을 견뎌야 했을 것이며, 구리물을 마시고, 피고름을 먹는 아귀 중생들은 또 얼마나 큰 고통을 당하고 있었을 것이며, 또 다행히 인간의 몸으로 태어났건만, 추위와 굶주림에 시달리는 자, 병들어 신음하는 자, 감옥에 갇힌 자, 물에 빠지고 불에 타 죽는 자, 길거리에서 얼어 죽는 자, 직장에서 쫓겨난 자…….

이러한 모든 중생들의 고통이 한량이 없었을 것임에도, 우리는 전혀 알지도, 생각지도 못했다. 이 지상에 두 발을 딛고 한 공간에서 함께 호흡을 하는 동업중생으로서 어찌 이런 일들이 가능할 수 있는 것인가. 우리는 사대四大가 건강하여 앉고 눕고 음식을 먹으며, 마음대로 행동하고 편안히 담소하는 것이 인천人天의 크나큰 복인 줄을 미처 몰랐다. 이것은 사치스런 우리들의 배부름이다.

호랑이와 사자는 들짐승들을 잡아먹고, 독수리와 매는 날짐승들을 잡아먹고, 가마우지, 가물치, 수달 등은 또 온갖 수족어류水族魚類들을 잡아먹고, 이제 사람들은 총과 칼과 그물과 통발과 낚시와 주살로 이들 육·해·공에 걸쳐 전방위로 다 잡아먹고 있으니, 결국 잡아먹는 자와 잡아먹히는 것들 모두의 생의 고통은 모두가 처절하다. 그러나 우리는 자비와 양심과 이성을 갖추고 있으며, 생명의 이치를 알고, 또한 생사生死의 무명無明을 궁구하는 정상의 인격체라 했으니, 우리는 그에 합당하게 살아야 하지 않겠는가. 왜냐하면 하늘과 땅의 무변허공이 도는 것처럼, 온갖 중생들의 생사와 마음과 무진업無盡業이 모두 윤회하여 우주법계는 잠시도 쉬지 않기 때문이다.

✸

옛날 작은 암자에 큰스님이 계셨는데, 마침 재齋를 올리게 되었다. 당시로서는 거금인 30원을 가지고 상좌와 함께 재에 필요한 물품을 사러 가는 중, 다리를 지나게 되었다. 때는 추운 엄동설한인데, 거지 떼 수십 명이 다리 밑에서 자고 일어나 아침 햇볕을 쬐려고 오들오들 떨고 있다.

큰스님이 다리 아래를 보며 측은하게 물었다.

"왜들 이러고 있나?"

"추워서 그렇습니다!"

"아니! 이렇게 추운데 옷들이 다 그게 뭔가? 옷 살 돈이 없어 그런가?"

"우리는 돈이 하나도 없어요. 스님, 돈 좀 주세요!"

"그래? 그러지."

장 볼 돈을 몽땅 거지들에게 나눠주고 큰스님은 빈 지게로 절에 돌아왔다. 마침 절에는 스님께 재 준비하느라 수고하신다고 인사를 드리러 온 재주 신도가 와 있었다.

스님은 그를 보자, 기쁘게 웃으며,

"오늘 재 참 잘 지냈어!"

신도는 스님의 말씀과 빈 지게가 어리둥절하기만 했다. 옆에 있던 상좌가 자초지종을 얘기해주자, 신심 깊은 신도는 절을 올리며,

"큰스님, 재 참으로 잘 지내셨습니다. 내일 올릴 재 준비는 다시 시키겠습니다."

죽은 귀신들의 시장기를 채우는 것보다, 그 공덕을 산목숨들에게 회향함으로써 더 큰 공덕을 기대할 수 있을 것이다.

이색이상분離色離相分 제20第二十

― 모양과 상을 떠남 ―

불교는 형식과 현상을 소홀히 하는 것은 아니지만, 내적인 본질을 더 중요시한다. 왜냐하면 외적인 형식은 유위적有爲的이어서 얼마든지 꾸미고 장식할 수 있으나, 본질적인 내실內實은 무위無爲의 것으로 형식을 넘어서기 때문이다. 따라서 부처님께서도 "수보리야, 여래를 가히 삼십이상三十二相으로 볼 수 있겠느냐" 혹은 "수보리야, 가히 여래를 구족한 색신으로 볼 수 있겠느냐" 하고 완곡하게 반문하고 계신다.

구족한 색신과 삼십이상이 부처와 다를 바는 아니지만, 그렇다고 색신과 색상이 부처 자체는 아니다. 왜냐하면 우선순위가 바뀌었기 때문이다. 아무리 얼굴에 연지곤지 바르고 아름답게 꾸민다고 해서 내적인 성숙과 지성을 갖춘 아름다움을 만들 수는 없기 때문이고, 아무리 온몸에 사자처럼 사납게 깃발을 꽂고, 험상궂게 장식을 단다고 해서 그가 용감한 무사가 될 수는 없는 일이다. 따라서 외형의 색상色相은 안으로 감춰진 인품과 인격의 반영이지, 밖으로부터 내실이 침투하는 것이 아니다.

정진력이 강화되어 법法이 서면 외적인 색신은 그에 걸맞게 갖춰지고, 향기가 풍겨지는 법이다. 그러니 부처님께서는 상相을 떠나고, 색色을 여의어야 진정 여래를 볼 수 있다고 하셨다. 색상色相에 걸려 있으면 반야의 몸을 얻을 수 없기 때문이다.

옛날 서울 장안에 세도가인 정승 집에 생일잔치가 성대하게 벌어지고 있었다. 그러니 온 장안의 유명 권세가들이 모두 모여 매우 혼잡하였다.

마침 정승이 불교를 믿고 숭상하던 차에 인근에 평소 친분이 있는 도력 높은 큰스님을 초청하였다. 그리하여 스님은 다 떨어진 낡은 승복에다, 넝마 모자를 쓰고 대문을 들어서려는데 문지기가 제지한다.

"여기가 어디라고 거렁뱅이 중이 기웃거리는 거야! 썩 꺼져!" 하고 옆으로 밀쳐버린다.

이에 개의치 않고 스님은, "이보게. 안에 들어가 영감마님께 소승이 왔다고 전하게!"

문지기는 할 수 없이 "나으리, 밖에 웬 거렁뱅이 중이 나으리를 뵙고자 하는뎁쇼."

"가서 쫓아 버려라!"

스님은 그 길로 쫓겨나 문지방을 넘지 못했다.

"허, 허, 허……, 나무관세음보살."

스님은 한참 있다가 이번에는 깨끗한 승복으로 갈아입고, 그 위에 가사 장삼을 걸치고 오른손에 육환장을 짚고서 의젓하게 대문 앞에 이르렀다. 문지기가 쏜살같이 달려 나오며,

"아이구! 큰스님, 어서 오십시오. 나으리께서 아까부터 기다리고 계십니다요!"

큰스님이 안으로 들자, 버선발로 정승이 나오며,

"어이구, 큰스님. 예까지 왕림해주시니 매우 영광입니다. 하, 하, 하."

"예, 거사께서도 이제 천수를 누릴 것이요. 이렇게 많은 하객들의 축하를 받으니 말이오."

인사말이 끝나자, 스님은 떡 벌어진 잔칫상에 바짝 다가앉아 떡과 과일과 고기, 생선 할 것 없이 모두 승복과 장삼 앞자락에 쓸어 담는다. 게다가 비싼 술까지 철철 넘치게 승복에 들이붓고 있다.

이 광경을 본 정승과 하객들이 웅성거린다. 그러나 이에 개의치 않고 스님은 오히려 승복자락을 흔들며,

"여기는 여러 귀하신 분들만 들어오셨는데, 소승이 여기에 들어올 수 있었던 것은 소승이 아니고, 이렇게 깨끗하고 반듯한 내 승복과 가사 장삼이 들어온 것이요. 그러니 이 맛있는 음식을 내 가사와 장삼이 먹고 마셔야 될 것 아니겠소? 하, 하, 하……."

이에 정승은 백배사죄하며 용서를 빌었다.

이처럼 밖으로 드러난 외형은 그의 내실과는 일치하지 않는다. 안과 밖을 위장할 수 있는 게 중생이고 보면, 밖의 색상色相은 안의 인격을 보장하지 않으면서, 안의 인품人品은 밖의 색상을 보증한다. 따라서 색상과 인격은 같으면서 다르고, 다르면서 같아서 또한, 다른 것도 아니요 같은 것도 아니라 할 수 있다.

須菩提 於意云何 佛 可以具足色身 見不 不也世尊
수 보 리 어 의 운 하 불 가 이 구 족 색 신 견 부 불 야 세 존

如來 不應以具足色身 見 何以故 如來說具足色身
여 래 불 응 이 구 족 색 신 견 하 이 고 여 래 설 구 족 색 신

卽非具足色身 是名具足色身
즉 비 구 족 색 신 시 명 구 족 색 신

"수보리야. 네 생각에 어떠하냐. 부처를 색신을 구족한 것으로써
볼 수 있느냐?"

"볼 수 없나이다. 세존이시여, 여래는 반드시 색신을 구족한
것으로서 볼 수 없나이다. 어째서 그러냐 하면, 여래께서 색신을
구족했다 하는 것은, 곧 색신을 구족한 것이 아니므로, 색신을
구족했다고 이름할 수 있기 때문이옵니다."

부처를 수려한 몸의 형상으로써는 볼 수 없는 것이다. 형상은 방편에
의해 변화를 갖는 화신化身이며, 부처란 본체인 법신法身을 뜻하기
때문이다. 따라서 색신色身을 구족했다는 것은 부처님의 몸에서 보통
의 사람보다 잘생긴 부위 80곳을 말한다. 즉 팔십종호八十種好란 바로
그것이다.

부처를 이루면 소위 삼십이상 팔십종호의 길상吉相이 부수적으로
완성되는 것이며, 그것 자체가 목적이 아니다.

"어째서 그러한가" 함은 어찌하여 팔십종호의 수려한 길상을 성취했
음에도 부처님의 법신을 볼 수 없다는 것인가 하고 의심하는 것이다.

이에 대답으로, 색신을 구족한 것은 진실된 구족이 아니며, 단지

색신을 구족했다고 이름할 뿐이라는 것이다. 말하자면 제일의제로서의 진실된 구족은 법신의 구족인데, 눈에 보이는 외모인 화신으로서의 구족은 무상하며 허망한 형상에 지나지 않으므로 세속제로서의 구족한 색상色相이라 이름할 뿐이라는 것이다.

아무리 아름다운 여성이라 해도 내적인 교양教養과 덕성德性을 갖춰야 진실된 아름다움이지, 얼굴만 예쁘고 머릿속이 텅 빈 여성이라면 진정한 미인이라 말할 수 없는 것과 같다.

須菩提 於意云何 如來 可以具足諸相見 不不也 世
수보리 어의운하 여래 가이구족제상견 부불야 세

尊 如來 不應以具足諸相見 何以故 如來說諸相具
존 여래 불응이구족제상견 하이고 여래설제상구

足 卽非具足 是名諸相具足
족 즉비구족 시명제상구족

"수보리야, 네 생각에 어떠하냐. 여래를 모든 상을 구족한 것으로써 볼 수 있느냐?"

"그렇지 않사옵니다, 세존이시여. 여래를 반드시 모든 상을 구족한 것으로써는 볼 수 없사옵니다. 어째서 그런가 하면, 여래께서 말씀하신 모든 상을 구족한 것은 곧 구족한 것이 아니므로 이를 모든 상을 구족한 것이라 이름할 수 있기 때문이옵니다."

여기서도 앞에서 논한 것처럼, 색신色身을 구족具足한 예와 똑같은 논리이다. 다만 부처님의 특별나게 뛰어난 형상 32종류의 예가 다를

뿐이다. 삼십이상 역시 부처님의 변화신變化身인 화신化身의 형상이
며, 무위無爲의 법신불法身佛을 볼 수 있는 것은 아니다. 따라서 중생들
이 보는 것은 화신으로서의 색신이다.

✻

일본의 양관 선사는 한평생을 참선만 하는 수좌였다.

어느 날 고향에서 소식이 왔는데, 조카 놈이 일은 안 하고 매일같이
술, 담배, 도박, 여자에 빠지고, 불량배들과 어울려 싸우고 협박하고
하여 가업을 탕진하고 있었다. 그러니 선사가 와서 조카를 바르게
제도해주길 간청한 것이다.

선사가 곧장 고향에 가니, 동네 사람들과 일가친척들이 모두 나와
기뻐했다. 조카도 또한 고명하신 삼촌이 자기를 찾은 것에 자부심을
느끼고 매우 기뻐했다. 해서 선사가 조카에게 일장연설과 설교로
제도할 것이라 믿었다.

허나, 밤이 새도록 선사는 침대 위에서 좌선만 할 뿐 말이 없었다.
조카는 선사의 침묵 속에 어떤 꿍꿍이가 있는가에 의심이 들어 불안했
던 차에 마침 날이 밝으니, 핑계를 대고 막 밖으로 나가려 하니, 선사가,

"삼촌이 이제는 늙은 것 같구나! 손발이 떨려서 신발을 신는 것도
어렵구나. 네가 신발 신는 것을 도와줄 수 있겠느냐? 이제 침대에서
내려가야겠구나."

조카는 고분고분 말씀에 따랐다. 선사가 매우 기뻐하며,

"고맙구나! 아이고, 젊음이 얼마나 좋으냐! 하고 싶은 대로 뭐든
다 할 수 있지. 허나, 나처럼 늙으면 신발끈 하나 제대로 못 메는데,

너도 젊어서 사람 노릇 잘하고 생활기반도 잘 닦아 놔라. 그렇지
않으면 나처럼 늙어서 아무것도 못한다!"

말을 마친 선사는 곧장 떠났다. 그 후 조카는 다시는 마을에 피해를
주지 않고, 방탕한 생활도 청산했으며, 힘써 가업을 일으켜 그 지역의
모범적인 지도자가 되었다.

비설소설분非說所說分 제21第二十一

—설할 것도 설함도 없음—

내가 법法을 설했다거나, 설할 법이 있다면, 그것은 상相에 집착된 중생심이요 보살이 아니다. 설할 법이 있다는 것은 법이라는 고정된 실체를 상정하는 것이 되며, 그런 이치는 없는 것이다. 왜냐하면 법이라거나 비법이라는 것이 어찌 정해져 있겠으며, 지역과 시대와 민족과 인종과 문화에 따르는 것이 진리라는 것이므로, 정해진 불변의 법이라는 것이 있지 않기 때문이다.

단지 그 시대와 그 국토에 일반적으로 통하는 규칙과 법칙이 이름하여 법이고 진리로 통용될 뿐이다. 모두가 변하는 가변적可變的인 것이다. 그러므로 부처님께서도 "여래가 법을 설한 바가 있다고 한다면 그것은 여래를 비방하는 것"이라고 단호하게 말씀하신 것이다. 왜냐하면 부처님께서는 49년을 중생을 위해 설법하셨어도 설한다는 관념 없이 설함이 계셨고, 설할 법이라는 것도 없었다고 말씀하신 것이다.

또한 우리들은 우리들 스스로를 '중생 중생' 하는데, 부처님께서는 중생이 아니고, 또한 중생이 아닌 것도 아니라고 하셨다. 그렇다면 대체 무어라는 말씀인가. 중생이면서 중생이 아니요, 아니면서 중생이라는 역설, 진실과 진리는 인간의 언어문자로는 이렇게밖에 표현이 안 되는 것이다. 심불급중생心佛及衆生 삼무차별三無差別이니, 마음과 부처와 중생이 차별이 없어서 중생 중생이 모두 불성을 갖췄으므로 중생이 아닌 것이요, 그럼에도 지금 하는 짓은 중생놀음이니, 중생이 아닌 것도 아니다. 그럼에도 지렁이가 암수의 성性을 동시에 지니듯이, 중생은 부처와 중생을 동시에 지닌 자웅동체雌雄同體이므로 우리는 도 닦기에 유리한 입장이다. 중생심만 버리면 당연히 부처만 남을 것이니, 어디 멀리에서 부처를 구할 것이 없게 된다.

須菩提 汝勿謂 如來作是念 我當有所說法 莫作是
수보리 여물위 여래작시념 아당유소설법 막작시

念 何以故 若人言 如來有所說法 卽爲謗佛 不能解
념 하이고 약인언 여래유소설법 즉위방불 불능해

我所說故 須菩提 說法者 無法可說 是名說法
아 소 설 고 수 보   설 법 자 무 법 가 설 시 명 설 법

"수보리야, 너는 여래가 "나는 마땅히 설한 법이 있다"라고 생각했다고 말하지 말라. 이런 색각을 짓지 말라. 어째서 그러한가, 만일 어떤 사람이 "여래가 설한 법이 있다"고 말한다면, 곧 부처를 비방하는 것이 되느니라. 내가 말한 바를 이해하지 못했기 때문이니라. 수보리야, 법을 설한다는 것은 가히 설할 법이 없는 것을, 이것을 법을 설한다 이름하는 것이니라."

앞의 무득무설분無得無說分 제7과 여법수지분如法受持分 제13에서 언급했던 내용이 다시 나오고 있다. 그러나 내용의 중점은 다르다.

여래가 설한 법이 있었느냐 하는 질문에 그것은 부처를 비방하는 것이며, 설할 법이 없기 때문에 법을 설한다고 말할 수 있다는 것이다. 설해도 설함이 없어야 진정한 설함이요, 득得해도 득함이 없어야 진정한 득함이 될 것이다.

"내가 법을 설했다"거나 "내가 얻은 것이 있다" 한다면 그것은 보살이 아닐 것이요, 이미 사상四相에 착착着이 된 것이며, 번뇌와 망상에 물든 것이며, 하나의 중생심衆生心에 지나지 않기 때문이요, 부처님의 진실을 제대로 깨닫지 못했기 때문이다. 다만 그럼에도 부처님께서는 49년을 하루 한 끼로 연명하시고, 광야의 허허벌판에 몸을 던져 모래바람 흙바람 맞으시며 맨발로 주유천하周遊天下하셨으니, 오직 중생제도의 일념一念 때문이었다. 이름하여 팔만사천법문은 때와 장소에 관계없이 인연 따라 설하신 방편법문方便法文이었던 것이다.

그렇다면, 삼천년 전에 석가모니라는 화신化身이 이 지상에 나투셔서 팔만대장경을 연설하심은 어찌 된 일인가? 그것은 오직 우리들 중생들이 자세히 보고, 자세히 듣고, 자세히 실천할 수 있도록 화신으로서의 자비를 베푼 것으로 세속제世俗諦로의 자비행이었다. 허나, 제일의제第一義諦로는 부처님의 법신法身을 볼 수도 없고, 볼 수 없으니 설함도 없으며, 설함이 없으니 얻음도 있을 수 없다.

한편, 타인을 위해 설한다 하는 것은 법시法施로서 하나의 보살행이다. 그 보살행을 하기 위해서는 자신의 능력과 안목을 먼저 갖추는 것이 중요한 일이다. 자신도 구제하지 못하면서 남을 위해 법을 편다는 것은 어불성설이 아니겠는가? 그럼에도 항간에서는 자신보다 남을 먼저 위하고, 또 자신은 깨닫지 못해도 남을 먼저 깨닫게 하는 것이 보살행이라고 말을 한다. 그러나 이는 잘못하면 맹인이 맹인을 부축하여 길을 인도하는 격이어서, 불구덩이의 함정으로 함께 빠지는 위험이 있다. 따라서 자신의 수행과 깨달음을 충실히 한 후에 다른 이를 위해 법을 펴는 것이 부처님께서 사바에 출현한 본보기일 것이다.

이러한 때에 어떤 사람이 이르기를, "자신이 먼저 깨닫고 충실히 한 후에 남을 이익 되게 해야 한다면, 이것은 영원히 불가능한 일이 아니겠는가?" 그 말도 일견 맞는 말이기는 하나, 원칙적으로 자신의 병도 고칠 수 없으면서 남을 구하려는 것은 이치에 맞지 않는 일로서, 반드시 보살의 광대한 원력을 발원하고 부처님의 심심미묘한 가르침을 체득한 연후에 가능한 일이다. 만일 그렇지 못하면, 남을 이익 되게 한다는 것이 오히려 자신을 위한 이기심이 되어 자기에게 독이 될 수도 있기 때문이다.

옛 고인들은 확철대오하여 참학의 일을 마치고서도 깊은 산속 토굴이나 물가의 나무 아래에서 보림하며 조심하고 세밀하게 성태聖胎를 길렀던 것이다. 그러다가 인천人天의 무리들이 떠밀거나 끌어내고, 받들어 모시어 용상에 올려야만 비로소 사람들을 위해 법을 폈으니, 그만큼 부처님의 법은 높고 고귀하고 지엄하여 가볍게 여길 일이 아님을 알 수 있다.

부처님께서도 처음 깨달음을 얻으신 후 대범천왕으로부터 간절한 권고를 받으시고 중생제도의 장엄한 사자후를 포효하기 시작한 것이다. 그러므로 나보다 남을 먼저 위한다는 첫 마음은 매우 가상한 일이나, 자신부터 확고한 믿음과 정진력을 구비하지 않으면 본래의 의도와 다르게 상相에 전도顚倒되거나 삿되게 될지도 모른다는 염려가 있게 된다. 보살행을 자부하다가 나와 남을 모두 그르친다면 이것은 부처님 법이 아니기 때문이다. 따라서 우리는 깨닫지 못한 것을 근심할 뿐, 깨닫고 난 후에 말할 줄 모를까를 염려할 필요는 없다. 조심하고 삼가할 일이다.

爾時 慧命須菩提 白佛言 世尊 頗有衆生於未來世
이시 혜명수보리 백불언 세존 파유중생어미래세

聞說是法 生信心不 佛言 須菩提 彼非衆生 非不衆
문설시법 생신심부 불언 수보리 피비중생 비불중

生 何以故 須菩提 衆生衆生者 如來說 非衆生 是
생 하이고 수보리 중생중생자 여래설 비중생 시

名衆生
명중생

이때에 혜명 수보리가 부처님께 사뢰어 말하였다.

"세존이시여, 자못 중생들이 미래 세상에 이 법을 설함을 듣고 믿는 마음을 내겠나이까."

부처님께서 말씀하시었다.

"수보리야, 저들은 중생이 아니며, 중생이 아닌 것도 아니니라. 어째서 그러한가. 수보리야, 중생 중생이라 하는 것은 여래가 중생이 아니라고 설했으므로 이를 중생이라 이름하는 것이니라."

부처님께서 말씀하시기를 법法이라 하는 것은 설할 법이 없는 것을

이름하여 법이라 했고, 얻을 법이 없는 것을 또한 법이라 하셨으니, 따라서 법을 법이라 하면 법이 아닌 것이며, 상相에 집착된 번뇌에 불과한 것이다. 이러한 도리는 금강경 전체 단락을 거듭하면서 수없이 반복되는 일관된 논리이다.

아상我相과 법상法相을 벗은 공으로서의 자유自由는 우리 중생들에게 영원히 평안함을 주며, 속진俗塵을 초탈케 하는 제일의제의 무애無碍한 품격을 느끼게 한다. 중생이 거치른 대지를 밟고 이 사바에서 힘겹게 견딜지라도, 진흙 속에 뿌리박은 연꽃의 고귀함처럼, 우리의 영혼과 정신만은 이상理相을 꿈꾸면서 살아갈 수 있다.

따라서 수보리 존자가 부처님께서 말씀하신 "설한 법이 없다고 하신 것"과 그러하기 때문에 이를 "법을 설한다 이름할 수 있다"는 것에 대하여 미래세의 중생들이 이러한 법문法文을 듣고, 보고 하여 의심 없이 믿는 마음을 낼 수 있겠는가, 하고 의심을 내고 있는 것이다.

이에 대해 부처님께서는 저들은 중생이 아니고, 또한 중생이 아닌 것도 아니라고 말씀하셨다. 그 이유는 여래께서는 중생, 중생이라고 하는 것은 중생이 아니고, 그렇기 때문에 이를 중생이라 이름한다고 하신 것이다. 즉 대승적으로나 제일의제로는 중생을 중생이다, 아니다 말할 수 없는 것이다. 중생들은 오직 신령스럽고 하늘을 받치는 "한 물건"이 있으며, 불성佛性, 본지풍광本地風光, 주인공主人公 등을 지닌 신묘神妙한 존재이며, 일체준동함령一切蠢動含靈이 모두 이를 지니고 있기 때문이다. 그러니 그들이 모두 불佛의 자식이요, 또한 부처일 수 있다. 따라서 중생이 아니라 했고, 허지만 현실은 중생계에 몸을 담고서 온갖 망상과 악덕을 지으며, 싸우고 질투하는 중생이기 때문에 세속제로는 엄연히 중생이 아닌 것도 아니라고 말씀하셨다.

여기서는 앞의 무득무설분無得無說分 제7에서 다룬 주제와 동일한 것으로, 이 단원에서는 더욱 강렬한 주장이 전개된다. 즉 여래가 설한 법이 있다고 하는 것은 부처를 비방하는 것이라 했다. 이미 법이란 것이 있는 것도 아니요 없는 것도 아닌 중도실상中道實相이 여실한 것인데, 그럼에도 부처님께서 설하신 법이 있다고 한다면 모순이기 때문이다. 따라서 부처를 비방하는 것이라고 완곡한 경고를 내리신 것이다.

여기서 혜명수보리慧命須菩提가 나오는데, 혜명慧命은 지혜로써 생명을 삼기에 붙인 호칭이며, 장로수보리長老須菩提라 할 때의 장로와 같은 의미로 경어적 호칭이다. 그런데 혜명이란 호칭은 구마라집의 표현이 아니고, 보리유지菩提流支가 그의 역본譯本에서 일관되게 사용했다. 따라서 이번 단락 "이시爾時~시명중생是名衆生"까지는 보리유지의 역본에서 발췌해 삽입된 것임을 알 수 있다.

용감하기로 이름 높은 한 장군이 평소 애지중지하던 골동품 찻잔을 꺼내어 한가한 시간에 요모조모 살피며 감상하고 있었다. 이리저리 쓰다듬고 만지다가 그만 손에서 찻잔이 미끄러졌다.

"어, 어, 어?……아이쿠!"

그만 어, 어 하다가 얼른 찻잔을 잡은 장군의 등에서는 식은땀이 줄줄 흘렀다.

"내가 백만 대군을 이끌고 수많은 전쟁터를 종횡무진으로 진군할

때도 두려움이 없었는데, 내가 어이해 이까짓 찻잔 하나에 이토록
놀란단 말인가?"

　장군은 찻잔을 바닥에 깨버렸다.

무법가득분無法可得分 제22第二十二

―얻을 법이 없음―

일체법은 공空하여 평등하고 청정할 뿐이다. 그러므로 법을 가히 얻을 수 있는 그 무엇이라면, 그것은 상相에 빠진 것이며, 탁자 위에 빵조각에 비유될 것이다. 따라서 옛 말씀에, "도道를 말할 수 있는 것이라면 제 부모형제에게 먼저 말하지 않을 이가 어디 있겠으며, 줄 수 있는 것이라면 제 자식들에게 먼저 주지 않을 사람이 어디 있겠는가?" 했다. 도이든 불성이든 보리이든 간에 주고받고, 전하고 전해 받을 수 있는 그런 물체가 아니다.

형체가 없고 크기도 냄새도 없는 묘유妙有인데, 오직 작용이 있을 뿐, 그 공능功能의 성품은 우리 중생들 모두에게 본래 갖춰져 있어서, 우리가 부처요 보살이며 도인인 것을 스스로가 인식치 못하고 있다. 제 호주머니에 깊숙이 숨겨져 있는 보배를 알지 못하고, 밖으로 보배를 찾아서 거지 노릇을 하고 있는 것이다. 그러므로 우리는 스스로의 자존감을 찾아야 한다. 스스로가 불씨佛氏 집안의 적자임을 인식하여 부귀를 회복해야 한다. 그러니 부처님께서는 법을 얻는 바도 없고,

226

준 바도 없으며, 설한 바도 없는 오직 삼매 중에 있으며, 그 무엇에도 걸리지 않는 자유인인 것이다.

須菩提 白佛言 世尊 佛 得阿耨多羅三藐三菩提 爲
수보리 백불언 세존 불 득아뇩다라삼먁삼보리 위

無所得耶 佛言 如是如是 須菩提 我於阿耨多羅三藐
무소득야 불언 여시여시 수보리 아어아뇩다라삼먁

三菩提 乃至無有少法可得 是名阿耨多羅三藐三菩提
삼보리 내지무유소법가득 시명아뇩다라삼먁삼보리

수보리가 부처님께 사뢰어 말했다.
"세존이시여, 부처님께서 아뇩다라삼먁삼보리를 얻었다고 하심은 얻은 바가 없는 것이오니까?"
"그렇느니라, 그렇느니라. 수보리야, 내가 아뇩다라삼먁삼보리를 얻을 조그마한 법도 있지 않았으므로 이를 아뇩다라삼먁삼보리라 이름할 수 있었느니라."

얻을 바 없는 것을 이름하여 진실한 얻음이라 하고, 법이라 할 수 없는 것을 이름하여 법이라 할 수 있다고 했으니, 조그마한 소법小法도 얻은 것이 없었으므로 부처님께서는 이를 아뇩다라삼먁삼보리라 이름할 수 있다는 것이다.

여기서는 무득무설분無得無說分 제7과 구경무아분究竟無我分 제17에서 다룬 내용으로 "보리"를 얻을 수 없다는 것이다. 법이라거나 아뇩다라삼먁삼보리라거나 보리라 하는 것이 어떤 실체가 있는 것이 아니고, 보이는 것도 잡히는 것도 아니므로, 있다거나 얻는다거나 하는 세속제로서의 유有는 인정하거니와, 제일의제로서는 그런 이치는 존재할 수 없는 것이다. 그러므로 이사理事를 넘고 진속眞俗을 초월하는 것이 도이며 궁극적인 불법이 된다.

공자에게 공멸이라는 조카가 있었다. 복자천과 함께 벼슬하게 되었는데, 하루는 공자가 공멸에게 물었다.

"네가 벼슬길에 오른 후에 얻은 것은 뭐고, 잃은 것은 무엇이냐?"

"예, 얻은 것은 하나도 없고 잃은 것은 셋이나 됩니다. 첫째는 왕의 일에만 매달리다 보니 어느 틈에 학문을 할 수 있었겠으며, 닦을 수 있었겠습니까? 둘째는 녹봉이 적어 죽을 먹게 되니, 친척을 도울 수 없어 핏줄 사이가 더욱 멀어져가고 있습니다. 셋째는 업무가 급해 죽은 벗을 문상 못하고, 병든 벗을 문병 못하니, 점점 사이가 멀어져가서 이것에 세 가지의 잃은 것입니다."

그러자 공자는 다시 복자천을 불러 똑같이 물었다.

"저는 벼슬길에 오른 후 잃은 것은 하나도 없고, 얻은 것은 세 가지나 됩니다. 그것은 어려서 배웠던 것을 오늘날 실행하게 되니 학문이 더욱 밝아졌고, 둘째는 적은 녹봉이지만 절약하여 친척들까지 돌보니 핏줄 사이가 더욱 돈독해졌으며, 셋째는 바쁜 업무지만 일을 끝내고 짬을 내어 죽은 벗과 병든 이를 위문하니, 벗 사이의 우정이 더욱 두터워져 이 세 가지를 얻었습니다."

"과연 너는 군자로구나. 군자가 아니면 어찌 이런 말을 할 수가 있었겠느냐?"

정심행선분淨心行善分 제23第二十三

―깨끗한 마음으로 선을 행함―

깨끗한 마음이란 바로 청정심일 것인데, 그것은 다름이 아니라, 어느 경계에 머무름이 없는 무주無住의 마음이요, 대상에 끄달려 집착함이 없는 무상無相의 마음이다. 그러한 마음으로 선법善法을 닦는 것이 수행이고, 보살행이며, 불행佛行이 될 것이지만, 오히려 무주무상無住無相의 마음일진대, 행하는 일마다 이미 그것은 선법이 될 것이다. 따라서 경계에 물들지 않는 마음으로 세계를 경영하되, 예쁘면 예쁜 대로, 크면 큰 대로, 짧으면 짧은 대로 있는 그대로가 정의요, 진실이 된다.

그러한 현실의 차별상差別相은 현상계의 여실한 모습으로써 상대성의 세계이기 때문이다. 절대의 가치도 본질도 없고, 오직 상대적인 다양한 실존만이 이 중생계에는 전개되고 있는 것이다. 따라서 분별이 사라지고 청정한 마음에 대상의 그림자가 드리워져 물들 리가 없고, 또 그에 따라 분별심이 작동할 리가 없다.

옛 말씀에, 기래끽반飢來喫飯하고 수래합안睡來合眼하라. 배고프면 밥 먹고 졸리우면 잠 자거라, 했다. 조건을 거슬러서 인위人爲의 역행逆行을 하지 말고, 자연스럽게 순리적 삶을 살라는 말씀이다. 무심한 듯 걸림이 없어 착이 없는 마음 앞에는 현실의 적나라한 현상이 여실하게 전개된다. 그 현상이 모두 본질적으로는 실체가 없는 환상이라 할지라도 우리는 세 끼 밥을 먹고, 일을 하고 잠을 자야 하며, 봄이 오면 꽃 피고, 겨울이면 눈이 내려 추위를 걱정한다. 그러므로 이치적으로는 중생도 없고, 부처도 법도 없어서, 깨어 있는 자에게는 온통 없는 것이지만, 현실의 세속제에서는 분명히 실존이므로 제도할 중생이 있고, 얻어야 할 법도 있고, 받들어 공양해야 할 부처님이 계신 것이다. 따라서 이러한 대상을 보는 시각적 관점을 공가중空假中 삼관三觀이라 하는데, 이 법은 일체의 대상을 인식하는 데 있어 중요한 관점이 된다.

먼저 공관空觀은 일체가 공하여 중생도 부처도 불법佛法도 없다는 시각이다. 텅 비어 물질도 마음도 허공도 모두 실체가 없다는 말씀이다. 실체가 없으니 집착하여 번뇌를 일으킬 원인이 사라지는 것이다.

다음은 가관假觀으로 모든 것이 존재하여 있다는 시각이다. 세속적인 관점으로서 제도할 중생도 있고, 얻어야 할 법도 있고, 받들어 모실 불보살이 존재한다는 관점이다. 있기 때문에 중생은 그에 관심을 갖고 집착하게 되며, 망념을 일으키고 번뇌가 있게 되어, 세속적 희로애락에 울고 웃어야 된다.

마지막으로 중도관中道觀인데, 있다 없다를 떠난 청정무구淸淨無垢한 상태이다. 상견常見과 단견斷見을 떠나 무심의 경계이다. 마음에 흔적이 없고, 영향이 없어서 전혀 자취가 남지 않는다. 맛있는 음식

맛에 그 맛의 독특함을 인식은 하지만, 그 맛에 기쁨이 없고, 맛없다는 실망도 없다. 즉 분별과 차별을 떠났으니, 마음은 항상 극락이요 자유요 해탈이다.

여기서 선법善法이란, 불법佛法이 모두 선법이 되겠지만, 특히 오계 五戒, 십계十戒, 사십팔경계四十八輕戒, 비구比丘 이백오십계二百五十 戒, 비구니比丘尼 삼백사십팔계목三百四十八戒目이 모두 선법이라 할 것이다. 그러나 범위를 압축하여 오계와 십선을 특히 선법으로 이름 한다.

수행자에게 계목戒目은 생명과도 같고, 나를 지키는 호법신장護法神 將이요, 어둠을 밝히는 등불이고, 먼 여행길에 의지해야 할 나침반과 같은 것이다.

復次 須菩提 是法平等 無有高下 是名阿耨多羅三
부차 수보리 시법평등 무유고하 시명아녹다라삼

藐三菩提 以無我無人無衆生無壽者 修一切善法 則
막삼보리 이무아무인무중생무수자 수일체선법 즉

得阿耨多羅三藐三菩提 須菩提 所言 善法者 如來
득아녹다라삼막삼보리 수보리 소언 선법자 여래

說 卽非善法 是名善法
설 즉비선법 시명선법

"다시 수보리야, 이 법은 평등하여 높고 낮음이 있지 아니하니, 이를 이름하여 아눅다라삼막삼보리라 하는 것이니라. 무아, 무인, 무중생, 무수자로써 일체 선법을 닦은즉 곧 아눅다라삼막 삼보리를 얻느니라. 수보리야, 이른바 선법이라 하는 것은 여래가 선법이 아니라고 설하였으므로 이를 선법이라 이름하는 것이니라."

아뇩다라삼먁삼보리 즉 위없는 바른 깨달음일진대, 구태여 "평등이다", "고하가 없다"는 등의 표현은 사족이 아니겠는가. 또 이 법계法界에 고착된 "선법善法이다", "비선법非善法이다" 하는 법이 본래 어디에 있었겠는가. 단지 그 둘을 초월한 무아법만이 진실한 법이 되리라. 그럼에도 여래께서,

"선법은 선법이 아니라" 말씀한 것은 승의제로는 선법이라 말할 것이 없다는 뜻이요, "그러하므로 선법이라 이름한다"는 것은 중생이 살아 숨쉬는 이 세계에서는 분별과 차별이 엄존하여 선법善法도 있고 악법惡法도 존재할 수밖에 없다는 의미다.

바다에서 고기를 잡던 한 어부가 진귀한 구슬을 건져 올리게 되었다.

"이 구슬 하나면 병든 어머님도 치료하고 아이들도 굶기지 않겠구나!"

어부는 기뻐서 구슬을 이리저리 쓰다듬다가 그만 바닷물에 풍덩 빠뜨리고 말았다. 어부는 육지에 배를 대고 바가지로 바닷물을 퍼내기 시작했다. 바다의 신 해신이 이 광경을 보고 기가 막혀서 사람으로 변장하여 어부에게 다가갔다.

"여보시오, 사람이 아무리 미련하기로서니, 이 밑도 끝도 없는 바다를 그 바가지로 다 퍼낼 수 있다고 생각하시오?"

"그런 말씀 마시오! 나는 맹세코 전력을 다해 이 바닷물을 퍼내어 잃어버린 구슬을 찾고야 말겠소."

해신은 당황했다.

"저런 마음가짐으로 바닷물을 퍼내기 시작한다면, 언젠가는 마침내 바다는 바닥을 드러내고 말 것이며, 그러면 내 보금자리도 또한 잃어버리게 될 것이다!"

해신은 파도로 구슬을 밀어 어부의 발 앞에다 갖다 놓았다.

복지무비분福智無比分 제24第二十四

―복과 지혜는 비교할 수 없음―

한강의 모래 수와 같은 칠보로써 보시한 공덕도 엄청난 복덕이 될 것이지만, 이 경의 일자일구一字一句라도 얻어 듣고, 지혜를 증득한 공덕이 더욱 더 수승하다는 말씀이다. 반복되는 얘기지만, 그 차이는 유루와 무루, 유위와 무위, 유한과 무한의 차이가 된다. 전자는 기껏해야 천상락天上樂을 기대하지만, 후자는 법계의 실상과 나의 지혜를 밝혀 구경성불究竟成佛을 기약하기 때문이다.

아무개가 내게 1년 생활비로 조건 없이 천만 원을 주는 공덕이 있고, 한편 내게 시계 수리나 도장 기술, 구두 수선이라든가 세탁 등의 기술을 가르쳐 내 스스로 자립할 수 있도록 도와주는 것의 공덕의 차이는 어느 것이 더 무거울까. 천만 원은 일 년이 지나면 무일푼이 되어 굶어 죽겠지만, 번뜩이는 기술을 배운다면 일평생 굶어 죽을 걱정이 없을 것이다.

마찬가지로 천만 원은 끝이 있는 유루복이요, 기술은 내게 있어 무루의 복으로서 한평생 지속 가능한 지혜와 같은 것이다. 따라서 돈과 빵으로 생명을 연장하는 것보다 한평생 독립할 수 있는 기술과 삶의 방법과 지혜를 가르쳐주는 것이 무한한 공덕일 것이다. 형태가 있는 물질은 언젠가 흩어져 공空으로 소멸하겠지만, 써도 써도 바닥이 없는 무주무상無住無相의 이치는 영원하기 때문이다.

須菩提　若三千大千世界中　所有諸須彌山王　如是等
수보리　약삼천대천세계중　소유제수미산왕　여시등

七寶聚　有人　持用布施　若人　以此　般若波羅蜜經
칠보취　유인　지용보시　약인　이차　반야바라밀경

乃至四句偈等　受持讀誦　爲他人說　於前福德　百分
내지사구게등　수지독송　위타인설　어전복덕　백분

不及一　百千萬億分　乃至算數譬喩　所不能及
불급일　백천만억분　내지산수비유　소불능급

"수보리야, 만일 삼천대천세계에 있는 모든 수미산들만큼, 칠보 더미를 어떤 사람이 지녀 보시에 쓴다 해도, 또 어떤 이가 반야바라밀경의 사구게만이라도 받아 지녀 읽고 외워서 타인을 위해 설해주면, 앞의 복덕은 백분의 일에도 미치지 못하고, 백천만억 분의 일 내지 어떤 숫자의 비유로도 미치지 못하느니라."

다시 유루복有漏福과 무루복無漏福, 물질 보시와 법 보시의 차이를 재삼 강조하고 있다. 물질은 그 사용에 있어 한계가 있는 것이지만, 불법의 진리는 지혜를 완성하여 생사윤회를 끊고, 성불의 원인이 되기 때문에 그 차원이 다르다.

그렇다고 하여 부처님께서 재물을 천시하거나 소홀히 하지 않으셨다. 오히려 적극적으로 경제활동을 장려하고 이익 창출을 권장하셨던 것이다. 그리하여 부자 되는 법을 설해주시기도 하고, 또한 패망에 이르는 가난과 결핍의 원인에 대하여 자상하게 분석해 주시기도 하셨다. 어떤 이는 말하기를 "사업하는 자는 금강경을 읽지 말라"라는 속설을 믿기도 하는 것 같다. 왜냐하면 금강경이 공空의 원리를 설하기 때문인데, 이는 이 경의 의미를 잘못 이해한 탓이다. 오히려 부자가 되려는 자는 더욱 열심히 수지해야 한다. 왜냐하면 금강경은 인간의 지칠 줄 모르는 끝없는 욕망을 적당히 자제할 수 있도록 억제력을 증장시켜 주기 때문이다.

대개 실패와 패망은 욕망의 억제에 실패한 사람들이 겪는 불운이요 고통이기 때문이다. 금강경은 결코 칠보공덕七寶功德을 부정하지 않는다. 오히려 그 많은 칠보의 재물이 손실되거나 무너지지 않도록 심리적 안전장치를 마련해주고 있으며, 어떻게 처신해야 그 가치가 온전히 보존될 수 있는가에 대한 방법론을 설해주고 있는 것이다. 그러므로 절제와 절약과 근면함은 이 경의 숨어 있는 핵심사상이다.

결국 이러한 물질의 성품이 유한有限하고 유루有漏이고 무상無常하기 때문에, 이를 무한無限한 가치와 새지 않는 무루無漏의 공덕으로 승화시키지 못하면 아무런 의미가 없다. 그것을 위하여 깨달음의 밑거름으로 물질을 사용해야 한다는 것이다. 그런 차원에서 봉사와 보시와 가람 수호와 경전 간행과 같은 불사佛事는 중생들에게 깨달음의 기초를 마련하는 중요한 사업이 된다. 즉 재물이 지혜의 거름이 되고, 성불의 기반이 되면 유루가 무루가 되고, 재시財施가 법시法施로 전환되는 것이다.

어느 날 밤, 국제무역으로 큰 돈을 번 한 거사가 독서를 하고 있었다. 이때 노인 한 분이 이곳을 방문하였다.

"저어, 부탁드릴 일이 좀 있어서 이렇게 찾아왔습니다, 회장님!"

"어서 안으로 들어오시지요."

회장은 노인을 정중히 맞아들여 안으로 모셨다.

"이리 앉으시지요."

"예, 예, 고맙습니다…… 책을 읽는 중이셨군요?"

"예, 그렇습니다."

그러면서 회장은 두 개의 촛불 중 하나를 급히 입으로 불어서 꺼버린다.

'아, 이토록 인색한 분이라면 힘들겠구나!' 노인은 회장의 행동을 보면서 속으로 크게 실망하고 있었다.

"그런데 무슨 일로 이렇게 저를 찾아오셨습니까?"

"저어, 말씀드리기 죄송하지만, 실은 기부금을 좀 내주셨으면 하는 부탁 말씀을 드리려 왔습니다만……."

"기부금이라고요?"

"예, 예, 얼마 전 이 지역 아이들을 위해 세운 학당이 재정난으로 큰 어려움에 처해 있습니다. 그래서 이렇게 얼마간이라도 회장님께 기부금을 청해보고자 이 늙은이가 찾아온 것입니다."

"예, 잘 알겠습니다. 참으로 수고가 많으십니다. 그럼 제가 할 수 있는 데까지 도와드리겠습니다."

잠시 안채로 들어갔다 나온 회장은 상상을 초월한 어마어마한 금액의 수표를 내놓았다.

"왜 그렇게 놀라십니까?"

"이토록 많은 금액을 기부하실 줄은 정말 몰랐습니다. 실은 제가이 방에 들어올 때, 회장님께서 촛불 하나를 재빨리 끄시는 것을보고 일은 틀린 거라 생각했었습니다."

회장은 싱긋이 웃으며 말했다.

"글을 읽을 때는 촛불 두 개가 필요하지만, 이야기하는 데는 촛불한 개로도 충분하니까요. 촛불 하나에 그토록 인색할 게 무어냐고하실지 모르지만, 이처럼 절약하면서 살아왔기 때문에 제가 오늘이렇게 기부할 수 있는 것입니다."

화무소화분化無所化分 제25第二十五

― 교화해도 교화한 바가 없음 ―

이미 부처님께서는 사상四相을 모두 여의었기에 부처를 이룬 것인데, 중생을 교화했다거나 법을 설했다는 분별이 있을 수 없다. 만약 그러한 집착의 마음이 있다면, 부처는 부처가 아니요, 중생이며, 아인중생수자상이 있는 것이 된다. 49년의 긴 세월을 오직 자비심 하나로 중생제도에 몰두하신 여래께서 한 중생도 교화한 바가 없다 하셨으니, 그렇다면 교화받아야 하는 중생도 없는 것이 된다. 왜냐하면 여래와 중생은 평등하며, 고하高下가 없고 일체법에 있어서 어떠한 차등도 없기 때문이다. 이 법은 우주법계가 생기기 이전이나 이후로도 변함이 없고, 부처 이전이나 이후에도 한결같은 진실이다.

　여래께서 부처를 이룬 것도 연등부처로부터 법을 얻은 것이 아니요, 달마대사가 혜가에게 법이라는 물건을 전한 것도 아니며, 육조 혜능이 홍인대사에게서 불성佛性을 증여받은 것도 아니다. 모두가 제 물건 제 스스로 찾아서 쓰듯이, 스스로에게 갖춰진 부처를 스스로 꺼내서 찾아 썼을 뿐이다.

스승은 다만 미혹한 범부들에게 스스로의 부처가 갖춰져 있다는 진실을 가르쳐서 발현發顯시키는 법을 일러줬을 뿐, 그 외 하는 일은 아무것도 없다. 또한 아무 일도 할 수가 없는 일이다. 벌판에는 이미 보리 씨앗이 뿌려져 있다. 뿌려진 씨앗이 없다면 아무리 물주고 거름 주고 정성을 들인다고 해도 보리 싹은 올라오지 않을 것이다. 마찬가지로 중생 중생이 모두가 다 부처의 종자를 원만하게 갖추고 있기 때문에 우리는 부처요, 사생四生의 자부慈父이다. 다만 그 성품을 발현시키는 불사佛事가 남았다. 잡초를 뽑고 흙을 돋우어서 알맞게 거름을 뿌려주면, 노오란 오곡백과의 보리菩提를 우리는 수확하는 것이다.

須菩提 於意云何 汝等 勿謂如來作是念 我當度衆
수보리 어의운하 여등 물위여래작시념 아당도중

生 須菩提 莫作是念 何以故 實無有衆生 如來度者
생 수보리 막작시념 하이고 실무유중생 여래도자

若有衆生 如來度者 如來 卽有我人衆生壽者
약유중생 여래도자 여래 즉유아인중생수자

"수보리야, 네 생각에 어떠하냐. 너희들은 여래가 "나는 마땅히 중생들을 제도하리라" 이런 생각을 지었다고 말하지 말라. 수보리야, 이런 생각을 짓지 말라. 어째서 그런가 하면, 실로 여래가 제도할 중생이 없기 때문이니라. 만일 여래가 제도할 중생들이 있다면, 여래는 곧 아상, 인상, 중생상, 수자상이 있는 것이 되느니라."

240

부처님 말씀에 제도할 대상인 중생 자체가 없다는 것이다. 중생이라 거나 중생이 아니라거나 하면 모두가 치우친 양변兩邊이요 중도中道가 아니다. 왜냐하면 중생이 곧 부처요, 번뇌 즉 보리이기 때문이다. 준동함령蠢動含靈이 실유불성悉有佛性이라 했으니, 한 생각 돌이키면 중생이 곧 부처일 것이다. 그러므로 불이不二요 평등이며, 제도할 중생이 없다는 승의제勝義諦로서의 진실이 성취된다. 하물며 부처가 중생을 제도했다거나, 제도할 중생이 있다는 생각은 바로 사상四相에 착着이 되어, 그런 원인이 성립할 수가 없는 것이다.

須菩提 如來說 有我者 卽非有我 而凡夫之人 以爲
수보리 여래설 유아자 즉비유아 이범부지인 이위

有我 須菩提 凡夫者 如來說卽非凡夫
유아 수보리 범부자 여래설즉비범부

"수보리야, 여래가 "내가 있다"고 말한 것은 곧 내가 있는 것이 아니니라. 그러나 범부들은 내가 있다고 여기느니라. 수보리야, 범부라는 것도 "범부가 아니다"고 하느니라."

"내가 있다"고 한 것은 주체 혹은 실체가 있다는 말인데, 범부중생들은 나를 움직이는 아我가 있다고 믿는다는 것이다. 실제로 부파불교시대를 거치면서 나와 어느 개체마다는 모두 실체가 있다고 주장하는 유파가 있었다. 그리하여 윤회輪廻의 주체를 인정하여 존재의 영속성永續性을 입증하려고 하였다. 그 모순은 연기緣起와 공관空觀에 의해 파기된다. 그런데 범부 중생들이 유아有我를 믿는다고 했는데, 부처님께서는 범부의 존재 자체를 부정하고 계신다. 범부는 범부가 아니라는 것이다.

이 또한 앞에서 언급한 대로 중생은 중생이 아니라는 논리와 같이, 범부를 범부라 이름할 것도 없다. 그리하면 양변에 치우친 것이며, 사상四相에 집착된 것이며 중도가 아니다. 따라서 세속제로는 범부다 성인이다 하는 분별이 있겠지만, 제일의제로서의 판단은 범부가 아니다. 부처님께서는 무아병無我病에 걸린 환자에게는 유有를 말씀하셨고, 유병有病에 걸린 환자에게는 무아를 설하셨다. 하여 유아有我와 무아無我를 넘어선 제일의제를 들었으니, 한 생각 돌리면 줄탁동시啐啄同時의 부처가 탄생하는 것이므로 범부는 범부가 아닌 것이요, 그럼에도 현재 하고 있는 짓이 범부 짓이니 범부가 아닌 것도 아니다.

그런데 중생들의 집착의 병은 그 뿌리가 깊고 광범위하다. 인간의 몸뚱이에 직접 붙어 있어서 본능적인 욕망으로 표현되기 때문이다. 우선 중생들의 사회적 욕망으로서 재財, 색色, 식食, 명名, 수壽를 드는데, 그 중에 식食은 바로 먹고자 하는 절박한 욕망이다. 나머지는 없으면 없는 대로 인내하며 견뎌볼 수 있지만, 먹는 문제만큼은 목숨과 관계되어 있으므로 참거나 인내할 성질이 아니다. 따라서 이 몸뚱이의 감각기관인 육근육경의 색성향미촉법에서도 미味에 관한 한 인간에게 가장 민감하고 기본적이며 원시적인 경계가 되어 맛에 관계된 미각味覺은 오늘날 우리 중생들에게 치명적인 감각이 되고 있다.

모든 중생들은 각자의 범위와 종과 성품에 따라서 먹이활동을 하며 생존을 이어간다. 그리하여 천지간의 생물들은 갖가지 곡식과 채소와 과일과 뿌리와 열매로써 인간에게 음식을 제공하고 있고, 인간도 또한 온갖 지혜로써 이것을 이용하여 떡을 만들고 과자를 만들며 경단을 빚고, 소금과 간장과 식초와 온갖 조미료와 양념을 첨가해 혹은 삶기도 하고 굽거나 데치기도 하여 어느 것 하나 부족함이 없이 음식을 제공받고 있다. 그럼에도 중생들은 끊임없는 미각의 충동과 입맛의 변덕 때문에 도시의 뒷골목을 헤매면서 맛집을 찾아 방황한다.

온 거리가 살 타는 냄새와 기름에 볶아지는 중생들의 신음소리가 불빛 속에 처연하게 녹아간다. 화려함 뒤에는 속 내장이 뒤집히는 구역질이 있게 되어 참으로 역겹다. 즐비한 횟집들의 입구마다 수족관의 산소 물거품을 호흡하며 무심한 물고기들이 순번을 기다리면서 정지해 있다. 삼계탕 집 닭장 속에 털 빠진 닭과 오리가 목을 내밀고 할딱거리며 기름 냄새를 맡는다.

인간들은 무엇이 부족한가? 미물 중생들도 어미와 자식이 있고, 슬픔도 기쁨도 있으며, 생각과 지각이 있고, 또 사는 것을 바라고 죽는 것을 싫어하는 그 중생들을 잡아서 굽고 삶고 데쳐 먹어야 하는가? 이것이 어떤 이치인가? 단지 중생들의 유희와 오락과 질 나쁜 미각 때문에 마침내 우주적인 생명의 질서가 무너져 버렸다. 그 맛의 집착! 그 영원한 갈쿠리여!

"저 미물 중생들이 미약하여 능히 소리를 못 지를 뿐입니다. 만일 힘으로 적대할 수만 있다면 금방 튀어나와 사자와 같이 우리를 잡아먹고 싶은 심정일 것입니다. 또 소리를 낼 줄 안다면, 원망과 고초를 당하는 소리가 천지를 진동할 것이지요. 저 분노와 원한의 붉은 눈을 보시오! 언젠가는 복수의 흰 이빨을 번뜩일 것이며, 지금은 단지 안으로 안으로만 고통을 되씹고 있다는 것을 명심해야 할 것입니다!"

할아버지와 손자가 나귀를 끌고 장에 가고 있었다. 처음에는 할아버지가 나귀를 타고 손자는 걸었다. 길에서 마주친 사람들이 힐끗거리며 수근댄다.

"어찌 어른이 되어 가지고 힘없는 어린애를 걷게 한단 말인가!" 하며 비난하는 것이다. 할아버지가 생각해보니 부끄럽고 일리가 있다고 생각되어, 나귀에서 내려 손자를 나귀에 태웠다.

다시 길에서 사람들을 만나니 또 수근댄다.

"어찌 어린놈이 버릇이 없이 나귀를 타고, 백발이 성성한 노인을 걷게 할 수 있느냐." 하면서 공자 맹자가 탄식하겠다느니, 경로사상이 땅에 떨어졌다느니, 말세라느니 하며 욕을 한다. 하여 손자는 죄송스러워 황급히 나귀에서 내려서 두 사람은 걷기로 했다.

잠시 뒤 사람들이 또 수근대며 비웃는 소리가 들린다. 나귀는 사람이 타라고 있는 것인데, 바보같이 모시고 다니니 얼마나 어리석은 바보들인가 하고. 할아버지와 손자는 일리가 있다고 생각하여 두 사람은 함께 나귀를 타기로 했다.

잠시 뒤 사람들이 또 수근댄다.

"저 두 사람은 인간도 아니고, 나귀만도 못한 사람들!"이라고 욕을 해댄다. 말 못하는 나귀가 얼마나 힘들겠느냐며, 동물학대로 경찰에 신고해야 한다느니 하며 웅성거린다. 그 소리에 두 사람은 얼른 나귀에서 내려 어찌할 바를 모르고 네거리에서 망설이고 서 있는 것이었다.

범부 중생들의 삶의 현장이 바로 이런 것이다.

법신비상분法身非相分 제26第二十六

─법신은 상이 아님─

삼신론三身論에서 법신法身은 정신적인 무형의 몸인데, 그 위에 형태가 있는 몸을 입혀놓은 것이다. 하여 법신은 형상이 있을 수 없음에도 청정법신淸淨法身 비로자나불의 등신불等身佛을 법당에 모신 것이다. 그것은 중생들이 눈에 보이는 형상을 좋아하기 때문이요, 또 그렇게 함으로써 신앙생활의 효율성을 기대하는 방편인 것이다. 따라서 법신은 무형의 진리체眞理体요 본질이며 이법이고 실상이다. 우주법계에 없는 곳이 없고, 어떤 현상, 어떤 작용, 어떤 시간과 공간도 모두 이 법신의 작용과 기능이 아닌 것이 없다.

가을밤에 초롱하게 빛나는 별들의 깜빡거림과, 하염없이 소복하게 쌓여가는 초저녁의 함박눈과, 그리고 따스한 봄날의 나른한 날갯짓이며, 여름날의 폭풍과 긴 장맛비의 질척거림, 이것이 어찌 진실이 아니고, 불법의 실현이 아니며, 여실如實한 진리의 표현이 아니고, 평화와 순리와 무위무루無爲無漏의 실상이 아니겠는가.

화장실의 꼬물거리는 구더기 속에서도, 썩어가는 쓰레기장의 참혹한 모습에서도 그 중생들은 배부름과 만족과 평화를 느끼는 것은, 그곳이 그들의 가족이 있는 집이요, 둘도 없는 세계이기 때문이다. 내가 그들을 이해 못하는 것 같이, 그들도 또한 나를 이해 못하므로 서로 입장은 같다. 따라서 어느 곳에서도 이치와 법칙대로 움직이는 것이며, 서로 간에 비교의 대상이 아니다. 호오好惡가 없으므로 시비是非의 대상도 아니다. 그러므로 나는 그들을 간섭하지 않는다.

일체법은 평등하므로 그들 또한 나의 세계를 비판하거나 관여하지 않는다. 서로 여여如如하게 존재하며, 세계가 겹치거나 충돌하지 않는다. 다만 범부 중생들은 욕망과 탐욕과 질투와 기쁨과 슬픔과 사상四相이 있으므로, 항상 그들 세계를 침범하고 간섭하고 질투하고 시비하고 방해하여 전쟁을 벌인다. 그러나 법신은 적요寂寥하여 항상 그 자리에 있으며, 침묵으로써 말씀하시고, 무위의 행으로써 불법佛法을 행하신다.

須菩提 於意云何 可以三十二相 觀如來不 須菩提
수보리 어의운하 가이삼십이상 관여래부 수보리

言 如是如是 以三十二相 觀如來 佛言 須菩提 若
언 여시여시 이삼십이상 관여래 불언 수보리 약

以三十二相 觀如來者 轉輪聖王 卽是如來
이삼십이상 관여래자 전륜성왕 즉시여래

"수보리야, 네 생각에 어떠하냐. 삼십이상으로 여래를 볼 수 있겠느냐?"

수보리가 사뢰었다.

"그러하오이다, 그러하오이다. 삼십이상으로 여래를 볼 수 있사옵니다."

부처님께서 말씀하시었다.

"수보리야, 만일 삼십이상으로 여래를 볼 수 있다면, 전륜성왕도 곧 여래일 것이니라."

앞의 여리실견분如里實見分 제5에서 "신상身相으로써는 여래를 볼 수 없다" 했고, 이색이상분離色離相分 제20에서는 "구족색신具足色身으로는 부처를 볼 수 없다" 했고, 또 "구족제상具足諸相으로도 여래를 볼 수 없다" 하였다.

같은 논법으로 이 단원에서는 "삼십이상의 형상으로써 여래를 볼 수 있겠느냐" 하는 부처님의 질문이시다. 이에 수보리는 "그러하옵니다" 하고 의도적인 오답誤答을 하고 있다. 이는 후세의 중생들을 위해 부처님의 자상한 해설을 유도하기 위한 선교방편善巧方便이다.

다시 반복되는 얘기지만, 법신法身을 구족하면 삼십이상 팔십종호와 육신통이 갖춰지는 것은 부수적인 현상이다. 즉 법신에 의해 겉모양이 나타났으므로, 겉모양이 실체와 다르지 않은 줄은 알겠으나, 그렇다고 겉모양이 법신 자체는 아니다.

수보리의 예상대로 부처님께서는 전륜성왕의 예를 들면서 수보리의 대답을 정정하신다. 즉 "삼십이상을 부처라 한다면 전륜성왕도 부처라 하겠구나!" 라고.

전륜성왕은 고대인도 신화 속에 나오는 이상적인 군왕상君王像으로서, 부처님 당시만 해도 인도가 열여섯 개의 작은 국가로 구성되어 있어 서로 침략과 전쟁과 약탈, 살육이 빈번하였다. 이리하여 일반 백성들의 생활이 혼란과 도탄에 빠지자, 자연히 천하를 통일하여 평화를 도모할 절대적이고 이상적인 군주를 희망하게 되었다. 즉 메시아나 미륵불과 같은 존재 말이다. 그 이상적인 군주가 인도에서는 전륜성왕이었다.

외모는 부처님의 삼십이상과 똑같고, 인간의 수명이 팔만세일 때 출현한다는 것이다. 그러므로 부처님의 탄생설화에서도 정반왕이 아시타 선인仙人에게 실달다 아기의 관상을 보이자, "이 아기는 삼십이 상이 구족하여 전륜성왕이 아니면 부처가 되리라" 라는 예언을 했다. 이처럼 전륜성왕과 부처는 겉모양의 화신은 같으나 본체, 즉 법신은 다르다. 전륜왕은 유루의 복력福力으로 얻어진 바요, 부처는 무루의 지혜로 성취된 과위果位이기 때문이다.

그런데 이 금강경이 인도 마우리아 왕조 아쇼카 왕 치세 후에 성립했음을 상기할 때, 혼란한 인도를 처음으로 통일하여 안정시킨 아쇼카 왕을 의식했을 것으로 생각된다. 실제로 아쇼카 왕을 전륜성왕으로 지칭했던 흔적이 보인다.

須菩提　白佛言　世尊　如我解佛所說義　不應以三十
수 보 리　백 불 언　세 존　여 아 해 불 소 설 의　불 응 이 삼 십

二相　觀如來　爾時　世尊　而說偈言
이 상　관 여 래　이 시　세 존　이 설 게 언

若以色見我　以音聲求我
약 이 색 견 아　이 음 성 구 아

是人行邪道 不能見如來
시 인 행 사 도 불 능 견 여 래

수보리가 부처님께 사뢰어 아뢰었다.

"세존이시여, 제가 부처님의 말씀을 이해하기로는 응당히 삼십이상으로는 여래를 볼 수 없나이다."

이때에 세존께서 게송을 설해 말씀하시었다.

"만일 겉모습으로 나를 보거나, 음성으로 나를 구한다면, 이 사람은 삿된 도를 행하는 것이어서, 여래를 볼 수 없을 것이로다."

수보리가 "삼십이상으로써 여래를 볼 수 있다"고 대답하자, 부처님께서는 "그러면 전륜성왕이 바로 여래이겠구나" 하고 반문하신다. 그것은 곧 수보리에 대한 편잔이다.

법신法身은 어떠한 모양으로도 드러낼 수 없다. 이를테면 표현되지 않은 내부의 인격과 같은 것이라고 말할 수 있겠다. 겉모양으로 추측한다는 것은 마치 겉에 드러난 잎사귀로 땅속에 묻힌 뿌리를 안다는 것과 같은 논리다. 따라서 겉의 모양으로나 소리나 냄새나 맛으로나 혹은 감촉으로써는 진실을 알 수 없다. 즉 법신불法身佛은 중생들로서는 경험되거나 확인할 수 있는 것이 아니고, 오직 스스로 증오證悟하여 깨달음으로서만이 부처의 경계를 헤아릴 수 있는 것이다. 겉모양으로서는 여래를 결코 볼 수 없다는 말씀은 이미 여러 번 나왔다. 즉 여리실견분如理實見分 제5에서 신상身相으로는 결코 여래를 볼 수 없다 했고, 이색이상분離色離相分 제20에서는 구족색신具足色身으로는 또한 여래를 볼 수 없다고 말씀하신 것이 그것이다.

어느 때 부처님께서 걸식을 위해 아난과 성내에 들어가셨다. 멀리서 아이들이 흙으로 소꿉장난을 하며 창고를 짓고 많은 곡식과 보물을 쌓아두는 놀이를 하고 있었다. 멀리서 부처님이 오시는 것을 보고 한 아이가 기뻐하며 뭔가 보시하고픈 마음을 냈다.

아이는 창고에서 흙을 한 줌 쥐어 보시하려고 했으나, 키가 작으므로 다른 친구의 어깨에 무등을 타고 부처님께 흙을 보시했다. 부처님께서는 발우에 흙을 받아 아난에게 건네며, "이것을 내 방바닥에 바르라" 하셨다.

처소에 돌아온 부처님께서는 아난에게, "그 어린아이는 흙을 보시한 공덕으로 내가 입멸 후 100년 후에 전륜왕이 되어 팔만사천의 보탑을 세울 것이며, 내 사리舍利를 널리 전파하여 한량없는 중생들을 안락케 하리라"고 예언하셨다.

그 아이가 바로 지금의 아쇼카이다. 아쇼카는 마갈타국의 마우리아 왕조 찬드라굽타의 손자이고, 빈두사라 왕의 아들이다. 강국이었던 마갈타국은 인접국가를 병합해 나갔다. 빈두사라 왕은 수십 명의 아내와 101명의 아들이 있었다. 갑자기 빈두사라 왕이 죽자, 아쇼카는 왕권을 차지하기 위해 친동생 한 명을 제외하고는 99명의 형제들을 모두 죽였다. 말 그대로 잔인하고 포악한 군주였다.

또한 500명의 대신들이 아쇼카를 업신여기자, 그들에게 명령했다.

"너희들은 꽃나무와 과일나무를 꺾어 울타리를 쳐서 가시나무를 보호하라."

허나, "대왕이시여, 아니 되옵니다. 마땅히 가시나무를 꺾어 꽃나무와 과일나무를 보호해야 합니다."고 대신들이 반박했다.

왕이 세 번을 명령했으나 세 번 다 거부하자, 즉시 칼을 뽑아 500명의 대신들의 목을 모두 쳤다.

또 어느 날 500명의 하녀들을 데리고 뒷동산에 올랐을 때 그 산에 아쇼카라는 꽃나무가 있었다. 아쇼카 왕은 매우 기뻐했다. 그러나 그는 몸이 거칠고 성격이 포악하여 모든 여인들이 가까이 하지 않으려 했다. 왕이 잠든 사이 여인들은 아쇼카 꽃나무의 꽃과 잎을 모두 꺾어 없앴다. 왕이 기뻐하지 못하도록 한 것이다. 잠에서 깬 왕은 화를 내며 500명의 여인들을 대나무 상자 속에 가두어 불에 태워 죽였다.

이처럼 아쇼카 왕은 불법에 귀의하기 전에는 악랄하고 잔혹한 폭군이었다. 한편 살려준 친동생이 출가하여 비구가 되었고, 그의 권유로 아쇼카는 불제자가 되었다.

마지막 전투인 킬링가를 함락하고, 인생에 회의를 느끼기 시작했다. 기록에 의하면 포로가 15만 명이었고, 살육이 무려 10만이 넘었다고 한다. 이러한 그가 어느 날부터 부처님 법에 심취하여 팔만 사천 개의 사찰과 팔만 사천 개의 보탑寶塔을 세웠다고 한다. 스스로 부처님의 유적을 순례하고, 즉위 17년에는 화씨성에서 세 차례의 경전결집을 행했으며, 희랍 5개국에 포교승을 파견하여 불법 전파에 헌신하였다. 또 재임 26년 동안에 26회의 특사를 내려 국론 통일과 국민 화합에도 노력했다고 전한다.

무단무멸분無斷無滅分 제27第二十七

─끊음도 멸함도 없음─

지금까지 우리는 세계를 무아無我이고 무상無常하며 공空하여 있지 않다고, 부정적인 것으로만 주장하여 왔다. 그러나 세계가 꼭 일체의 상이 끊어져 적멸寂滅하여 아무것도 없는 단멸斷滅인 것만은 아니다. 그런 관념에 편협偏狹하는 것 또한 상에 대한 집착이며, 양변에 치우친 것이다.

적멸 가운데에 묘유妙有가 있고, 없음 가운데에 있음이 있다. 또 있음 가운데에 없음이 있어서, 소위 작용이요 기능이다. 따라서 상에 주住하지 않고 보시하라 하여 무상無相, 무주無住라는 또 다른 상을 만들어 집착하게 된다. 범부 중생은 병이 깊어 개구즉착開口則錯이라, 입만 열면 착각이 되고 편협하여 집착하게 된다. 없다는 단멸상斷滅相은 이것 또한 단견으로서 치우친 편견이다. 저울눈의 평형된 균형은 치우침이 없는 중도이다. 아군과 적군이 없고, 대소미추大小美醜와 호오시비好惡是非를 떠나 평등과 정의가 바로 중도실상中道實相이다.

주위를 볼 때에 어느 사람은 긍정적이고 협조적이며, 소위 "예스맨"

으로 통하는 사람들이 있다. 그들은 사람은 좋으나 거절을 못하여 세상사에 거미줄처럼 얽히고설켜 곤란을 당하는 경우가 많다. 따라서 이들은 일체가 "있다"는 유有의 입장이라고 표현한다면, 이들 또한 법이 아니다.

한편, 성품이 부정적이고 비협조적이며 거절만 하는 "노 맨"의 사람들은 어느 것도 이룩된 성과물이 없다. 업적과 결과는 인간과의 소통에서 얻어지는 것인데, 모두를 부정하며 긍정하지 못하니, 아무것도 스스로 만들어낼 수가 없게 된다. 이 사람들도 편협된 양변이므로 법이 아니다.

이 두 부류의 사람들을 넘어선 긍정과 부정을 조합하고, 노와 예스의 치우침을 떠나면 그는 성공의 영예를 성취할 수 있을 것이다. 그것이 이름하여 중도이다. 따라서 보리심을 발한 자는 형상으로도 법을 구하지 않고, 형상 아닌 것으로도 말하지 않는다. 유有나 무無에 치우치면 이 모두가 상이니, 결국 상相이든 무상無相이든 관념 없이 보리심을 발할 뿐이다. 왜냐하면 삼십이상相 팔십종호種好가 부처는 아니지만, 그렇다고 그 색상色相을 떠나서 여래를 찾을 수도 없다. 여래와 색상은 한 몸뚱이요, 함수이며, 사물을 따르는 그림자요, 동전의 앞뒤와 같으니 말이다.

須菩提　汝若作是念　如來　不以具足相故　得阿耨多
수보리　여약작시념　여래　불이구족상고　득아뇩다
羅三藐三菩提　須菩提　莫作是念　如來　不以具足相
라삼먁삼보리　수보리　막작시념　여래　불이구족상

故 得阿耨多羅三藐三菩提
고 득 아 뇩 다 라 삼 먁 삼 보 리

수보리야, 네가 만일 "여래가 상을 구족했기 때문에 아뇩다라삼
먁삼보리를 얻은 것은 아니라"고 이와 같이 생각한다면, 수보리
야 그런 생각을 하지 말라. "여래가 상을 구족했기 때문에 아뇩다
라삼먁삼보리를 얻은 것은 아니다"라고

앞에서 색신色身으로써도 여래를 볼 수 없고, 신상身相으로도 볼
수 없으며, 삼십이상 팔십종호와 음성으로써도 여래如來를 볼 수 없다
고 누차 강조하셨다. 헌데 이번 단락에서는 외형의 형상 즉 색신과
음성과 모양을 간과하고 무시하며 소홀히 하여 법이 아닌 것으로
치우친 생각을 할까 염려해서, "여래가 삼십이상을 구족했기 때문에
깨달음을 얻은 것은 아니다"라는 생각을 하지 말라 하셨다.

그렇다면 부처님의 의중은 무엇인가. 깨달음과 외형은 아무런 관계
가 없다는 것인가, 관계가 있다는 것인가? 결국 어떤 관계가 설정되어
야 하는가?

결론은 관계가 있기도 하고 없기도 하다. 왜냐하면 깨달음은 법신이
성취된 것이며, 그에 따라 형상이 형성되었으므로 외형이 실체와 다르지
않은 줄을 알겠으나, 그렇다고 외형이 법신 자체는 아니기 때문이다.
그러므로 깨달음과 형상은 관계가 있으면서 없다는 결론이다.

다시 말해서, 법신이 성취되면 삼십이상이 구비된다는 논법이 성립
하나, 삼십이상이 먼저 갖춰져야 법신이 완성된다는 논리는 있을

수 없다 해도, 그 둘은 항상 함께 하는 함수관계이면서 떨어질 수
없는 동전의 양면이기 때문에, 관계가 있으면서 없다고 말하는 것이다.
즉 외형이 갖춰졌다는 것은 당연히 법신이 성취되는 것이고, 둘의
관계는 어느 것이 먼저라는 차원이 아니며, 동시적인 관계라고 볼
수 있다. 따라서 색신과 음성과 신통 등을 무시해서도 안 되지만,
또한 집착하거나 고집해서도 안 된다는 부처님의 진실을 알아야 한다.

須菩提　汝若作是念　發阿耨多羅三藐三菩提心者　說
수 보 리　여 약 작 시 념　발 아 뇩 다 라 삼 먁 삼 보 리 심 자　설

諸法　斷滅　莫作是念　何以故　發阿耨多羅三藐三菩
제 법　단 멸　막 작 시 념　하 이 고　발 아 뇩 다 라 삼 먁 삼 보

提心者　於法　不說斷滅相
리 심 자　어 법　불 설 단 멸 상

수보리야, 네가 만일 "아뇩다라삼먁삼보리를 낸 자가 모든 법이
없다고 설한다"고 이런 생각을 낸다면, 그런 생각을 짓지 말라.
어찌 그러한가. 아뇩다라삼먁삼보리의 마음을 낸 이는 법에
있어 아주 없다고 말하지 않기 때문이니라.

복덕을 떠나서 보리를 얻으려는 잘못과, 색신을 구족하지 않아도
깨달음을 얻을 수 있다는 치우친 생각이 모두 단견斷見이라는 것이다.
색신구족의 복덕이 모두 유루의 복전이지만, 보리와 복전은 함께
하는 쌍둥이라고 이미 설명한 바가 있다. 그러므로 복덕과 부처의
과위가 아무 관계가 없는 별개의 것으로 생각해서는 안 된다. 위없는

바른 깨달음의 마음을 낸 이는 어떠한 편협된 생각을 내어서는 안
되는 것이다. 따라서 있다거나 없다는 극단을 떠나 오직 중도中道만이
부처님의 뜻이다. 이것이 불교의 근본지혜이고 종지이다.

어느 고매한 선사가 제자에게 물었다.

"그대는 밥 먹을 줄 아는가?"

"예? 밥 못 먹는 사람이 어디 있습니까?"

"잠잘 줄도 아는가?"

"예, 너무 많이 자서 탈입니다."

"그대는 밥 먹고, 잠자는 것 말고 하고 싶은 수행이 뭔가?"

"그것이 바로 제가 알고 싶은 것입니다."

"밥 먹고 잠자는 것 말고 따로 수행은 없다!"

"예?"

"그대는 진실로 밥 먹는 법과 잠자는 법을 모른다."

"그게 무슨 말씀이세요? 날마다 삼시세끼 잘 먹고…… 오히려 너무
먹어서 탈인데요!"

"그대는 밥 먹을 때 밥만 먹지 않고 온갖 망념을 피우며 먹는다.
또 잠을 잘 때도 잠만 자지 않고 온갖 꿈을 꾸며 망상을 피운다.
따라서 집중하여 순일하게 밥을 먹고, 잠을 자는 것이 바로 선禪이요
수행이며, 그것이 지혜 있는 행동이다. 그 외의 다른 법은 없다!"

불수불탐분不受不貪分 제28第二十八

― 받지도 탐내지도 않음 ―

보살은 응당히 주住하는 바 없이 마음을 내는 사람이다. 그리하여 무주無住 혹은 무상無相이다. 무아와 무주와 무상의 도리를 깨달은 보살은 당연히 일체를 행함에 있어 복덕을 탐하지 않고, 구하지도 바라지도 않는다. 탐하고 구함이 있다면, 그는 보살이 아니고 상에 떨어진 것이요, 주住함이 있는 중생이 되기 때문이다.

시장에서의 거래는 이익을 남기려는 자와 싸게 물건을 사려는 자와의 이해의 충돌이다. 마찬가지로 보살이 복덕에 대하여 애착이 있거나, 보상을 구하고 탐하는 행위는 일종의 상품거래이지 보살행이 아니다. 그것은 중생들의 현실의 일이요, 세속제의 범위다. 주함이 없이 부처의 일을 할 때에 보살행이 되는 것이며, 항하의 모래보다도 더 수승한 공덕이 된다. 그럼에도 그는 조금도 공덕을 받은 바가 없이 받아야 된다.

절 마당에 휴지 하나 줍는 것도 복덕이요, 풀 한 포기 돌멩이 하나 치우는 것 또한 부처님 일이다. 했으나 함이 없는 무위행은 바로 바라밀행이요, 반야행이 된다.

須菩提 若菩薩 以滿恒河沙等 世界七寶 持用布施
수보리　약보살　이만항하사등　세계칠보　지용보시

若復有人 知一切法無我 得成於忍 此菩薩 勝前菩
약부유인　지일체법무아　득성어인　차보살　승전보

薩 所得功德
살　소득공덕

"수보리야. 만일 어떤 보살이 항하의 모래 수효와 같은 세계에
가득 찬 칠보로써 보시한다 하고, 또 다시 어떤 사람이 일체법이
무아임을 알아서, 인을 얻어 이룬다면, 이 보살은 앞의 보살이
얻은 공덕보다 수승하리라."

다시 항하의 모래 얘기가 나오는데, 모래 수효와 같은 세계에 칠보를
쌓아놓고 보시한 공덕보다 일체 법에 아我가 없음, 즉 인무아人無我와
법무아法無我에서의 나의 실체가 없음과 대상세계에 있어서의 주체가
없음을 아는 공덕이 더욱 뛰어나다는 말씀이시다. 어째서 그런가
하면, 그것은 인忍, 곧 지혜를 이루어 부처가 되는 원인이 되기 때문이
다. 또 유루有漏와 무루無漏의 공덕의 차이를 알게 하고 있다.

그런데, 보시행을 함에도 삼륜三輪이 청정해야 된다. 즉 주는 자와
받는 자 그리고 주는 물건이다. 주는데 줬다는 아만심이나, 받는 데에
비굴함이나, 또 온전치 못한 보시물이라면 진정한 보시행이 될 수
없다. 이 세 가지가 오직 공적空寂하여 자취가 없어야 한다.

당의 방거사龐居士가 모든 재산을 동정호에 쳐 넣어버렸다. 그러자, 이에 대해 다른 거사가 물었다.

"호수에 넣을 거라면, 왜 남에게 보시하지 않았는가?"

"내가 지난 다겁 동안을 보시에 얽매여 왔으므로 모두 버렸노라!"

거사가 과거세에 수많은 물질적 보시로써 유루복을 지었지만, 정작 무루의 반야행이 아니었음을 내보인 것이리라. 즉 보시하는 과정에서 남에게 베풀되, 베풀었다는 아상我相에 집착했던 잘못을 후세에 내보이기 위함일 것이다.

베푸는 것이 옳지 않다는 것이 아니라, 온갖 만행에 있어 그 행위가 청정하다면 하루종일 보시해도 무슨 허물이 있겠는가. 오히려 그 보시는 무루복으로 전환되어 반야지혜를 완성할 것이다. 범부 중생들은 보시 자체에 집착하기 때문에 건전치 못하고, 불순한 의도가 개입되어 업장만 쌓아간다. 따라서 평생 피땀 흘려 모은 수만금의 재산을 일시에 동정호에 던져버림으로서 이를 후세의 중생들에게 상기시킨 것이니, 이는 바로 보시한다는 생각마저 호수에 던져버린 것이다.

須菩提 以諸菩薩 不受福德故 須菩提 白佛言 世尊
수보리　이제보살　불수복덕고　수보리　백불언　세존

云何菩薩 不受福德 須菩提 菩薩 所作福德 不應貪
운하보살　불수복덕　수보리　보살　소작복덕　불응탐

着 是故 說不受福德
착　시고　설불수복덕

"수보리야, 모든 보살들이 복덕을 받지 않기 때문이니라."

수보리가 부처님께 사뢰어 아뢰었다.

"세존이시여, 어찌하여 보살이 복덕을 받지 않나이까."

"수보리야, 보살은 지은 복덕에 탐하여 집착하지 않기 때문에 "복덕을 받지 않는다"고 말하는 것이니라."

어째서 칠보의 보시 공덕보다 무아의 지혜를 성취한 공덕이 수승하다는 것인가. 보살이 복덕을 받지 않기 때문이라는 것이다. 복덕을 받지 않는다 함은 복덕에 대하여 집착이나 애착을 갖지 않는다는 뜻이다.

집착된 복덕은 유루有漏의 복이 되어 전륜성왕이나 될 수 있지만, 착着이 없는 무아無我의 공덕은 법신을 장엄하게 된다. 닦되 닦음이 없는 것, 이것이야말로 진정한 닦음이며, 참된 복덕을 받는 길이며, 불과佛果에 이르는 진정한 길이다.

❧

탄산선사와 도반이 함께 여행 중 큰 시냇물을 만났다. 헌데 한 처녀가 냇물을 건너려 하나 여의치 않자, "어머나! 어쩌지?" 하고 당황해한다.

그러자, 먼저 건너가고 있던 탄산이 성큼성큼 되돌아와서 덥석 처녀를 안고 건네준다. 처녀가 감사함을 표하고 떠났다. 어느만큼 탄산과 도반이 길을 가다가 도반이 잔뜩 불만 섞인 음성으로,

"여보게, 탄산!"

"응? 나 말인가?"

"자네 말고 여기 또 누가 있나?"

"무슨 일로 그러는가?"

"몰라서 묻는가? 자네는 저질 속물이 다 됐구먼……!"

"?……?……?"

"아까 그게 무슨 흉칙한 짓인가? 비구가 처녀를 끌어 안고……!"

"하, 하, 하, 하……, 난 또 뭐라고!"

"수행자는 삼천위의와 팔만세행이 여실해야 하거늘……, 부끄럽지도 않은가?"

"하, 하, 하, 하……, 미안허이! 헌데 나는 이미 까맣게 잊었는데, 자네는 아직도 기억하고 있나? 참으로 기억력도 대단하이! 하, 하, 하……."

위의적정분威儀寂靜分 제29第二十九

―위의가 적정함―

여래라 함은 "진리에서 왔다", "여여如如한 데서 왔다"는 뜻인데, 여여부동如如不動한 진리가 어찌 오고 가고, 앉고 누움이 있겠는가. 오직 고요하여 적정寂靜할 뿐이다. 만일 여래께서 출생을 보이고, 열반을 보이는 것 같이 오고 가는 상이 있다면, 그것은 화신의 거동이며 법신의 움직임이 아니다. 따라서 여래께서 걸식을 하고 발을 씻고 자리를 펴고 앉는 모습, 그리고 설법하고 연등부처님으로부터 수기를 받는 모습 등은 모두 화신의 방편적 시현示現이며, 법신의 행行이 아니다. 그러니 여래께서는 일평생 삼천위의三千威儀와 팔만세행八萬細行을 갖춰서 전국토와 하늘세계를 종횡으로 누비시며, 장엄하게 중생제도에 애쓰셨지만, 제도했다는 마음이 없었고, 그러므로 한 사람도 제도된 자가 없는 것이다.

부처님은 그 경계에 이르러 고요할 뿐, 번잡하거나 혼란스럽지가 않으셨다. 왜냐하면, 여래는 적멸에서 고요하게 오셨고, 여여한 곳으로 가시는 것이니 말이다. 모든 사물은 고요하다. 나무와 풀 한 포기,

그리고 밤하늘의 별들, 이 모두는 소리 없는 가운데에 법을 설한다고 하며, 부처라 하며, 진리라고 한다. 태양과 지구와 이 우주 법계가 모두 제자리에서 조용히 스스로의 가치와 의미를 내보이며, 호흡하고 있을 뿐이다. 그 내부의 역사는 치열하고 세밀한 것처럼 보인다. 풀 한 포기에도 뿌리의 떨림과 생존의 투쟁이 있고, 지구는 붉은 불덩이의 흥분과 마그마의 용트림이 있으며, 그리고 저기 장엄한 태양의 폭풍 같은 열풍, 그러한 모습 모두는 묵묵히 스스로의 할 일을 하고 있다. 이 우주가 서로 의존하여 고요히 연기하고 있을 뿐, 간섭하거나 방해하지 않는다. 이러한 행위 자체가 바로 법을 실현하는 것이며, 화엄세계華嚴世界의 장엄한 모습이다.

須菩提　若有人言　如來　若來若去　若坐若臥　是人
수보리　약유인언　여래　약래약거　약좌약와　시인

不解我所說義　何以故　如來者　無所從來　亦無所去
불해아소설의　하이고　여래자　무소종래　역무소거

故名如來
고명여래

"수보리야, 만일 어떤 사람이 "여래가 오기도 하고 가기도 하며 앉기도 하고 눕기도 한다"고 말한다면, 이 사람은 내가 말한 뜻을 이해하지 못한 것이니라. 어째서 그러한가 하면, 여래라 하는 것은 온 곳도 없고 간 곳도 없으므로 여래라 이름하기 때문이니라."

여래如來라 하는 것은 본래 진리로서 여여如如하게 왔다, 혹은 여여如如하게 갔다는 의미인데, 여여하게 온다거나 갔다는 것은 마음에 아무집착과 분별과 걸림이 없이 진리로서 오셨다가 진리로서 가셨다는 뜻이 된다. 그러한 분이 누구이겠는가. 바로 여래如來뿐임을 잘 알겠다.

헌데 여래께서 오기도 하고, 가기도 하고, 앉기도, 눕기도 하셨다는 것은 여래의 오고 감에 집착된 분별심이라는 것이다. 여래께서는 행주좌와行住坐臥 사위의四威儀에 대하여 착착着이 없었고, 상이 없었고, 자취와 흔적이 없었고, 하셨으나 했다는 관념 없이 하신 것이다.

중생들은 부처가 온다면 오는 것에 걸리고, 간다면 가는 것에 구속되어 여래의 뜻을 잘못 이해한다. 부처님은 본래 한 발짝도 떼지 않고, 도솔천 내원궁에서 하강下降하시어 마야부인의 태胎에 입태入胎하시고, 사바세계의 중생들을 제도해 마쳤다는 도리를 중생들은 이해하지 못한다.

중생이 보는 여래의 행위는 화신을 보는 것이며, 실로 여래께서는 법신으로서의 진실과 진리를 구현할 뿐이다. 따라서 제일의제로서의 여래께서는 삼천위의三千威儀와 팔만세행八萬細行에 있어, 행함이 없이 행하시는 것이고, 허나, 현실에 있어 중생의 세속제로 볼 때는 분명히 오고감이 있고, 앉고 누움이 있으며, 발을 씻고, 자리를 펴고 앉아 선정禪定에 드는 일상이 장엄하게 전개되는 것이다.

한 노파가 열심히 절에 다니며 지성으로 부처님을 받들었으나, 스님의 법문을 한마디도 알아들을 수가 없었다. 그래서 하루는 스님께

부탁했다.

"큰스님, 큰스님의 말씀이 너무 어려워 하나도 알아듣지를 못하겠습니다. 그러니 간단히 외울 수 있는 좋은 구절을 하나만 가르쳐주시면 정성껏 외우고 받들겠습니다."

"예, 그렇다면 즉심즉불卽心卽佛, 이 네 자만 정성껏 외우시면 큰 공덕이 있을 것이오."

그날부터 노파는 자나 깨나 앉으나 서나 하루 종일 그 구절을 외웠는데, 한참 외우다 보니 발음이 헷갈려서 "짚세기불"이라고 잘못 염불하게 되었다. 그러나 어쨌든지 노파는 개의치 않고,

"짚세기불, 짚세기불, 짚세기불……."

오직 이 한마음으로 짚세기불을 염불했다. 그러던 어느 날 하늘이 무너지고 땅이 진동하며, 천지가 대광명大光明으로 가득 차는 깨달음을 얻어, 드디어 부처가 되었다.

일합이상분一合離相分 제30第三十

─ 모이고 흩어짐 ─

삼천대천세계의 이 우주법계를 한 덩어리의 일합상一合相이라 할
수 있는데, 그 한 덩어리도 작은 미진微塵으로부터 이루어진 것이다.
즉 삼천대천세계를 잘게 갈아 부수어 먼지 알로 만든다면, 그 먼지
알의 총합이 삼천대천세계이다. 그리하여 그 세계는 미진과 다름이
없고, 다름이 없으면서 실제는 엄연히 다르다. 이 우주법계도 공하여
텅 비어 있고, 미진 또한 공하여 실체가 없는 환幻이다. 그런 점에서
그 둘은 한 몸으로서 같으면서도 같은 것도 아닌 관계가 된다.

  세계의 본질과 현상 또한 그 본질의 드러남이 바로 작용作用이요,
그 반영이 현상現象이니, 다르지도 않고 같다고도 할 수 없는 관계다.
따라서 한 덩어리의 일합상一合相도 번뇌를 떠나 보리가 없고, 생사를
떠나 열반이 없으며, 중생을 떠나 부처가 없고, 상相을 떠나 비상非相이
없는 것처럼, 모두가 하나의 한 덩어리 한 뭉치의 세계라는 것인데,
허나 승의제로는 한 덩어리의 일합상이 되겠지만, 세속제로서는 낱낱
이 분별상分別相이고 차별상差別相이니, 일합상一合相이 아닌 것이다.

그런 점에서 삼십이상으로써 부처를 볼 수 없다 했으니, 법신과 화신은 다르다 했고, 법신은 오고 가고 앉고 누움이 없다 했으니, 법신과 화신은 역시 다른 것이다. 그러나 이십칠분分과 이십팔분分에서는 아주 없다는 생각을 막아서 법신과 화신의 차이는 없다고 했으니, 결국 같은 것이다.

어찌 이런 인식의 차이가 생기는가 하며, 그것은 "같음"과 "다름"이 모두 존재하는 것으로 중생들이 인식하는 데서 오는 착각이다. 결국 미진微塵과 세계는 같다고도 다르다고도 할 수 없는 것이다. 말하자면, 미진과 세계, 본체와 현상, 법신과 화신은 다른 것도 아니요, 같은 것도 아닌 양변兩邊을 떠난 중도中道의 묘유妙有이다.

須菩提 若善男子善女人 以三千大千世界 碎爲微塵
수보리 약선남자선여인 이삼천대천세계 쇄위미진

於意云何 是微塵衆 寧爲多不 須菩提言 甚多世尊
어의운하 시미진중 영위다부 수보리언 심다세존

何以故 若是微塵衆 實有者 佛 卽不說 是微塵衆
하이고 약시미진중 실유자 불 즉불설 시미진중

所以者何 佛說微塵衆 卽非微塵衆 是名微塵衆
소이자하 불설미진중 즉비미진중 시명미진중

"수보리야, 만일 선남자 선여인이 삼천대천세계를 부숴서 티끌로 만든다면, 네 뜻에 어떠하냐, 이 티끌들이 많다고 하겠느냐." "매우 많사옵니다, 세존이시여. 어째서 그런가 하오면, 만일 이 티끌들이 실제 있는 것이라면, 부처님께서 곧 이를 티끌들이라 말씀하지 않았을 것이옵니다. 까닭이 무엇인가 하면, 부처님께서 말씀하신 티끌들은 곧 티끌들이 아니므로 이를 티끌들이라 이름할 수 있는 것이옵니다."

불교는 생명과 우주, 즉 존재의 실상을 밝히려는 데에 그 의미가 있다. 그리하면 당연히 존재에 대한 인식적 분석이 개입된다. 존재는 분명 눈으로 보이는 거시세계巨視世界와 보이지 않는 미시세계微視世界가 있게 된다. 그런데 거시세계는 불교적 안목으로는 부정된다. 환幻이요, 물거품이요, 아침이슬이요, 그림자로서 일시적인 인연 화합에 의한 가합假合이라 보는 것이어서 믿을 수 없다는 것이다.

결국 공空이거나 무無로서 간주된다. 하여 인간의 지혜는 미시세계에 관심을 두어 분석한다. 물질이 분자로, 원자로, 그리고 소립자로 계속 작아져 존재의 근본 단위를 찾으려는 것이다. 원자는 전자와 원자핵으로 구성되고, 핵은 또 양자와 중성자로 분석이 되며, 양자를 분석하면…… 이렇게 끝없이 근원을 추적해 가다 보면 끝없는 미궁으로 떨어진다. 왜냐하면 어느 크기의 물질을 계속 작게 나눈다는 것은 산술적으로 그 끝이 없는 일이다. 소수점 이하로 백겁 동안을 지난다 해도 끝나는 작업이 아니다.

그것은 곧 존재의 혼돈을 의미한다. 실제로 전자현미경으로 미립자微粒子를 들여다보면 물질적 존재는 사라지고, 벌집처럼 빈 공간만 남는다는 것이다. 이름하여 환幻이요, 공空이요, 무無인데, 물질이 아니고 그렇다고 물질이 아닌 것도 아니어서 뭐라고 이름할 수 없는 희유稀有한 상태의 묘유妙有가 된다.

그렇다면, 거시세계는 미시세계를 구성요소로 삼아 존재한다는 것을 전제로 하여 중생들은 끝없이 애착을 지니고, 그것을 섭취하여 생존하고, 그를 쟁취하기 위해 투쟁하고, 그 과정에서 이른바 사고팔고 四苦八苦가 발생하게 된다. 허나, 존재에 대한 실상이 결국 껍데기의 빈 공간뿐이었다는 것에 중생들은 심한 자괴감과 허탈감을 느낀다. 오히려 지금까지의 인류가 존재에 대한 잘못된 인식과, 또 그에 대한 행위와 업業에 대한 후회와 반성이 요구되는 것이다. 이처럼 생명과 우주의 실상이 허구요 허상임을 자세히 인식하는 작업, 중생들에게는 먼저 그것이 필요하다.

헌데 불교에서 주장하는 인연에 의한 가합상태假合狀態가 하나의 존재 즉 물질이라 한다면, 소승적 부파인 설일체유부說一切有部는 나[我]라는 실체는 없으나, 나를 구성하는 근본적 법法은 존재한다는 주장이다. 이름하여 아공법유我空法有인데, 현대과학에서는 존재의 가합상태를 구성하는 기본단위 즉 원자론적 세계관을 실재實在로써 전제하고 있다. 그런데 우리가 논하고 있는 금강경은 이러한 법유론法有論을 철저히 부정한다. 그것이 인정된다면 불교의 무아론은 성립할 수가 없다. 하여 이 세계는 완벽한 공의 세계다. 오히려 공空이면서 유有이고, 유와 공의 세계를 모두 떠났다.

중요한 것은 중생들은 각기의 근기에 따라 유有의 세계를 사는 사람과 공空의 세계를 사는 사람들이 따로 있다. 그들의 미완의 과정을 넘어서 중도를 희롱하여 안정과 평온을 성취하는 또 다른 희유함도 있다. 한편, 기독교는 논리적 인식론을 거부한다. 신적神的인 영역을 논리적으로 논증하거나 분석해선 안 된다는 것이다. 무조건 비판

없이 인정하고 믿고 수용하라는 것이다. 이는 필연코 학문적 억지임이 분명하다.

결국 중세 암흑시대를 감당해야 했으며, 과학과 철학의 발전을 철저히 방해했다. 마침내 과학과 철학은 분리 독립하여 독자적 진화를 도모하게 되었으니, 르네상스 이후 근현대까지의 괄목할 만한 발전상이 바로 그것이다. 허지만, 불교는 모든 인식론적 분석과 비판을 수용하고 인정한다. 오히려 그것을 지원함으로서 어떠한 분야의 과학적 결론이나 철학적 인식에 어긋남이 없다.

그런데 고대 인도인들의 비유譬喩와 비교법比較法은 그 과장이 상상을 뛰어넘어 인간의 사유세계를 초월한다. 삼천대천세계를 부수어 먼지를 만든다든지, 그 먼지 수효만큼의 삼천대천세계에 온갖 금은보화를 가득 채워 보시한다든지 등등의 이러한 풍부한 상상력은 큰 자산이 되어 인식론의 큰 지평을 이뤘고, 세계적인 종교와 사상과 철학과 문학을 발생시키는 원동력이 되었다.

미진微塵이라 하는 것도 고대에는 과학적 탐구의 재료가 부족했던 시절에 막연히 물질의 기본적 구성단위를 일컫는 표현수단으로 인식된 것이다. 그런데 그 미진의 존재가 부정되고 있다. 왜냐하면 물질은 그 구성이 인연에 의한 일시적 가합假合이어서 실체가 있는 것이 아니고, 시간에 의해 분해되어 흔적도 없는 허망한 그림자 같은 것이기 때문이다.

앞에서 살폈듯이 현대과학적 분석에 의해서도 물질의 근본은 없고, 환幻의 연속일 뿐인 것이 확인된 것이다. 이 미진들이 없다는 것은 환幻이기 때문에 제일의제로서는 없는 것이며, 그럼에도 중생들의 시야로는 세속제로서 엄연히 눈앞에 존재하는 것이다.

금강경은 끝없는 역설 아닌 역설의 반복이다. 그것이 진리를 인식하게 하는 방법적 서술이다. 삼천대천세계의 엄연한 거시세계가 존재하지 않는다는 것이고, 존재하지 않지만 그렇기 때문에 존재한다는 역설적 미궁迷宮이다. 왜냐하면 삼천대천세계도 언젠가는 인연이 다하여 비바람과 온갖 풍상에 시달리며 분해되어 그 종말終末이 있을 것이니 말이다. 결국 가루가 되도 미진微塵이 되어 소립자素粒子의 해괴한 물질 아닌 물질이요, 혼돈 아닌 혼돈이며, 허깨비로서 환幻으로 변하는 것이다. 그 환을 만일 시력 100이나 1000의 능력으로 들여다볼 수 있으면 그곳은 아무것도 없다. 이름하여 공이요 무요 그림자일 뿐이다.

다시 본문으로 돌아가자.

"어째서 그러한가"라 함은 삼천대천세계를 잘게 부순 것이 수보리가 "매우 많다"고 하면서 그 이유를 설명하려는 것이다.

티끌들이 실제로 존재하는 것이라면, 부처님께서 티끌들이라고 말씀하시지 않았을 것이라 했는데, 말을 바꿔 말하면, 실제로는 존재하지 않기 때문에 부처님께서 티끌들이라고 말씀하셨다는 결론이 된다. 즉 인연 화합에 의해서 모여진 티끌들이기 때문에, 인연이 다하면 모두 흩어져 삼천대천세계와 같은 거시세계도 언젠가는 먼지 알이 되었다가 차츰 소멸되어지는 과정에서 공空이 되고 환幻이 될 것이니 말이다.

실체가 없는 무상無常한 허구이므로 티끌들이 실제로도 없는 것이라고 제일의제로서 말한 것이고, 없지만 그럼에도 현실로서는 우리들 눈앞에 확연하게 내보이니, 세속제로서는 티끌들이 있다고 말하는 것이다. 그리하여 부처님께서는 티끌들이 없기 때문에 이것들을 티끌들이라고 말씀하신다는 것이다.

世尊　如來　所說三千大千世界　卽非世界　是名世界
세존　여래　소설삼천대천세계　즉비세계　시명세계

何以故　若世界　實有者　卽是一合相　如來說　一合相
하이고　약세계　실유자　즉시일합상　여래설　일합상

卽非一合相　是名一合相　須菩提　一合相者　卽是不
즉비일합상　시명일합상　수보리　일합상자　즉시불

可說　但凡夫之人　貪着其事
가설　단범부지인　탐착기사

"세존이시여, 여래께서 말씀하시는 삼천대천세계는 곧 세계가 아니기 때문에 이를 세계라 이름하오이다. 어째서 그런가 하오면, 만일 세계가 실제로 있는 것이라면, 이것은 곧 한 덩어리전체상일 것이오이다. 여래께서 말씀하신 한 덩어리는 곧 한 덩어리가 아니기 때문에 이를 한 덩어리라 이름하나이다."
"수보리야, 한 덩어리라 한 것은 곧 이를 말로 할 수 없는 것이니라. 단지 범부들이 그 일을 탐내고 집착할 뿐이니라."

앞에서 미진중微塵衆을 예로 들었고, 지금은 매크로의 세계인 삼천대천세계를 내보이고 있다. 똑같은 논리로서, 삼천대천세계도 세계가 아니기 때문에 이를 세계라 이름한다는 것인데, 이 엄청난 크기의 대천세계도 하나의 물질덩어리인 이상은 그 종말이 있는 것은 필연이다. 인연의 사대四大가 흩어지면 그 자취도 없을 것이다. 왜냐하면 변치 않는 실체라는 것이 없기 때문이다. 얼기설기 엮어진 짚더미에 불과한 것이 이 삼천대천세계의 실상이다. 그러므로 딱딱한 고체 덩어리인 이 세계도 영원한 세계가 아니며, 그럼에도 현재는 눈앞에 존재하니, 세속제로서 세계라 이름한다는 것이다.

"어째서 그러한가"에 대한 대답이, 세계가 실제로 있는 것이라면 이는 곧 한 덩어리일 것이지만, 그 한 덩어리는 한 덩어리가 아니기에 한 덩어리라 이름한다고 했다. 그러므로 세계가 실제로는 없다는 것이 증명되는 것이고, 하나의 전체상全體相인 한 덩어리도 무상無常한 유한의 인연화합체因緣和合体이므로 승의제로서는 한 덩어리라 이름 할 것이 없고, 다만 현실에서는 한 덩어리라 이름한다는 것이다.

"말할 수 없다" 함은 삼천대천세계는 티끌들의 모임이므로 찾을 수 없는 것이다. 그러므로 티끌과 세계와 한 덩어리와 삼천대천세계라 는 것들이 모두 세속제로는 있을지언정, 제일의제로서는 없다는 결론 이다.

그럼에도 중생들은 온갖 분별을 지어 망념妄念을 일으킨다. 지금도 중생들은 땅을 파고 바다를 헤쳐 금덩이를 캐내기 위해 애를 쓰고 있다.

자칭 깨달았다고 자부하는 한 서생書生이 조주대사를 찾아왔다. 마침 대사는 산호로 만든 주장자를 지니고 있었다.
서생: "듣자하니, 천하의 선지식들은 남에게 주기를 좋아한다지요?"

대사: "천하의 대장부는 남의 물건에 욕심을 내지 않는다지요?"

서생: "나는 대장부가 아닙니다."

대사: "나도 선지식이 아니요."

　다음날 그 서생이 다른 친구들을 데리고 조주대사 처소에 다시
올라왔다. 다른 친구들은 모두 절을 하는데, 그 서생만은 하지 않는다.
대사는 개의치 않았으나, 짐짓 모른 체하며,

대사: "어찌 그대는 내게 절하지 않는가?"

서생: "불법에는 본래 오는 것도 없고, 가는 것도 없지 않습니까?
　그러니 절을 하는 것이 하지 않는 것이고, 하지 않는 것이 절하는
　것이지요!"

대사: "이리 가까이 오시지요!"

　아무것도 모르는 서생이 가까이 오자, 갑자기 뺨을 후려쳤다.

서생: "왜 때리는 거요?"

대사: "때리는 것은 때리지 않는 것이요, 때리지 않는 것은 때리는
　것일세!"

　서생은 즉시 사죄하고 삼배 후 물러갔다.

지견불생분知見不生分 제31第三十一

—지견을 내지 않음—

공동생활에 있어 다양한 의견은 공동선公同善을 도출해낼 수 있는 선의의 방법이다. 그리고 다중多衆이 인정할 수 있는 안전장치로서 토론과 협의에 의한 결론은 민주주의의 꽃이다. 그럼에도 이치와 논리를 부정하고 개인적 인기영합이라든가, 여론에 부화뇌동하여 목적을 잃어버리면 그 토론은 의미가 없다. 또 논쟁은 다분히 당파적인 이기주의가 개입되어 공동이익을 침해할 뿐 이익이 없다. 따라서 부처님 당시의 경전 결집의 회의방식은 참고가 되고 본받을 만하다.

전문적 지견知見이 있는 개인이 의견을 설하고, 그 후에 대중이 이에 대한 비평과 평가를 내려서 결론을 내리는 형식인데, 그 효율성에 있어 참고할 만하다. 요즘의 토론 방식은 지나치게 개인주의적인 방종이 지나쳐서 감정이 개입되고, 언어의 희롱으로 시간 소모가 많다. 비효율적인 난상토론과 공격적인 언어폭력은 소위 민주주의에 의한 민주주의를 오히려 파괴하는 결과가 된다. 또 화려한 언어구사 역시 알맹이 없는 인기주의에 시간만 허비한다.

일체법이 지혜에 의해서 운용되는 것이 아니고, 간혜乾慧, 즉 마른 지혜로써 서로 부딪히니, 아무런 내실이 없는 것이다. 부처님께서도 법등명法燈明이라 하셨다. 오직 법을 의지해 살고 수행해야 하며, 사람을 의지하거나 대상을 의지하지 말라 하셨다. 바른 법이란 부처님 말씀이다. 49년을 애써 설하신 팔만사천법문이 바로 그것이다. 부처님의 법은 헤아리거나 분별한 간혜가 아니고, 마음이 끊어진 자리에서 얻어진 반야바라밀의 말씀이다.

중생들의 알음알이는 습기가 없이 바싹 마른 간혜이기에 온전한 진리에 도달치 못한다. 따라서 중생계가 끝날 때까지 온갖 지견을 펴며, 업을 더하고 번뇌의 무더기를 쌓는다. 그러나 여래께서는 세계의 모든 것을 아시나 아는 바가 없고, 모든 불사를 하시나 하시는 바가 없으며, 한평생 법을 설하셨으나 한마디도 설하신 바가 없다. 이것이 불법佛法의 처음이요, 끝이며, 내용이고, 부처님의 진실한 모습이다. 그 외의 별스런 법法은 없다.

須菩提 若人言 佛說 我見人見衆生見壽者見 須菩
수보리 약인언 불설 아견인견중생견수자견 수보

提 於意云何 是人 解我所說義不 不也世尊 是人
리 어의운하 시인 해아소설의부 불야세존 시인

不解如來所說義 何以故 世尊 說我見人見衆生見壽
불해여래소설의 하이고 세존 설아견인견중생견수

者見 卽非我見人見衆生見壽者見 是名我見人見衆
자견 즉비아견인견중생견수자견 시명아견인견중

生見壽者見
생견수자견

"수보리야, 만일 어떤 사람이 "부처님께서 아견, 인견, 중생견, 수자견을 말씀하셨다"고 한다면, 네 생각에 어떠하냐, 이 사람이 내가 말한 뜻을 제대로 이해했다고 할 수 있겠느냐?"

"세존이시여, 이 사람은 여래께서 말씀하신 뜻을 이해하지 못하였나이다. 어째서 그런가 하오면, 세존께서 설하신 아견, 인견, 중생견, 수자견은 곧 아견, 인견, 중생견, 수자견이 아니기 때문에 이를 아견, 인견, 중생견, 수자견이라 이름하는 것이오이다."

세계는 미진微塵도 없고, 세계도 없고, 법法을 설한 바도 없으며, 중생도 없고, 여래의 오고감도 없다고 했으니, 어찌 부처님께서 중생들의 상相과 아집과 법집을 설하셨겠는가?

진실이 이러하니, 지난 49년간 부처님께서는 굳이 장광설長廣舌을 하셨어도 도무지 하신 바가 없이 하셨으며, 그러므로 중생들의 안목은 매우 졸렬하여 여래의 그 광대한 진실을 알지 못한다. 그러니 한겨울의 매서운 추위를 견뎌야 드디어 매화 향을 맡을 수 있는 것처럼, 중생들의 진정한 공부는 몸과 마음으로 깊이 체득하여 골수에까지 그 냉기가 사무쳐야 한다.

그런 점에서 나는 원효대사의 "단지, 만물에 무심하다면, 만물이 나를 둘러쌈이 무슨 방해가 되겠는가?"도 알고 있고, 영가대사의 "비록 칼을 맞아도 항상 평안하며, 독약을 마셔도 또 한가롭다" 한 것도 알고 있으며, 승조대사가 "사대四大가 본래 공하여 오온도 있는 것이 아니다" 함도 모르는 것이 아니다. 그러나 내 몸이 잘못되어 수술을 받고 난 후, 전신 마취가 깨자마자, 그 통증이란 상상을 초월했다. 이러한 때에 용궁의 산해진미山海眞味가 무슨 맛이 있겠으며, 또 천상의 감미로운 음악을 무슨 정신으로 감상할 수가 있겠으며, 화려한 극락세계의 황금보탑과 칠보궁전을 구경할 생각이나 나겠는가? 모두가 귀찮고 괴롭고 힘들기만 했다.

헌데 이처럼 온몸이 쑤시고 괴롭기만 한데, 만물에 무심하여 몸을 잊는다는 것은 무슨 말이며, 칼을 맞고 독약을 마신 듯 온 사지가 뒤틀리거늘, 항상 평안하고 한가롭다는 말은 또 무슨 말이며, 사대와 오온이 있어 이 몸이 쑤시거늘, 본래 공하여 있지 않다는 말은 또 무슨 말인가?

내가 가만히 반조하여 생각해보니, 지금까지 내가 경험하고 알아왔던 알음알이가 모두 극한의 고통과 통증과 괴로움 앞에서는 결국 두 무릎을 꿇게 되어, 나는 지금까지 아무짝에도 쓸 데 없는 간혜乾慧를 닦았을 뿐임을 절감한다. 그러므로 머리로 도道를 이해하거나, 또한 실답고 여법한 정진력이 없다면 그로써는 도무지 아무것도 이룰 수 없으며, 죽음의 사자 앞에 순종할 수밖에 없다는 것을 나는 알겠다. 결국, 선禪을 한다고 하여 하찮은 구두삼매口頭三昧를 해가지고서는 우리들 모두를 속일 뿐임을 우리 스스로 인정하는 것이다.

須菩提 發阿耨多羅三藐三菩提心者 於一切法 應如
수보리 발아뇩다라삼먁삼보리심자 어일체법 응여

是知 如是見 如是信解 不生法相 須菩提 所言法相
시지 여시견 여시신해 불생법상 수보리 소언법상

者 如來說 即非法相 是名法相
자 여래설 즉비법상 시명법상

"수보리야, 아뇩다라삼먁삼보리의 마음을 낸 사람은, 일체의 법에서 마땅히 이와 같이 알고, 이와 같이 보고, 이와 같이 믿고 이해하여 법상을 내지 말아야 하느니라. 수보리야, 이른바 법상이라고 하는 것은, 여래가 말하기를 곧 법상이 아니므로 이를 법상이라 이름하는 것이니라."

법상法相이라 함은 아我를 벗어난 밖의 것에 대한 상이니, 아상我相에 대한 법상法相이요, 아집我執에 대한 법집法執으로서 제법諸法에 대한 집착과 분별이다. 즉 밖의 세계가 환영임에도 실재인 것으로 착각하여 짓는 허물이다.

어떻게 그 허물을 없애는가. 아뇩다라삼먁삼보리의 마음을 낼 것이요. 무슨 방편이 있는가. 이와 같이 바르게 알고, 바르게 보며, 바르게 믿고, 이해하여 집착과 분별을 여읜다. 그렇게 되면 당연히 법집을 떠나 진실을 보는 지혜가 생긴다. 허나, 법집을 떠났다 함도 세간적인 표현일 뿐, 법상이라 하는 것은 법상이 아니므로 이를 법상이라 이름한다는 역설이 있게 된 것이다.

진리는 적요寂寥하고 무잡無雜하다. 그리하여 제일의제로서는 법상法相이 아닌 것이요, 본체가 움직여 현상으로 그 작용이 드러날 때는 삼라만상의 찬연한 진면목을 내보이니, 세속제로서 당연히 법상이라 이름한다고 했다.

노자老子가 죽었을 때 진일秦佚이 조상弔喪하며, "에고, 에고, 에고" 하며 딱 세 번 곡하고 나와 버린다. 제자가 진일에게 묻기를,

"노자는 선생님의 절친한 친구가 아닙니까?"

"그렇다네."

"그렇다면, 좀 더 성의 있게 곡을 해야지, 그렇게 딱 세 번 곡하고 나오면 안 되지 않습니까?"

"나도 처음에는 노자가 훌륭한 도인인 줄 알았네. 헌데 이곳에 와 보니 노자가 죽은 것을 마치 늙은이는 제 자식을 잃은 듯이 울고, 젊은이는 제 어미를 잃은 듯 슬프게 곡을 하고 있네. 이처럼 사람들의 정情을 모은 것은, 노자가 사람들을 정신적으로 속박하게끔 처신을 했다는 반증이네. 그러니 그냥 말 수는 없고, 그저 딱 세 번 한 것이라네."

응화비진분應化非眞分 제32第三十二

─응화신은 참이 아님─

이제 금강경의 마지막 결론이라 할 수 있는 유통분流通分을 설하고 있다.

세상의 어떤 가치보다도 뛰어나고, 세계의 어떤 비유와 비교로도 그 값을 논할 수 없는 금강경을 부디 많은 중생들이 수지독송하고, 타인을 위해 설해주기를 바라기 때문에 이름도 유통분으로 명명命名한 것이리라. 금은보화와 같은 물질은 중생들의 육신을 백 년 동안 유지시키는 데 필요한 것이지만, 이 경의 사구게만으로도 중생의 무명無明을 털어내고, 지혜를 밝혀 부처 되는 본바탕이 되는 것이니, 부처님의 지혜의 말씀이야말로 우리가 먹어야 할 진정한 음식이다.

맛없는 맛을 즐기려는 중생은 진정한 제자이고, 지혜 있는 제자이며, 무한한 시간과 공간 속에서 다시없는 기회를 만난 선택된 제자이다. 부처님의 위없는 법에 대하여 부정하거나 거역하지만 않아도 항하사의 공덕이 있다고 했으니, 방해만 하지 않아도 그는 언젠가 쉬이 구제될 인연이 있으며, 법의 향기에 훈습熏習되어 스스로가 불탑에 예배할 기약이 있다.

하물며 이 경을 읽고 외워 베끼고 타인을 위해 설함에 있어서야 더 말할 필요가 있겠는가. 따라서 이 경이나 이 경의 사구게만이라도 벽에 걸어두고 예배하는 곳이면, 그곳은 바로 부처님이 계신 곳이고, 존중할 만한 제자들이 계신 곳이며, 불탑佛塔과 묘당廟堂이 있는 곳이다. 뿐만 아니라, 모든 부처님과 부처님의 위없는 깨달음이 그곳에서 나왔으므로, 그곳은 바로 부처님의 몸이요 법신이며, 진리의 몸이 되는 곳이다. 그러므로 여래를 신앙하되 신앙함이 없으며, 아, 인, 중생, 수자도 없고, 법도 법 아님도 없고, 부처다, 중생이다, 번뇌다, 설법이다, 깨달음이다, 지옥이다, 극락이다, 남자다, 여자다, 이쁘다, 미웁다…… 등의 일체의 상相이 있을 수 없다.

오직 여여부동如如不動한 그 자리에서 무상無相을 종宗으로 하고, 무주無住를 체體로 삼아 이 금강경을 읽고 외우면서 실천할 뿐이다.

須菩提 若有人 以滿無量阿僧祇世界七寶 持用布施
수보리 약유인 이만무량아승지세계칠보 지용보시

若有善男子善女人 發菩薩心者 持於此經 乃至四句
약유선남자선여인 발보살심자 지어차경 내지사구

偈等 受持讀誦 爲人演說 其福勝彼
게등 수지독송 위인연설 기복승피

"수보리야, 만일 어떤 사람이 헤아릴 수 없는 무량한 세계에 가득 찬 칠보를 지녀 보시로 쓴다 해도, 만일 어떤 선남자 선여인이 보살심을 낸 이가 있어, 이 경의 사구게만이라도 받아 지녀, 읽고 외워 사람들을 위해 연설한다면, 그 복이 앞의 저 칠보의 복보다 수승하리라."

앞의 여러 단원에서 "이 경의 사구게만이라도 수지독송하면 한량없는 복덕이 있다"고 했다. 여기 응화비진분應化非眞分에서도 다시 반복하여 강조하고 있는데, 현재 시중에 유통되고 있는 금강경에는 발보살심자發菩薩心者 대신에 발보리심자發菩提心者로 되어 있다.

궁극적 의미에 있어서는 별 차이가 없다 하겠으나, 원작자의 깊은 의도를 변화시키거나 의심할 수는 없는 일이다. 사실 이 금강경이 대승보살운동大乘菩薩運動의 깃발을 내세운 혁신운동革新運動이기 때문에 이 경의 마무리가 발보살심자가 되는 것은 당연한 이치이다. 그런 관점에서 고려대장경과 대정신수대장경은 정확하게 발보살심자로 되어 있어, 구마라집의 역본에 충실하고 있다.

云何爲人演說 不取於相 如如不動 何以故
운 하 위 인 연 설　불 취 어 상　여 여 부 동　하 이 고

一切有爲法 如夢幻泡影
일 체 유 위 법　여 몽 환 포 영

如露亦如電 應作如是觀
여 로 역 여 전　응 작 여 시 관

"어떻게 남을 위해 연설해 주는가. 상을 취하지 말고 여여하게 움직이지 말아야 하느니라. 어째서 그러한가.
일체 유위의 법은 꿈같고, 환영 같고, 물거품 같고, 그림자 같으며, 이슬 같고, 번개와 같으니, 응당히 이와 같이 보아야 하느니라."

경을 받아 지녀 자신만을 이익 되게 하는 것이 소위 소승의 행태였으

므로, 대승의 보살운동에 있어서는 반드시 남을 위해 설해주어야 한다는 것이 원칙처럼 되어 있다. 그렇다면 어떻게 연설해 주어야 하는가의 마음자세와 행동요령을 제시한다.

우선 내가 누구를 위해 법을 설한다든가, 내가 무엇인가를 잘 알고 있다든가, 내가 너보다 더 많이 알고 있다든가 등등의 아만심我慢心이 다. 그 아만심은 필연코 상대를 무시하는 마음이 생기고, 뭔가의 대가를 요구하게 되고…… 등등. 이런 마음은 반드시 또 상대의 감정을 상하게 하여 다툼이 일어난다. 따라서 하나의 원인이 또 다른 문제의 시초가 되니, 부처님께서는 이에 여여부동如如不動하라 하셨다.

사상四相에 집착함이 없이 뭔가를 했으나 함이 없어야 하며, 여여如 如하여 마음이 요동치 말라 하셨다. 그것이 바로 법신의 작용이 되는 것으로 무량한 공덕이 될 것이라 하셨다. 말하자면, 설법과 침묵이 둘이 아닌 경지가 되어 그 무엇에도 집착하지 말라 하신 것이다. 그런 곳에는 오히려 유마일묵維摩一默이 메아리가 되어 삼천대천세계 를 뒤흔들 것이다.

옛 말씀에 무심도인無心道人은 부처님 윗자리에 앉는다는 말씀이 있다. 그만큼 무심의 어려움을 토로한 이유일 것이다. 그래서 이처럼 어느 대상이나 상에 집착하는 허물은 수행을 무너뜨리면서 도를 방해 하는 요인이 된다. 하여 옛 스님들은 여러 방편으로 사상四相의 집착을 깨버렸다.

벽암록碧巖錄을 지은 원오극근園悟克勤 스님은 영천원靈泉院 방장실 方丈室, 즉 벽암실碧巖室에서 "설두백측송고雪竇百則頌古"를 애송했다. 거기에 자기의 선기禪機를 활용해서 공안의 머리에 결론적인 비평으로 수시垂示를 쓰고, 공안公案과 송고頌古에는 풍자적인 단평短評인 착어著語를 내리고, 다시 비평적 주해註解인 평창評唱을 붙여서 벽암록을 완성했다.

이러한 즈음에, 선가禪家의 천칠백 공안에서의 표현은 언어문자를 사용했으나, 그저 단순한 언어문자가 아니어서, 설두스님은 그 중에서 백 개를 뽑아 설두중현雪竇重顯의 본칙과 송고, 원오스님의 수시와 착어와 평창으로써 심오한 격외格外의 선리禪理를 밝힌 것이다. 이것은 일반적 해석이 불가한 것이며, 역설과 부정의 집합적 결정체로 볼 수 있다. 그러니 듣기에 따라서 백인백색의 의미로 전달되며, 또 그 역으로도 해석이 가능하기도 하다.

이와 같은 허공의 구름 같은 벽암록이 나오자 전국의 수행 납자들이 이 벽암록을 달달 외워 가지고서는 전혀 깨달음이나 견처見處가 없으면서도 온갖 문자와 언어희롱을 일삼고, 궤변을 늘어놓는가 하면, 할을 하고 방을 휘두르며 눈썹을 치뜨거나 주먹을 불끈 펴 보이고 법상法床을 빙빙 돌며 요상한 행태를 모방하는 등, 종문宗門의 근본 종지를 어지럽히는 나쁜 풍조가 만연했다. 이런 행위야말로 아상과 법상의 극단적 행태라고 볼 수 있는 것이다.

급기야 이런 폐단을 막고자 하여 대혜大慧 스님은 벽암록과 그 판板을 모두 불태워 버렸다. 이를 두고 어리석은 자들은 원오스님을 무시한 처사라 비난하지만, 이는 오히려 언어문자의 집착과 사상四相을 깨뜨린 보살행인 것이다. 즉 문자반야文字般若에 집착하는 사람들의 정식情識을 불태운 것이지만, 벽암록 자체를 불태운 것은 아니다. 또 운문雲門의 고함소리와 덕산의 몽둥이질은 납자들의 집착과 아집의 무명無明을 깨뜨리는 방편인 것이지, 난잡한 만용이나 난봉 짓은 아닌 것이다. 또 간혹 정진 중에는 부처가 나타나고 조사가 출현하는 경계가 나타나는데, 그러한 때에 중하근기中下根機는 그에 애착을 느끼나 상근기上根機의 명안납자明眼衲子들은 부처를 죽이고 조사도 죽이는 것이다. 이는 환영幻影인 것으로 그에 집착하면 사이비 외도가 될 뿐이다. 그처럼 중생의 집착을 깨뜨리기 위해 옛 조사들은 다양한 방편을 사용했다.

덕산선감 스님은 말하기를, "나는 우리 조상과는 달리 생각한다. 부처도 조사도 없고, 보리달마는 냄새나는 야만인이다. 석가는 별 볼 일 없는 밑씻개요, 문수 보현은 변소 치는 청소원이다. 삼먁삼보리와 깨달음이란 족쇄를 벗어난 평범한 인간성에 불과하며, 보리 열반은 당나귀를 메는 나무 기둥에 불과하다. 십이분교十二分敎의 교학敎學이란 귀신 장부에 지나지 않으며, 종기의 고름을 닦아내는 휴지조각이다. 삼현사과三賢四果와 초심십지初心十地는 무덤에서 머뭇거리는 망령으로서 자신조차 구원하지 못한다."

참으로 지독한 독설이 아닐 수 없다. 그만큼 중생의 집착과 업장이 두텁고 질기므로 이를 깨뜨리기 위해서는 초강력의 충격요법이 요구되는 것이리라.

또 선화자禪和子의 일화가 있다. 어느 납자가 운문문언 스님에게 물었다.

"경에 석가가 태어날 때 사방으로 칠보七步하고, 오른손은 하늘을 향하고, 왼손은 땅을 향해서 "천상천하 유아독존 일체개고 아당안지天上天下 唯我獨尊 一切皆苦 我當安之"했다는데, 그 뜻이 무엇입니까?"

"안타깝게도 나는 그 자리에 없었다. 만일 내가 그 자리에 있었더라면, 몽둥이로 때려잡아서 개에게나 먹이로 던져주었을 것이다. 그래야 천하가 태평해지지" 하였다.

이에 납승이 크게 당황하여 다른 선사에게 가르침을 구했다.

"운문 큰스님께서 어찌 그런 말씀을 할 수가 있지요? 그것은 부처님에 대한 크나큰 불경죄가 아니겠습니까?"

"무슨 소리냐? 문언이야말로 무량한 공덕으로 불은佛恩을 갚은 것이다. 무량한 공덕인데 무슨 죄가 있느냐?"

이 일화가 차츰 송대宋代에까지 내려와 화두話頭가 되어서 많은 납자들 사이에 회자되었다. 이때 당시의 선지식이었던 혜홍惠洪 선사에게 한 학인이 이 일화를 물으며 가르침을 청했다. 그러자 혜홍 선사는,

"안타깝게도 나도 그 자리에 없었다. 만일 내가 그 자리에 있었더라면, 운문을 몽둥이로 때려잡아서 개에게나 먹이로 던져주었을 것이다. 그래야 천하가 태평해지지" 했다.

이것이야말로 부처라는 상에 대한 최극단적 파괴이며 부정이며 충격이다. 이 철방망이 같고, 독침 같고, 불화살 같고, 천둥벼락 같은 독설을 통하여 중생에게 회향시키면, 그것이 바로 무한자비로 전환되는 영약이 된다. 따라서 이런 뜻을 제대로 알면 옛 선사들의 한마디 한마디와 선어록禪語錄의 말씀들이 모두 전단栴檀일 것이지만, 집착과 애착을 떠나지 못하면 팔만장경판이 모두 부숴버려야 할 대상이 될 뿐이다.

하택신회荷澤神會는 육조혜능 대사六祖慧能大師의 제자로서 돈법頓法
을 선양하고, 스승을 중국 육조六祖로 안착시키는 데 큰 공을 세운
선사이다.

신회가 13세에 조계를 찾아오자,

"어서 오라. 천리 길을 오느라 고생이 많았겠군! 헌데 너는 여기까지
오면서 근본적 바탕을 가져왔느냐? 어디 한번 일러 보아라!"

"머무름 없는 것으로 바탕을 삼으니, 보는 것이 바로 주인입니다."

"어린 것이 어찌 이리도 당돌한 말을 하는고?"

"스님께선 좌선하실 때 보는 게 있습니까, 없습니까?"

대사가 갑자가 몽둥이를 들어 세 번 후려쳤다.

"아픈가? 아프지 않은가?"

"아프기도 하고 안 아프기도 합니다."

"나도 역시 보기도 하고 안 보기도 한다."

"어째서 보기도 하고 안 보기도 한다는 것입니까?"

"내가 본다 함은 내 허물을 보는 것이요, 안 본다 함은 옳고 그름,
좋고 나쁨을 보지 않는다는 뜻이다. 그래서 보기도 하고 안 보기도
한다고 했다. 헌데 너는 아프기도 하고 안 아프기도 한다는데, 이
무슨 뜻인가? 아프다면 속인이어서 억울하여 성을 낼 것이고, 안
아프다면 목석과 다름없는 인간일 뿐이다. 너는 어느 한쪽에 집착한
것이고, 또 나고 죽는 현상의 문제이니, 너는 참 본성도 보지 못하고
어찌 감히 말장난을 늘어놓느냐?"

신회는 크게 뉘우치며 참회의 절을 올렸다. 이후 정성을 다해 스승을 모셨다.

어느 때 법회가 있어 혜능 대사가 대중에게 이르기를,

"내게 한 물건이 있으니, 머리도 없고, 꼬리도 없고, 이름도 없고, 문자도 없고, 앞도 뒤도 없고, 밝기는 태양을 능가하고, 어둡기가 칠통을 닮았으며, 대지를 괴고 하늘을 받치노니, 알겠느냐?"

이에 신회가 벌떡 일어나,

"그건 모든 부처의 근본根本이며, 이 몸 신회의 불성佛性입니다."

"이미 내가 너에게 분명히 이름도 문자도 없다 했는데, 너는 근본이니 불성이니 떠들고 있다. 앞으로 네가 제자들을 잔뜩 거느린 스승이 된다 해도 너는 기껏해야 머리나 굴리는 지해종도知解宗徒가 되리라!"

과연 이 예언은 들어맞았다. 후에 신회가 그렇게 되었다.

혜능이 다음 달에 열반에 든다고 하자, 온 대중이 통곡하며 슬퍼했으나, 오직 신회만이 동요되지 않고 눈물이 없었다. 이에 대사가,

"오직 신회만이 좋은 일, 궂은일을 모두 떠나 버렸구나! 그만이 명예와 불명예, 슬픔과 기쁨을 떠났구나! 나머지는 그렇지 못하니, 이 산에 그토록 오래 있었으면서 대체 무슨 도를 닦았느냐? 슬피 우는 것은 누굴 걱정해서 우는 것이냐? 내가 가는 곳을 몰라 걱정이 되는 것이냐? 나는 내가 가는 곳을 잘 알고 있다."

이어서 다시 말하기를,

"너희는 잘 있거라. 내가 떠난 후 인정에 따르지 말라. 울지도 말고 상복을 입지도 말라. 조문을 받거나 하면 나의 제자가 아니다. 또 바른 법도 아니다. 다만 자기의 참 본성을 보면 움직임도, 고요함도,

태어남도, 죽음도, 가고 옴도, 그름도, 미움도, 떠남도 없음을 알게
되리라!"

佛說是經已　長老須菩提　及諸比丘比丘尼　優婆塞
불 설 시 경 이　장 로 수 보 리　급 제 비 구 비 구 니　우 바 새

優婆夷　一切世間　天人阿修羅　聞佛所說　皆大歡喜
우 바 이　일 체 세 간　천 인 아 수 라　문 불 소 설　개 대 환 희

信受奉行　金剛般若波羅蜜經
신 수 봉 행　금 강 반 야 바 라 밀 경

眞言 진언

那謨婆伽跋帝　鉢喇壤　波羅弭多曳
나 모 바 가 바 떼　쁘 라 가　바 라 미 따 에

唵　伊利底　伊室利　輸盧馱
옴　이 리 띠　이 실 리　슈 로 다

毘舍耶　毘舍耶　莎婆訶
비 사 야　비 사 야　사 바 하

부처님께서 이 경을 설해 마치시었다.
장로 수보리와 비구 비구니 우바새 우바니 일체 세간의 하늘과
인간과 아수라가 부처님께서 설하신 바를 듣고, 모두 크게 기뻐
하며, 금강반야바라밀경을 믿고 받아들여 받들어 행하였다.

이제, 이상으로써 금강경 말씀이 끝나고, 그 끝맺음에 있어 함께
하여 설법을 들은 사부대중四部大衆들이 기뻐하면서 물러갔다는 얘기
이다. 헌데 이 경이 시작할 때는 큰 비구들 천이백오십인과 함께

했다고 했는데, 끝맺음에는 장로 수보리를 제외하고 전에 없던 비구니, 우바새, 우바이 등이 나타난다. 이는 옛 스님들의 말씀에 의하면, 앞뒤의 등장인물이 같아야 할 것이지만, 앞에 든 사람은 뒤에 생략하고, 뒤에 든 사람은 앞에서 생략하는 하나의 문장구성기법이라고 했다.

금강경을 시작함에, 처음 수보리 존자가 어떻게 마음을 머물고, 어떻게 그 마음을 항복받으오리까, 하는 의문으로 시작하여 부처님의 중생에 대한 가지가지의 비유와 방편으로 법을 설해주셨다. 이를 듣고 수많은 중생들이 마음의 문이 열리고, 지혜의 눈이 트이며, 번뇌가 깨지고, 업이 녹아서 환희용약歡喜勇躍하지 않을 수 없었으며, 따라서 부처님 또한 하실 말씀을 다 하셨으니, 금강경 설하심을 마칠 필요가 있게 되었다.

한편, 대개의 우리 유통본들이 이 경의 끝에 "신수봉행信受奉行"으로 끝이 나는데, 구마라집 역본에는 분명히 "금강반야바라밀경金剛般若波羅密經"의 문자와 진언眞言이 붙어 있다. 생략된 이유는 아마도 우리의 불교가 선종화禪宗化되어가는 과정에서 의도적으로 삭제된 것으로 보인다. 다시 한 번 강조하거니와, 옛 고전은 고치거나 어떤 첨삭이 있어서는 안 된다.

우리가 구마라집의 역본을 의지하는 이상은 작가의 의도에 충실할 필요가 있다. 왜냐하면, 이 경이 단순히 문자 해석이나 하는 지식산업의 일환이 아니기 때문이다. 또한 진언은 그것대로 중요한 의미를 지니는 것이어서, 경에 생명을 불어넣는 것이고, 부처님 눈에 점點을 찍는 것과 다름이 없다. 하여 그것을 어떤 특별한 능력으로 생각하지는 않는다 해도, 그 자체로서 믿음의 징표가 되며, 하나의 우주의 소리요

조화의 음성으로 생각한다면, 신앙의 목적은 달성된 것이다.

　오직 신성시하고 경배의 대상으로 존중하며, 괴로울 때나 기쁠 때를 불문하고 이 진언만이라도 외워 지닌다면, 우리의 삶이 더욱 밝고 윤택하며, 믿음은 깊어져 구경究竟에는 우리 모두 성불成佛을 기약할 수 있을 것이리라. 왜냐하면 금강경은 논리가 아니어서 생활 속의 잠언箴言이요, 깨달음의 노래이며, 해탈의 찬가讚歌이기 때문이다.

　　　　　　　　　　　　　금강경 요해(金剛經 了解)

　　　　　　　　　　　　　　　　　終

과거칠불 및 삼십삼조사 게송
過去七佛 及 卅三祖師 偈頌

제1第一 비바시불毘婆尸佛

신종무상중수생身從無相中受生　유여환출제형상猶如幻出諸形像
환인심식본래공幻人心識本來空　죄복개공무소주罪福皆空無所住

몸이 향상 없는 가운데로 좇아 수생함이
마치 환화에서 모든 형상이 나는 듯하도다.
환화인의 마음과 알음알이 본래 공하니
죄와 복도 다 공해 주착한 바 없도다.

제2第二 시기불尸棄佛

기제선법본시환起諸善法本是幻　조제악업역시환造諸惡業亦是幻
신여취말심여풍身如聚沫心如風　환출무근무실성幻出無根無實性

모든 선법이 본래 환화가 일어남이요
모든 악업을 짓는 것 또한 환화로다.
몸은 물거품 같고 마음은 바람 같도다
환화의 출현은 뿌리도 없고 실다운 성품도 없도다.

제3第三 비사부불毘舍浮佛

가차사대이위신假借四大以爲身　심본무생인경유心本無生因境有
전경약무심역무前境若無心亦無　죄복여환기역멸罪福如幻起亦滅

거짓 사대를 빌려서 몸으로 삼고
마음은 본래 없어 경계로 인애 생한다.
경계가 없다면 마음도 없나니
죄와 복이 환화와 같아 일어나자 또한 멸한다.

제4第四 구류손불拘留孫佛

견신무실시불신見身無實是佛身　요심여환시불심了心如幻是佛心
요득신심본성공了得身心本性空　사인여불하수별斯人與佛何殊別

몸이 진실치 않음을 보면 이는 부처의 몸이요.
마음이 환 같음을 요달하면 이는 부처의 마음이라.
몸과 마음의 본 성품이 공함을 요달해 얻으면
그 사람은 부처와 더불어 어찌 다르겠는가.

제5第五 구나함모니불拘那舍牟尼佛

불불견신지시불佛不見身知是佛　약실유지별무불若實有知別無佛
지자능지죄성공智者能知罪性空　탄연불구어생사坦然不懼於生死

294

부처는 몸을 보지 않고도 부처인 줄 알지만
진실로 아는 것이 있다면 따로 부처가 없도다.
지혜로운 이는 능히 죄의 성품이 공함을 알아
태연하여 생사를 두려워 않는도다.

제6第六 가섭불迦葉佛

일체중생성청정一切衆生性淸淨　종본무생무가멸從本無生無可滅
즉차신심시환생卽此身心是幻生　환화지중무죄복幻化之中無罪福

일체 중생의 성품은 청정하여
본래로 생함이 없고 가히 멸함도 없도다.
곧 이 몸과 마음이 환화에서 생겼으니
환화 가운데는 죄와 복이 없도다.

제7第七 석가모니불釋迦牟尼佛

법본법무법法本法無法　무법법역법無法法亦法
금부무법시今付無法時　법법하증법法法何曾法

법이라 하는 본래 법은 법이 없는 법이요
없는 법이란 법도 또한 법이라.
이제 없는 법을 부촉하는 때
법 법은 어찌해 일찍이 법인가.

제1조第一祖 마하가섭존자摩訶迦葉尊者

법법본래법法法本來法　　무법무비법無法無非法
하어일법중何於一法中　　유법유불법有法有不法

법 법은 본래 법이라
법도 없고 법 아님도 없나니.
어찌 한 법 가운데
법이 있고 법 아님이 있으리.

제2조第二祖 아난존자阿難尊者

본래부유법本來付有法　　부료언무법付了言無法
각각수자오各各須自悟　　오료무무법悟了無無法

본래 있는 법을 부촉하였지만
부촉하고는 없는 법이라 말하니라.
각각 모름지기 스스로 깨달을 지니
법 깨달아 마치면 없는 법도 없으리라.

제2조第三祖 상나화수존자商那和修尊者

비법역비심非法亦非心　　무심역무법無心亦無法
설시심법시說是心法時　　시법비심법是法非心法

법도 아니고 또한 마음도 아니다
마음도 없고 또한 법도 없도다.
이 마음의 법을 설할 때
이 법은 마음법도 아니니라.

제4조第四祖 우바국다존자優婆麴多尊者

심자본래심心自本來心　　본심비유법本心非有法
유법유본심有法有本心　　비심비본법非心非本法

마음은 본래부터의 마음이니
본래의 마음은 법이 있는 것 아니다.
법이 있고 본래의 마음이 있다면
마음도 아니요 본래의 법도 아니다.

제5조第五祖 제다가존자提多迦尊者

통달본심법通達本心法　　무법무비법無法無非法
오료동미오悟了同未悟　　무심역무법無心亦無法

본래 마음법을 통달하면
법도 없고 법 아님도 없도다.
깨달음을 마쳐도 깨닫지 않음 같나니
마음도 없고 또한 법도 없도다.

제6조第六祖 미차가존자彌遮迦尊者

무심무가득無心無可得　설득불명법說得不名法
약료심비심若了心非心　시해심심법始解心心法

마음 없으면 가히 얻을 것이 없나니
이름 없는 법을 얻어서 설하여
만약 마음 아닌 마음을 요달하면
비로소 마음법을 마음으로 요해하리라.

제7조第七祖 바수밀존자婆須密尊者

심동허공계心同虛空界　시등허공법示等虛空法
증득허공시證得虛空時　무시무비법無是無非法

마음이 허공계와 같아서
허공과 같은 법을 보이나니
허공을 증득하게 될 때에
옳은 법도 없고 그른 법도 없나니라.

제8조第八祖 불타난제존자佛陀難提尊者

허공무내외虛空無內外　심법역여차心法亦如此
약료허공고若了虛空故　시달진여리是達眞如理

허공은 안과 밖이 없으니
마음법도 또한 이와 같도다.
만약 허공의 연고를 요달하면
이에 진여의 도리를 통달하리라.

제9조第九祖 복타밀다존자伏馱密多尊者

진리본무명眞理本無名　인명현진리因名顯眞理
수득진실법受得眞實法　비진역비위非眞亦非僞

진리는 본래 이름이 없지만
이름을 인연하여 진리를 나투는도다.
진실한 법을 이어받으면
진실도 아니고 또한 거짓도 아니리라.

제10조第十祖 협존자脇尊者

진체자연진眞體自然眞　인진설유리因眞說有理
영득진진법領得眞眞法　무행역무지無行亦無止

참 본체는 자연히 참되니
참됨에 인하여 진리를 설한다.
참으로 참된 법임을 영득하면
행할 것도 없고 또한 그칠 것도 없다.

제11조第十一祖 부나야사존자富那夜奢尊者

미오여은현迷悟如隱顯　명암불상리明暗不相離
금부은현법今付隱顯法　비일역비이非一亦非二

미혹과 깨달음은 숨음과 드러냄 같고
밝음과 어두움은 서로 여의지 않나니
이제 숨음과 드러남의 법을 부촉하나니
하나도 아니고 또한 둘도 아니로다.

제12조第十二祖 마명존자馬鳴尊者

은현즉본법隱顯卽本法　명암원불이明暗元不二
금부오료법今付悟了法　비취역비리非取亦非離

숨음과 드러냄이 곧 본래 법이라
밝음과 어두움이 원래 둘이 아니니라.
이제 깨달아 마친 법을 부촉하노니
취할 것도 아니고 여읠 것도 아니로다.

제13조第十三祖 가비마라존자迦毘摩羅尊者

비은비현법非隱非顯法　설시진실제說是眞實際
오차은현법悟此隱顯法　비우역비지非愚亦非智

숨지도 않고 드러나지 않는 법은
이 진실한 실제를 설함이니
이 숨음과 드러난 법을 깨달으면
어리석지도 않고 지혜롭지도 않도다.

제14조第十四祖 용수존자龍樹尊者

위명은현법爲明隱顯法   방설해탈리方說解脫理
어법심부증於法心不證   무진역무희無嗔亦無喜

숨음과 드러난 법을 밝히기 위하여
방편으로 해탈의 진리를 설함이로다.
법을 증득하려는 마음이 없으면
진애도 없고 또한 환희도 없으리로다.

제15조第十五祖 가나제바존자迦那提婆尊者

본대전법인本對傳法人   위설해탈리爲說解脫理
어법실무증於法實無證   무종역무시無終亦無始

본래 법 전할 사람을 대신하여
해탈의 이치를 해설하지만
실제로 법을 증득함이 없어서
종말이 없고 또한 시원이 없느니라.

제16조第十六祖 나후라다존자羅睺羅多尊者

어법실무증於法實無證   불취역불리不取亦不離
법비유무상法非有無相   내외운하기內外云何起

법을 실제로 증득한 것이 없고
취할 것도 없고 또한 여읠 것도 없도다.
법은 있고 없는 형상이 아닌데
어찌 안과 밖이 일어나리오.

제17조第十七祖 승가난제존자僧迦難提尊者

심법본무생心法本無生   인지종연기因地從緣起
연종불상방緣種不相妨   화과역부이華果亦復爾

마음법은 본래 생함이 없지만
심지를 인하고 연을 좇아 일어나니
반연과 종자가 서로 방해하지 않나니
꽃과 열매가 또한 그러하도다.

제18조第十八祖 가야사다존자伽耶舍多尊者

유종유심지有種有心地   인연능발맹因緣能發萌
어연불상애於緣不相碍   당생생불생當生生不生

종자가 있고 심지가 있으면
인연에 의해서 능히 싹이 나나니
반연하여 서로 장애가 되지 않으면
나는 때에 나지만 나지 않음이로다.

제19조第十九祖 구마라다존자鳩摩羅多尊者

성상본무생性上本無生　위대구인설爲對求人說
어법기무득於法旣無得　하회결불결何懷決不決

성품 위에 본래 생함이 없지만
구하는 사람을 대신해 말함이로다.
법은 이미 얻을 바가 없거늘
어찌 깨치고 깨치지 못함을 걱정하리오.

제20조第二十祖 사야다존자闍夜多尊者

언하합무생言下合無生　동어법계성同於法界性
약능여시해若能如是解　통달사리경通達事理竟

말 아래에 무생법과 계합하면
법계성과 같아지나니
만약 능히 이와 같이 요해하면
사와 리를 구경에 통달하리라.

제21조第二十一祖 바수반두존자婆修盤頭尊者

포환동무애泡幻同無碍   여하불료오如何不了悟
달법재기중達法在其中   비금역비고非今亦非古

물거품과 허깨비 같아서 걸림이 없거늘
어찌하여 깨달아 마치지 못하는가.
통달한 법이 그 가운데 있나니
이제도 아니고 또한 예도 아니로다.

제22조第二十二祖 마나라존자摩拏羅尊者

심수만경전心隨萬境轉   전처실능유轉處實能幽
수류인득성隨流認得性   무희역무우無喜亦無憂

마음이 일만 경계를 따라 유전하지만
유전하는 곳에 실로 능히 그윽하도다.
흐름을 따라 본성을 인증하여 얻으면
기쁨도 없고 또한 근심도 없도다.

제23조第二十三祖 학륵나존자鶴勒那尊者

인득심성시認得心性時   가설부사의可說不思議
요요무가득了了無可得   득시불설지得時不說知

마음의 본성 인증을 얻을 때
가히 부사의라고 말하지만
요요하되 가히 얻을 수 없나니
얻을 때는 안다고 말하지 않느니라.

제24조第二十四祖 사자존자師子尊者

정설지견시正說知見時　지견구시심知見俱是心
당심즉지견當心卽知見　지견즉재금知見卽在今

바른 지견을 설할 때에
지와 견이 함께 이 마음이라.
응당 마음이 곧 지견이니
지견이란 곧 지금 그대로이니라.

제25조第二十五祖 바사사다존자婆舍斯多尊者

성인설지견聖人說知見　당경무시비當境無是非
아금오진성我今悟眞性　무도역무리無道亦無理

성인이 지견을 말씀하시니
경계에 당하여 옳고 그름이 없도다.
내 이제 참 성품을 깨달으니
도도 없고 또한 이치도 없도다.

제26조第二十六祖 불여밀다존자不如密多尊者

진성심지장眞性心地藏　무두역무미無頭亦無尾
응연이화물應緣而化物　방편호위지方便呼爲智

참 성품이 심지에 감춰져 있나니
머리도 없고 꼬리도 없도다.
인연 따라서 중생을 교화하기에
방편으로 지혜라고 부르느니라.

제27조第二十七祖 반야다라존자般若多羅尊者

심지생제종心地生諸種　인사부생리因事復生理
과만보리원果滿菩提圓　화개세계기華開世界起

마음 경지에서 모든 종자가 생하되
일에 인해서 다시 이치가 생기나니
결과가 만족하면 보리로 원만해지리니
꽃이 피고 세계가 일어나도다.

제28조第二十八祖 보리달마조사菩提達磨祖師

오본래차토吾本來此土　전법구미정傳法救迷情
일화개오엽一花開五葉　결과자연성結果自然成

306

내가 본래 이 국토에 온 뜻은
법을 전해 미혹 중생을 구제하기 위함이라.
한 떨기 꽃에 다섯 잎이 피어서
열매 맺음이 자연으로 이루리라.

제29조第二十九祖 신광혜가조사神光祖慧可祖師

본래유연지本來有緣地   인지종화생因地種花生
본래무유종本來無有種   화역부증생花亦不曾生

본래 땅이 있음을 반연하여
땅으로 인해 종자와 꽃이 생하도다.
본래 종자가 있지 않은지라
꽃도 또한 일찍이 나지 않으리.

제30조第三十祖 감지승찬조사鑑智僧璨祖師

화종수인지華種雖因地   종지종화생從地種華生
약무인하종若無人下種   화지진무생華地盡無生

꽃과 종자가 비록 땅을 인하고
땅으로 좇아 종자와 꽃이 나지만
만일 종자를 심는 자가 없으면
꽃밭에 다 생함이 없으리로다.

제31조第三十一祖 대의도신조사大醫道信祖師

화종유생성華種有生性　인지화생생因地華生生
대연여성합大緣與性合　당생생불생當生生不生

꽃씨는 나오는 성품이 있어서
땅을 인하여 나와 꽃이 피나니
큰 반연으로 더불어 성품이 부합하면
마땅히 나고 남은 나는 것이 아니니라.

제32조第三十二祖　대만홍인조사大滿弘忍祖師

유정래하종有情來下種　인지과환생因地果還生
무정기무종無情旣無種　무성역무생無性亦無生

유정이 와서 종자를 뿌리면
땅을 인하여 열매가 생기지만
무정은 이미 종자가 없는지라
성품도 없고 또한 생함도 없느니라.

제33조第三十三祖　대감혜능조사大鑑慧能祖師

심지함제종心地含諸種　보우실개생普雨悉皆生
돈오화정이頓悟華情已　보리과자성菩提果自成

심지에 모든 종자를 머금어서
널리 비가 오면 싹이 나오리라.
화정을 돈오하여 마치면
보리의 열매는 자연히 이루리로다.

金剛般若波羅蜜經

姚秦天竺三藏 鳩摩羅什 譯

法會因由分 第一
법회인유분 제일

如是我聞 一時 佛 在舍衛國祇樹給孤獨園 與大比丘
여시아문 일시 불 재사위국기수급고독원 여대비구

衆 千二百五十人 俱 爾時 世尊 食時 着衣持鉢 入舍
중 천이백오십인 구 이시 세존 식시 착의지발 입사

衛大城 乞食 於其城中 次第乞已 還至本處 飯食訖
위대성 걸식 어기성중 차제걸이 환지본처 반사흘

收衣鉢 洗足已 敷座而坐
수의발 세족이 부좌이좌

善現起請分 第二
선현기청분 제이

時 長老須菩提 在大衆中 卽從座起 偏袒右肩 右膝着
시 장로수보리 재대중중 즉종좌기 편단우견 우슬착

地 合掌恭敬 而白佛言 希有世尊 如來 善護念諸菩薩
지 합장공경 이백불언 희유세존 여래 선호념제보살

善付囑諸菩薩 世尊 善男子善女人 發阿耨多羅三藐三
선부촉제보살 세존 선남자선여인 발아뇩다라삼먁삼

菩提心 應云何住 云何降伏其心 佛言 善哉善哉 須菩
보리심 응운하주 운하항복기심 불언 선재선재 수보

提 如汝所說 如來 善護念諸菩薩 善付囑諸菩薩 汝今
리 여여소설 여래 선호념제보살 선부촉제보살 여금

諦聽 當爲汝說 善男子善女人 發阿耨多羅三藐三菩提
제청 당위여설 선남자선여인 발아뇩다라삼먁삼보리

心 應如是住 如是降伏其心 唯然 世尊 願樂欲聞
심 응여시주 여시항복기심 유연 세존 원요욕문

大乘正宗分 第三
대승정종분 제삼

佛告須菩提 諸菩薩摩訶薩 應如是降伏其心 所有一切
불고수보리 제보살마하살 응여시항복기심 소유일체

衆生之類 若卵生 若胎生 若濕生 若化生 若有色 若
중생지류 약란생 약태생 약습생 약화생 약유색 약

無色 若有想 若無想 若非有想非無想 我皆令入無餘
무색 약유상 약무상 약비유상비무상 아개영입무여

涅槃 而滅度之 如是滅度 無量無數無邊衆生 實無衆
열반 이멸도지 여시멸도 무량무수무변중생 실무중

生 得滅度者 何以故 須菩提 若菩薩 有我相人相衆生
생 득멸도자 하이고 수보리 약보살 유아상인상중생

相壽者相 卽非菩薩
상수자상 즉비보살

妙行無住分 第四
묘행무주분 제사

復次須菩提 菩薩 於法 應無所住 行於布施 所謂不住
부차수보리 보살 어법 응무소주 행어보시 소위부주

色布施 不住聲香味觸法布施 須菩提 菩薩 應如是布
색보시 부주성향미촉법보시 수보리 보살 응여시보

施 不住於相 何以故 若菩薩 不住相布施 其福德 不
시 부주어상 하이고 약보살 부주상보시 기복덕 불

可思量 須菩提 於意云何 東方虛空 可思量不 不也世
가사량 수보리 어의운하 동방허공 가사량부 불야세

尊 須菩提 南西北方 四維上下虛空 可思量不 不也世
존 수보리 남서북방 사유상하허공 가사량부 불야세

尊 須菩提 菩薩 無住相 布施福德 亦復如是 不可思
존 수보리 보살 무주상 보시복덕 역부여시 불가사

量 須菩提 菩薩 但應如所敎住
량 수보리 보살 단응여소교주

如理實見分 第五
여리실견분 제오

須菩提 於意云何 可以身相 見如來不 不也世尊 不可
수보리 어의운하 가이신상 견여래부 불야세존 불가

以身相 得見如來 何以故 如來所說身相 卽非身相 佛
이신상 득견여래 하이고 여래소설신상 즉비신상 불

告須菩提 凡所有相 皆是虛妄 若見諸相非相 則見如來
고수보리 범소유상 개시허망 약견제상비상 즉견여래

正信希有分 第六
정신희유분 제육

須菩提 白佛言 世尊 頗有衆生 得聞如是 言說章句
수보리 백불언 세존 파유중생 득문여시 언설장구

生實信不 佛告須菩提 莫作是說 如來滅後後五百歲
생실신부 불고수보리 막작시설 여래멸후후오백세

有持戒修福者 於此章句 能生信心 以此爲實 當知是
유지계수복자 어차장구 능생신심 이차위실 당지시

人　不於一佛二佛三四五佛　而種善根　已於無量　千萬
인　불어일불이불삼사오불　이종선근　이어무량　천만

佛所　種諸善根　聞是章句　乃至一念　生淨信者　須菩提
불소　종제선근　문시장구　내지일념　생정신자　수보리

如來　悉知悉見　是諸衆生　得如是無量福德　何以故　是
여래　실지실견　시제중생　득여시무량복덕　하이고　시

諸衆生　無復我相人相衆生相壽者相　無法相　亦無非法
제중생　무부아상인상중생상수자상　무법상　역무비법

相　何以故　是諸衆生　若心取相　則爲着我人衆生壽者
상　하이고　시제중생　약심취상　즉위착아인중생수자

若取法相　卽着我人衆生壽者　何以故　若取非法相　卽
약취법상　즉착아인중생수자　하이고　약취비법상　즉

着我人衆生壽者　是故　不應取法　不應取非法　以是義
착아인중생수자　시고　불응취법　불응취비법　이시의

故　如來常說　汝等比丘　知我說法　如筏喩者　法尙應捨
고　여래상설　여등비구　지아설법　여벌유자　법상응사

何況非法
하황비법

無得無說分 第七
무득무설분 제칠

須菩提　於意云何　如來　得阿耨多羅三藐三菩提耶　如
수보리　어의운하　여래　득아뇩다라삼먁삼보리야　여

來有所說法耶　須菩提言　如我解佛所說義　無有定法
래유소설법야　수보리언　여아해불소설의　무유정법

名阿耨多羅三藐三菩提　亦無有定法　如來可說　何以故
명아뇩다라삼먁삼보리　역무유정법　여래가설　하이고

如來所說法　皆不可取　不可說非法　非非法　所以者何
여래소설법　개불가취　불가설비법　비비법　소이자하

314

一切賢聖 皆以無爲法 而有差別
일체현성 개이무위법 이유차별

依法出生分 第八
의법출생분 제팔

須菩提 於意云何 若人 滿三千大千世界七寶 以用布
수보리 어의운하 약인 만삼천대천세계칠보 이용보

施 是人 所得福德 寧爲多不 須菩提言 甚多世尊 何
시 시인 소득복덕 영위다부 수보리언 심다세존 하

以故 是福德 卽非福德性 是故 如來說福德多 若復有
이고 시복덕 즉비복덕성 시고 여래설복덕다 약부유

人 於此經中 受持乃至四句偈等 爲他人說 其福 勝彼
인 어차경중 수지내지사구게등 위타인설 기복 승피

何以故 須菩提 一切諸佛 及諸佛 阿耨多羅三藐三菩
하이고 수보리 일체제불 급제불 아뇩다라삼먁삼보

提法 皆從此經 出 須菩提 所謂佛法者 卽非佛法
리법 개종차경 출 수보리 소위불법자 즉비불법

一相無相分 第九
일상무상분 제구

須菩提 於意云何 須陀洹 能作是念 我得須陀洹果不
수보리 어의운하 수다원 능작시념 아득수다원과부

須菩提言 不也世尊 何以故 須陀洹 名爲入流 而無所
수보리언 불야세존 하이고 수다원 명위입류 이무소

入 不入色聲香味觸法 是名須陀洹 須菩提 於意云何
입 불입색성향미촉법 시명수다원 수보리 어의운하

斯陀含 能作是念 我得斯陀含果不 須菩提言 不也世
사다함 능작시념 아득사다함과부 수보리언 불야세

尊 何以故 斯陀含 名一往來 而實無往來 是名斯陀含
존 하이고 사다함 명일왕래 이실무왕래 시명사다함

須菩提 於意云何阿那含 能作是念 我得阿那含果不
수보리 어의운하아나함 능작시념 아득아나함과부

須菩提言 不也世尊 何以故 阿那含 名爲不來 而實無
수보리언 불야세존 하이고 아나함 명위불래 이실무

不來 是故 名阿那含 須菩提 於意云何 阿羅漢 能作
불래 시고 명아나함 수보리 어의운하 아라한 능작

是念 我得阿羅漢道不 須菩提言 不也世尊 何以故 實
시념 아득아라한도부 수보리언 불야세존 하이고 실

無有法 名阿羅漢 世尊 若阿羅漢 作是念 我得阿羅漢
무유법 명아라한 세존 약아라한 작시념 아득아라한

道 卽爲着我人衆生壽者 世尊 佛說我得無諍三昧人中
도 즉위착아인중생수자 세존 불설아득무쟁삼매인중

最爲第一 是第一離欲阿羅漢 世尊 我不作是念 我是
최위제일 시제일이욕아라한 세존 아부작시념 아시

離欲阿羅漢 世尊 我若作是念 我得阿羅漢道 世尊 卽
이욕아라한 세존 아약작시념 아득아라한도 세존 즉

不說須菩提 是樂阿蘭那行者 以須菩提 實無所行 而
불설수보리 시요아란나행자 이수보리 실무소행 이

名須菩提 是樂阿蘭那行
명수보리 시요아란나행

莊嚴淨土分 第十
장엄정토분 제십

佛告須菩提 於意云何 如來 昔在燃燈佛所 於法 有所
불고수보리 어의운하 여래 석재연등불소 어법 유소

得不 不也世尊 如來在燃燈佛所 於法 實無所得 須菩
득부 불야세존 여래재연등불소 어법 실무소득 수보

提　於意云何　菩薩　莊嚴佛土不　不也世尊　何以故　莊
리　어의운하　보살　장엄불토부　불야세존　하이고　장

嚴佛土者　則非莊嚴　是名莊嚴　是故　須菩提　諸菩薩摩
엄불토자　즉비장엄　시명장엄　시고　수보리　제보살마

訶薩　應如是生淸淨心　不應住色生心　不應住聲香味觸
하살　응여시생청정심　불응주색생심　불응주성향미촉

法生心　應無所住　而生其心　須菩提　譬如有人　身如須
법생심　응무소주　이생기심　수보리　비여유인　신여수

彌山王　於意云何　是身　爲大不　須菩提言　甚大　世尊
미산왕　어의운하　시신　위대부　수보리언　심대　세존

何以故　佛說非身　是名大身
하이고　불설비신　시명대신

無爲福勝分　第十一
무위복승분　제십일

須菩提　如恒河中　所有沙數　如是沙等恒河　於意云何
수보리　여항하중　소유사수　여시사등항하　어의운하

是諸恒河沙　寧爲多不　須菩提言　甚多世尊　但諸恒河
시제항하사　영위다부　수보리언　심다세존　단제항하

尙多無數　何況其沙　須菩提　我今　實言　告汝　若有善
상다무수　하황기사　수보리　아금　실언　고여　약유선

男子善女人　以七寶　滿爾所恒河沙數　三千大千世界
남자선여인　이칠보　만이소항하사수　삼천대천세계

以用布施　得福多不　須菩提言　甚多世尊　佛告須菩提
이용보시　득복다부　수보리언　심다세존　불고수보리

若善男子善女人　於此經中　乃至受持四句偈等　爲他人
약선남자선여인　어차경중　내지수지사구게등　위타인

說　而此福德　勝前福德
설　이차복덕　승전복덕

尊重正教分 第十二
존중정교분 제십이

復次須菩提 隨說是經 乃至四句偈等 當知此處 一切
부차수보리 수설시경 내지사구게등 당지차처 일체

世間天人阿修羅 皆應供養 如佛塔廟 何況有人 盡能
세간천인아수라 개응공양 여불탑묘 하황유인 진능

受持讀誦 須菩提 當知 是人 成就最上第一希有之法
수지독송 수보리 당지 시인 성취최상제일희유지법

若是經典所在之處 則爲有佛 若尊重弟子
약시경전소재지처 즉위유불 약존중제자

如法收持分 第十三
여법수지분 제십삼

爾時 須菩提 白佛言 世尊 當何名此經 我等 云何奉
이시 수보리 백불언 세존 당하명차경 아등 운하봉

持 佛告須菩提 是經 名爲金剛般若波羅蜜 以是名字
지 불고수보리 시경 명위금강반야바라밀 이시명자

汝當奉持 所以者何 須菩提 佛說般若波羅蜜 則非般
여당봉지 소이자하 수보리 불설반야바라밀 즉비반

若波羅蜜 是名般若波羅蜜 須菩提 於意云何 如來有
야바라밀 시명반야바라밀 수보리 어의운하 여래유

所說法不 須菩提 白佛言 世尊 如來無所說 須菩提
소설법부 수보리 백불언 세존 여래무소설 수보리

於意云何 三千大千世界 所有微塵 是爲多不 須菩提
어의운하 삼천대천세계 소유미진 시위다부 수보리

言 甚多世尊 須菩提 諸微塵 如來說非微塵 是名微塵
언 심다세존 수보리 제미진 여래설비미진 시명미진

如來說世界 非世界 是名世界 須菩提 於意云何 可以
여래설세계 비세계 시명세계 수보리 어의운하 가이

三十二相　見如來不　不也世尊　不可以三十二相　得見
삼 십 이 상　견 여 래 부　불 야 세 존　불 가 이 삼 십 이 상　득 견

如來　何以故　如來說　三十二相　卽是非相　是名三十二
여 래　하 이 고　여 래 설　삼 십 이 상　즉 시 비 상　시 명 삼 십 이

相　須菩提　若有善男子善女人　以恒河沙等身命　布施
상　수 보 리　약 유 선 남 자 선 여 인　이 항 하 사 등 신 명　보 시

若復有人　於此經中　乃至受持四句偈等　爲他人說　其
약 부 유 인　어 차 경 중　내 지 수 지 사 구 게 등　위 타 인 설　기

福甚多
복 심 다

離相寂滅分 第十四
이 상 적 멸 분　제 십 사

爾時　須菩提　聞說是經　深解義趣　涕淚悲泣　而白佛言
이 시　수 보 리　문 설 시 경　심 해 의 취　체 루 비 읍　이 백 불 언

希有世尊　佛說如是甚深經典　我從昔來　所得慧眼　未
희 유 세 존　불 설 여 시 심 심 경 전　아 종 석 래　소 득 혜 안　미

曾得聞如是之經　世尊　若復有人　得聞是經　信心淸淨
증 득 문 여 시 지 경　세 존　약 부 유 인　득 문 시 경　신 심 청 정

則生實相　當知是人　成就第一希有功德　世尊　是實相
즉 생 실 상　당 지 시 인　성 취 제 일 희 유 공 덕　세 존　시 실 상

者　則是非相　是故　如來說名實相　世尊　我今　得聞如
자　즉 시 비 상　시 고　여 래 설 명 실 상　세 존　아 금　득 문 여

是經典　信解受持　不足爲難　若當來世　後五百歲　其有
시 경 전　신 해 수 지　부 족 위 난　약 당 래 세　후 오 백 세　기 유

衆生　得聞是經　信解受持　是人　卽爲第一希有　何以故
중 생　득 문 시 경　신 해 수 지　시 인　즉 위 제 일 희 유　하 이 고

此人　無我相　無人相　無衆生相　無壽者相　所以者何
차 인　무 아 상　무 인 상　무 중 생 상　무 수 자 상　소 이 자 하

我相　卽是非相　人相衆生相壽者相　卽是非相　何以故
아 상　즉 시 비 상　인 상 중 생 상 수 자 상　즉 시 비 상　하 이 고

離一切諸相　卽名諸佛　佛告須菩提　如是如是　若復有
이 일 체 제 상　즉 명 제 불　불 고 수 보 리　여 시 여 시　약 부 유

人　得聞是經　不驚不怖不畏　當知　是人甚爲希有　何以
인　득 문 시 경　불 경 불 포 불 외　당 지　시 인 심 위 희 유　하 이

故　須菩提　如來說　第一波羅蜜　卽非第一波羅蜜　是名
고　수 보 리　여 래 설　제 일 바 라 밀　즉 비 제 일 바 라 밀　시 명

第一波羅蜜　須菩提　忍辱波羅蜜　如來說　非忍辱波羅
제 일 바 라 밀　수 보 리　인 욕 바 라 밀　여 래 설　비 인 욕 바 라

蜜　是名忍辱波羅蜜　何以故　須菩提　如我　昔爲歌利王
밀　시 명 인 욕 바 라 밀　하 이 고　수 보 리　여 아　석 위 가 리 왕

割截身體　我於爾時　無我相　無人相　無衆生相　無壽者
할 절 신 체　아 어 이 시　무 아 상　무 인 상　무 중 생 상　무 수 자

相　何以故　我於往昔　節節支解時　若有我相人相衆生
상　하 이 고　아 어 왕 석　절 절 지 해 시　약 유 아 상 인 상 중 생

相壽者相　應生瞋恨　須菩提　又念　過去於五百世　作忍
상 수 자 상　응 생 진 한　수 보 리　우 념　과 거 어 오 백 세　작 인

辱仙人　於爾所世　無我相　無人相　無衆生相　無壽者相
욕 선 인　어 이 소 세　무 아 상　무 인 상　무 중 생 상　무 수 자 상

是故　須菩提　菩薩　應離一切相　發阿耨多羅三藐三菩
시 고　수 보 리　보 살　응 리 일 체 상　발 아 녹 다 라 삼 먁 삼 보

提心　不應住色生心　不應住聲香味觸法生心　應生無所
리 심　불 응 주 색 생 심　불 응 주 성 향 미 촉 법 생 심　응 생 무 소

住心　若心有住　則爲非住　是故　佛說菩薩　心不應住色
주 심　약 심 유 주　즉 위 비 주　시 고　불 설 보 살　심 불 응 주 색

布施　須菩提　菩薩　爲　利益一切衆生　應如是布施　如
보 시　수 보 리　보 살　위　이 익 일 체 중 생　응 여 시 보 시　여

來說一切諸相　卽是非相　又說一切衆生　則非衆生　須
래 설 일 체 제 상　즉 시 비 상　우 설 일 체 중 생　즉 비 중 생　수

菩提 如來 是眞語者 實語者 如語者 不誑語者 不異
보리 여래 시진어자 실어자 여어자 불광어자 불이

語者 須菩提 如來所得法 此法 無實無虛 須菩提 若
어자 수보리 여래소득법 차법 무실무허 수보리 약

菩薩 心住於法 而行布施 如人 入闇 則無所見 若菩
보살 심주어법 이행보시 여인 입암 즉무소견 약보

薩 心不住法 而行布施 如人有目 日光明照 見種種色
살 심부주법 이행보시 여인유목 일광명조 견종종색

須菩提 當來之世 若有善男子善女人 能於此經 受持
수보리 당래지세 약유선남자선여인 능어차경 수지

讀誦 則爲如來 以佛智慧 悉知是人 悉見是人 皆得成
독송 즉위여래 이불지혜 실지시인 실견시인 개득성

就 無量無邊功德
취 무량무변공덕

持經功德分 第十五
지경공덕분 제십오

須菩提 若有善男子善女人 初日分 以恒河沙等身布施
수보리 약유선남자선여인 초일분 이항하사등신보시

中日分 復以恒河沙等身布施 後日分 亦以恒河沙等身
중일분 부이항하사등신보시 후일분 역이항하사등신

布施 如是無量百千萬億劫 以身布施 若復有人 聞此
보시 여시무량백천만억겁 이신보시 약부유인 문차

經典 信心不逆 其福勝彼 何況書寫受持讀誦 爲人解
경전 신심불역 기복승피 하황서사수지독송 위인해

說 須菩提 以要言之 是經 有不可思議 不可稱量無邊
설 수보리 이요언지 시경 유불가사의 불가칭량무변

功德 如來 爲發大乘者說 爲發最上乘者說 若有人 能
공덕 여래 위발대승자설 위발최상승자설 약유인 능

受持讀誦 廣爲人說 如來 悉知是人 悉見是人 皆得成
수지독송 광위인설 여래 실지시인 실견시인 개득성

就 不可量 不可稱 無有邊 不可思議功德 如是人等
취 불가량 불가칭 무유변 불가사의공덕 여시인등

則爲荷擔如來 阿耨多羅三藐三菩提 何以故 須菩提
즉위하담여래 아뇩다라삼먁삼보리 하이고 수보리

若樂小法者 着我見人見衆生見壽者見 則於此經 不能
약요소법자 착아견인견중생견수자견 즉어차경 불능

聽受讀誦 爲人解說 須菩提 在在處處 若有此經 一切
청수독송 위인해설 수보리 재재처처 약유차경 일체

世間天人阿修羅 所應供養 當知此處 則爲是塔 皆應
세간천인아수라 소응공양 당지차처 즉위시탑 개응

恭敬 作禮圍遶 以諸華香 而散其處
공경 작례위요 이제화향 이산기처

能淨業障分 第十六
능정업장분 제십육

復次 須菩提 善男子善女人 受持讀誦此經 若爲人輕
부차 수보리 선남자선여인 수지독송차경 약위인경

賤 是人 先世罪業 應墮惡道 以今世人 輕賤故 先世
천 시인 선세죄업 응타악도 이금세인 경천고 선세

罪業 則爲消滅 當得 阿耨多羅三藐三菩提 須菩提 我
죄업 즉위소멸 당득 아뇩다라삼먁삼보리 수보리 아

念 過去無量阿僧祇劫 於燃燈佛前 得値八百四千萬億
념 과거무량아승지겁 어연등불전 득치팔백사천만억

那由他諸佛 悉皆供養承事 無空過者 若復有人 於後
나유타제불 실개공양승사 무공과자 약부유인 어후

末世 能受持讀誦此經 所得功德 於我所供養諸佛功德
말세 능수지독송차경 소득공덕 어아소공양제불공덕

322

百分 **불**及一 千萬億分 乃至算數譬喻 所不能及 須菩
백분 　급일 천만억분 내지산수비유 소불능급 수보

提 若善男子善女人 於後末世 有受持讀誦此經 所得
리 　약선남자선여인 어후말세 유수지독송차경 소득

功德 我若具說者 或有人聞 心則狂亂 狐疑不信 須菩
공덕 아약구설자 혹유인문 심즉광란 호의불신 수보

提 當知 是經義 不可思議 果報 亦不可思議
리 당지 시경의 불가사의 과보 역불가사의

究竟無我分 第十七
구경무아분 제십칠

爾時 須菩提 白佛言 世尊 善男子善女人 發阿耨多羅
이시 수보리 백불언 세존 선남자선여인 발아뇩다라

三藐三菩提心 云何應住 云何降伏其心 佛告須菩提
삼먁삼보리심 운하응주 운하항복기심 불고수보리

若善男子善女人 發阿耨多羅三藐三菩提心者 當生如
약선남자선여인 발아뇩다라삼먁삼보리심자 당생여

是心 我應滅度一切衆生 滅度一切衆生已 而無有一衆
시심 아응멸도일체중생 멸도일체중생이 이무유일중

生 實滅度者 何以故 須菩提 若菩薩 有我相人相衆生
생 실멸도자 하이고 수보리 약보살 유아상인상중생

相壽者相 則非菩薩 所以者何 須菩提 實無有法 發阿
상수자상 즉비보살 소이자하 수보리 실무유법 발아

耨多羅三藐三菩提心者 須菩提 於意云何 如來 於燃
뇩다라삼먁삼보리심자 수보리 어의운하 여래 어연

燈佛所 有法 得阿耨多羅三藐三菩提不 不也世尊 如
등불소 유법 득아뇩다라삼먁삼보리부 불야세존 여

我解佛所說義 佛 於燃燈佛所 無有法 得阿耨多羅三
아해불소설의 불 어연등불소 무유법 득아뇩다라삼

藐三菩提 佛言 如是如是 須菩提 實無有法 如來 得
막삼보리 불언 여시여시 수보리 실무유법 여래 득

阿耨多羅三藐三菩提 須菩提 若有法 如來得阿耨多羅
아뇩다라삼막삼보리 수보리 약유법 여래득아뇩다라

三藐三菩提者 燃燈佛 則不與我授記 汝於來世 當得
삼막삼보리자 연등불 즉불여아수기 여어래세 당득

作佛 號 釋迦牟尼 以實無有法 得阿耨多羅三藐三菩
작불 호 석가모니 이실무유법 득아뇩다라삼막삼보

提 是故 燃燈佛 與我授記 作是言 汝於來世 當得作
리 시고 연등불 여아수기 작시언 여어래세 당득작

佛 號 釋迦牟尼 何以故 如來者 卽諸法如義 若有人
불 호 석가모니 하이고 여래자 즉제법여의 약유인

言 如來得阿耨多羅三藐三菩提 須菩提 實無有法 佛
언 여래득아뇩다라삼막삼보리 수보리 실무유법 불

得阿耨多羅三藐三菩提 須菩提 如來 所得阿耨多羅三
득아뇩다라삼막삼보리 수보리 여래 소득아뇩다라삼

藐三菩提 於是中 無實無虛 是故 如來說一切法 皆是
막삼보리 어시중 무실무허 시고 여래설일체법 개시

佛法 須菩提 所言一切法者 卽非一切法 是故 名一切
불법 수보리 소언일체법자 즉비일체법 시고 명일체

法 須菩提 譬如人身長大 須菩提言 世尊 如來說 人
법 수보리 비여인신장대 수보리언 세존 여래설 인

身長大 則爲非大身 是名大身 須菩提 菩薩亦如是 若
신장대 즉위비대신 시명대신 수보리 보살역여시 약

作是言 我當滅度無量衆生卽不名菩薩 何以故 須菩提
작시언 아당멸도무량중생즉불명보살 하이고 수보리

實無有法 名爲菩薩 是故 佛說一切法 無我無人無衆
실무유법 명위보살 시고 불설일체법 무아무인무중

生無壽者 須菩提 若菩薩 作是言 我當莊嚴佛土 是不
생무수자 수보리 약보살 작시언 아당장엄불토 시불

名菩薩　何以故　如來說莊嚴佛土者　卽非莊嚴　是名莊
명 보 살　하 이 고　여 래 설 장 엄 불 토 자　즉 비 장 엄　시 명 장

嚴　須菩提　若菩薩　通達無我法者　如來　說名眞是菩薩
엄　수 보 리　약 보 살　통 달 무 아 법 자　여 래　설 명 진 시 보 살

一體同觀分 第十八
일 체 동 관 분　제 십 팔

須菩提　於意云何　如來　有肉眼不　如是世尊　如來　有
수 보 리　어 의 운 하　여 래　유 육 안 부　여 시 세 존　여 래　유

肉眼　須菩提　於意云何　如來　有天眼不　如是世尊　如
육 안　수 보 리　어 의 운 하　여 래　유 천 안 부　여 시 세 존　여

來　有天眼　須菩提　於意云何　如來　有慧眼不　如是世
래　유 천 안　수 보 리　어 의 운 하　여 래　유 혜 안 부　여 시 세

尊　如來　有慧眼　須菩提　於意云何　如來　有法眼不　如
존　여 래　유 혜 안　수 보 리　어 의 운 하　여 래　유 법 안 부　여

是世尊　如來　有法眼　須菩提　於意云何　如來　有佛眼
시 세 존　여 래　유 법 안　수 보 리　어 의 운 하　여 래　유 불 안

不　如是世尊　如來　有佛眼　須菩提　於意云何　如恒河
부　여 시 세 존　여 래　유 불 안　수 보 리　어 의 운 하　여 항 하

中所有沙　佛說是沙不　如是世尊　如來　說是沙　須菩提
중 소 유 사　불 설 시 사 부　여 시 세 존　여 래　설 시 사　수 보 리

於意云何　如一恒河中所有沙　有如是沙等　恒河　是諸
어 의 운 하　여 일 항 하 중 소 유 사　유 여 시 사 등　항 하　시 제

恒河　所有沙數　佛世界　如是　寧爲多不　甚多世尊　佛
항 하　소 유 사 수　불 세 계　여 시　영 위 다 부　심 다 세 존　불

告須菩提　爾所國土中　所有衆生　若干種心　如來　悉知
고 수 보 리　이 소 국 토 중　소 유 중 생　약 간 종 심　여 래　실 지

何以故　如來說諸心　皆爲非心　是名爲心　所以者何　須
하 이 고　여 래 설 제 심　개 위 비 심　시 명 위 심　소 이 자 하　수

菩提 過去心 不可得 現在心 不可得 未來心 不可得
보리 과거심 불가득 현재심 불가득 미래심 불가득

法界通化分 第十九
법계통화분 제십구

須菩提 於意云何 若有人 滿三千大千世界七寶 以用
수보리 어의운하 약유인 만삼천대천세계칠보 이용

布施 是人 以是因緣 得福多不 如是世尊 此人 以是
보시 시인 이시인연 득복다부 여시세존 차인 이시

因緣 得福甚多 須菩提 若福德 有實 如來不說得福德
인연 득복심다 수보리 약복덕 유실 여래불설득복덕

多 以福德無故 如來說得福德多
다 이복덕무고 여래설득복덕다

離色離相分 第二十
이색이상분 제이십

須菩提 於意云何 佛 可以具足色身 見不 不也世尊
수보리 어의운하 불 가이구족색신 견부 불야세존

如來 不應以具足色身 見 何以故 如來說具足色身 卽
여래 불응이구족색신 견 하이고 여래설구족색신 즉

非具足色身 是名具足色身 須菩提 於意云何 如來 可
비구족색신 시명구족색신 수보리 어의운하 여래 가

以具足諸相 見不不也 世尊 如來 不應以具足諸相 見
이구족제상 견부불야 세존 여래 불응이구족제상 견

何以故 如來說諸相具足 卽非具足 是名諸相具足
하이고 여래설제상구족 즉비구족 시명제상구족

非說所說分 第二十一
비설소설분 제이십일

須菩提 汝勿謂 如來作是念 我當有所說法 莫作是念
수보리 여물위 여래작시념 아당유소설법 막작시념

何以故 若人言 如來有所說法 卽爲謗佛 不能解我所
하이고 약인언 여래유소설법 즉위방불 불능해아소

說故 須菩提 說法者 無法可說 是名說法 爾時 慧命
설고 수보 설법자 무법가설 시명설법 이시 혜명

須菩提 白佛言 世尊 頗有衆生於未來世 聞說是法 生
수보리 백불언 세존 파유중생어미래세 문설시법 생

信心不 佛言 須菩提 彼非衆生 非不衆生 何以故 須
신심부 불언 수보리 피비중생 비불중생 하이고 수

菩提 衆生衆生者 如來說 非衆生 是名衆生
보리 중생중생자 여래설 비중생 시명중생

無法可得分 第二十二
무법가득분 제이십이

須菩提 白佛言 世尊 佛 得阿耨多羅三藐三菩提 爲無
수보리 백불언 세존 불 득아뇩다라삼먁삼보리 위무

所得耶 佛言 如是如是 須菩提 我於阿耨多羅三藐三
소득야 불언 여시여시 수보리 아어아뇩다라삼먁삼

菩提 乃至無有少法可得 是名阿耨多羅三藐三菩提
보리 내지무유소법가득 시명아뇩다라삼먁삼보리

淨心行善分 第二十三
정심행선분 제이십삼

復次 須菩提 是法平等 無有高下 是名阿耨多羅三藐
부차 수보리 시법평등 무유고하 시명아뇩다라삼먁

三菩提 以無我無人無衆生無壽者 修一切善法 則得阿
삼보리 이무아무인무중생무수자 수일체선법 즉득아

耨多羅三藐三菩提 須菩提 所言 善法者 如來說 卽非
녹다라삼먁삼보리 수보리 소언 선법자 여래설 즉비

善法 是名善法
선법 시명선법

福智無比分 第二十四
복지무비분 제이십사

須菩提 若三千大千世界中 所有諸須彌山王 如是等七
수보리 약삼천대천세계중 소유제수미산왕 여시등칠

寶聚 有人 持用布施 若人 以此 般若波羅蜜經 乃至
보취 유인 지용보시 약인 이차 반야바라밀경 내지

四句偈等 受持讀誦 爲他人說 於前福德 百分 不及一
사구게등 수지독송 위타인설 어전복덕 백분 불급일

百千萬億分 乃至算數譬喻 所不能及
백천만억분 내지산수비유 소불능급

化無所化分 第二十五
화무소화분 제이십오

須菩提 於意云何 汝等 勿謂如來作是念 我當度衆生
수보리 어의운하 여등 물위여래작시념 아당도중생

須菩提 莫作是念 何以故 實無有衆生 如來度者 若有
수보리 막작시념 하이고 실무유중생 여래도자 약유

衆生 如來度者 如來 卽有我人衆生壽者 須菩提 如來
중생 여래도자 여래 즉유아인중생수자 수보리 여래

說 有我者 卽非有我 而凡夫之人 以爲有我 須菩提
설 유아자 즉비유아 이범부지인 이위유아 수보리

凡夫者 如來說卽非凡夫 是名凡夫
범부자 여래설즉비범부 시명범부

法身非相分 第二十六
법신비상분 제이십육

須菩提 於意云何 可以三十二相 觀如來不 須菩提言
수보리 어의운하 가이삼십이상 관여래부 수보리언

如是如是 以三十二相 觀如來 佛言 須菩提 若以三十
여시여시 이삼십이상 관여래 불언 수보리 약이삼십

二相 觀如來者 轉輪聖王 卽是如來 須菩提 白佛言
이상 관여래자 전륜성왕 즉시여래 수보리 백불언

世尊 如我解佛所說義 不應以三十二相 觀如來 爾時
세존 여아해불소설의 불응이삼십이상 관여래 이시

世尊 而說偈言
세존 이설게언

若以色見我 以音聲求我
약이색견아 이음성구아

是人行邪道 不能見如來
시인행사도 불능견여래

無斷無滅分 第二十七
무단무멸분 제이십칠

須菩提 汝若作是念 如來 不以具足相故 得阿耨多羅
수보리 여약작시념 여래 불이구족상고 득아뇩다라

三藐三菩提 須菩提 莫作是念 如來 不以具足相故 得
삼먁삼보리 수보리 막작시념 여래 불이구족상고 득

阿耨多羅三藐三菩提 須菩提 若作是念 發阿耨多羅三
아뇩다라삼먁삼보리 수보리 약작시념 발아뇩다라삼

藐三菩提心者 說諸法 斷滅 莫作是念 何以故 發阿耨
약 삼 보 리 심 자　설 제 법　단 멸　막 작 시 념　하 이 고　발 아 녹

多羅三藐三菩提心者 於法 不說斷滅相
다 라 삼 먁 삼 보 리 심 자　어 법　불 설 단 멸 상

不受不貪分 第二十八
불 수 불 탐 분　제 이 십 팔

須菩提 若菩薩 以滿恒河沙等 世界七寶 持用布施 若
수 보 리　약 보 살　이 만 항 하 사 등　세 계 칠 보　지 용 보 시　약

復有人 知一切法無我 得成於忍 此菩薩 勝前菩薩 所
부 유 인　지 일 체 법 무 아　득 성 어 인　차 보 살　승 전 보 살　소

得功德 何以故 須菩提 以諸菩薩 不受福德故 須菩提
득 공 덕　하 이 고　수 보 리　이 제 보 살　불 수 복 덕 고　수 보 리

白佛言 世尊 云何菩薩 不受福德 須菩提 菩薩 所作
백 불 언　세 존　운 하 보 살　불 수 복 덕　수 보 리　보 살　소 작

福德 不應貪着 是故 說不受福德
복 덕　불 응 탐 착　시 고　설 불 수 복 덕

威儀寂靜分 第二十九
위 의 적 정 분　제 이 십 구

須菩提 若有人言 如來 若來若去 若坐若臥 是人 不
수 보 리　약 유 인 언　여 래　약 래 약 거　약 좌 약 와　시 인　불

解我所說義 何以故 如來者 無所從來 亦無所去 故名
해 아 소 설 의　하 이 고　여 래 자　무 소 종 래　역 무 소 거　고 명

如來
여 래

一合理相分 第三十
일합이상분 제삼십

須菩提　若善男子善女人　以三千大千世界　碎爲微塵
수보리　약선남자선여인　이삼천대천세계　쇄위미진

於意云何　是微塵衆　寧爲多不　須菩提言　甚多世尊　何
어의운하　시미진중　영위다부　수보리언　심다세존　하

以故　若是微塵衆　實有者　佛　即不說　是微塵衆　所以
이고　약시미진중　실유자　불　즉불설　시미진중　소이

者何　佛說微塵衆　即非微塵衆　是名微塵衆　世尊　如來
자하　불설미진중　즉비미진중　시명미진중　세존　여래

所說三千大千世界　即非世界　是名世界　何以故　若世
소설삼천대천세계　즉비세계　시명세계　하이고　약세

界　實有者　即是一合相　如來說　一合相　即非一合相
계　실유자　즉시일합상　여래설　일합상　즉비일합상

是名一合相　須菩提　一合相者　即是不可說　但凡夫之
시명일합상　수보리　일합상자　즉시불가설　단범부지

人　貪着其事
인　탐착기사

知見不生分 第三十一
지견불생분 제삼십일

須菩提　若人言　佛說　我見人見衆生見壽者見　須菩提
수보리　약인언　불설　아견인견중생견수자견　수보리

於意云何　是人　解我所說義不　不也世尊　是人　不解如
어의운하　시인　해아소설의부　불야세존　시인　불해여

來所說義　何以故　世尊　說我見人見衆生見壽者見　即
래소설의　하이고　세존　설아견인견중생견수자견　즉

非我見人見衆生見壽者見　是名我見人見衆生見壽者見
비아견인견중생견수자견　시명아견인견중생견수자견

須菩提 發阿耨多羅三藐三菩提心者 於一切法 應如是
수보리 발아뇩다라삼먁삼보리심자 어일체법 응여시

知 如是見 如是信解 不生法相 須菩提 所言法相者
지 여시견 여시신해 불생법상 수보리 소언법상자

如來說 卽非法相 是名法相
여래설 즉비법상 시명법상

應化非眞分 第三十二
응화비진분 제삼십이

須菩提 若有人 以滿無量阿僧祇世界七寶 持用布施
수보리 약유인 이만무량아승지세계칠보 지용보시

若有善男子善女人 發菩薩心者 持於此經 乃至四句偈
약유선남자선여인 발보살심자 지어차경 내지사구게

等 受持讀誦 爲人演說 其福勝彼 云何爲人演說 不取
등 수지독송 위인연설 기복승피 운하위인연설 불취

於相 如如不動 何以故
어상 여여부동 하이고

一切有爲法 如夢幻泡影
일체유위법 여몽환포영

如露亦如電 應作如是觀
여로역여전 응작여시관

佛說是經已 長老須菩提 及諸比丘比丘尼 優婆塞 優
불설시경이 장로수보리 급제비구비구니 우바새 우

婆夷 一切世間 天人阿修羅 聞佛所說 皆大歡喜 信受
바이 일체세간 천인아수라 문불소설 개대환희 신수

奉行 金剛般若波羅蜜經
봉행 금강반야바라밀경

眞言

那謨婆伽跋帝 鉢喇壤 波羅弭多曳
나모바가바떼 쁘라가 바라미따예

唵 伊利底 伊室利 輸盧馱
옴 이리띠 이실리 슈로다

毘舍耶 毘舍耶 莎婆訶
비사야 비사야 사바하

金剛般若波羅蜜經 （終）
금강반야바라밀경　종

백납 노우白納 老牛 스님

일찍이 통도사에 출가하여 추선납자로서 제방선
원에서 정진했다.
지금은 조용히 은거하여 스스로를 점검 중이다.
저서로『백팔문답요집』,『작은 행복』등이 있다.

금강경 요해 金剛經 了解

초판 1쇄 인쇄 2019년 8월 7일 | 초판 1쇄 발행 2019년 8월 14일
지은이 백납 노우 | 펴낸이 김시열
펴낸곳 도서출판 운주사

(02832) 서울시 성북구 동소문로 67-1 성심빌딩 3층
전화 (02) 926-8361 | 팩스 0505-115-8361
ISBN 978-89-5746-556-1　03220　값 15,000원
http://cafe.daum.net/unjubooks〈다음카페: 도서출판 운주사〉